Christiane Cantauw und Johannes Loy (Hrsg.)

Mein Weihnachten

100 erlebte Geschichten

Unveränderter Nachdruck 2011

© 2010 Aschendorff Verlag GmbH & Co. KG, Münster

Das Werk ist urheberrechtlich geschützt. Die dadurch begründeten Rechte, insbesondere die der Übersetzung, des Nachdrucks, der Entnahme von Abbildungen, der Funksendung, der Wiedergabe auf fotomechanischem oder ähnlichem Wege und der Speicherung in Datenverarbeitungsanlagen bleiben, auch bei nur auszugsweiser Verwertung, vorbehalten. Die Vergütungsansprüche des § 54 Abs. 2 UrhG werden durch die Verwertungsgesellschaft Wort wahrgenommen.

Gesamtherstellung: Aschendorff Druckzentrum GmbH & Co. KG, Münster
ISBN 978-3-402-12819-0

Inhalt

Christiane Cantauw und Johannes Loy: Vorwort 9
Schwester Loyola M.S.C.: Im Mittelpunkt die Krippe –
Weihnachten um 1900 12
Eugenie Haunhorst: Weihnachtszeit in den zwanziger Jahren 15
Clara Berning: Ins Eis eingebrochen 18
Hannelore Regenhardt: Als das Christkind zu mir kam 20
Muta Taron: Die merkwürdige Windmühle 22
Gisela Zahnow: Das „Soester Gloria" 24
Cäcilie Stanković-Heinze: Das letzte Weihnachtsfest mit dem Vater 27
Maria Brune: Mein schönstes Weihnachtsgeschenk 30
Stefan Reuber: Vorgezogene Bescherung 32
Gertrud Nosthoff: Der Jüngste wirft die Rute in den Ofen 35
Gertrud Pander: Das unbekannte Christkind 37
Franz Bauer: Kriegsweihnachten in Griechenland bei der Marine 39
Alois Ditz: Schlittschuhe vom Christkind 41
Helmut Wickel: Das Licht im Güterschuppen 43
Wilhelm Loy: Prag und das letzte „Julfest" 45
Elisabeth Daus: Ein Herzenswunsch 48
Ursula Greschkowitz: Das letzte Weihnachten in Ostpreußen 50
Hannelore K. Coulson: Pfefferminztee und
Haferflockenplätzchen zum Heiligen Abend 52
Matthias Eiden: Deutsch-französische Freundschaft 54
Jürgen Mohrmann: Holzschiffchen in Seenot 56
Brigitte Leiers: Warten auf den Vater 58
Margarethe Seiffert: Das letzte Weihnachten in Schlesien 61
Rolf Heithoff: Mitternachtsmesse in einem ungarischen Dorf 64
Wilhelm Bentfeld: Endlich wieder zu Hause 67
Alex Kampschulte: Kapustawassersuppe und „Stille Nacht" 69
Willy Schülke: Das erste Weihnachten nach dem Krieg 71
Gerda Sander: Von Puppen und ihren Häusern 76
Lucia Krzyzanowski: Weihnachten in Königsberg 80
Otto-Ehrenfried Selle: Doppelte Weihnachtsbescherung 82
Edeltraud Schnitte: Alte und neue Heimat 85

Ute Zeller-Tünte: Abschied von Waldi	87
Gertrud Kersting: Dem Bombenhagel entronnen	89
Renate Resing: Die Schatztruhe	91
Winfried Schwarthoff: Die Negerpuppe	92
Regina Wolff: Gestrandet in Bielefeld	93
Elisabeth Schlichte: Das rettende Christkind	95
Eva-Maria Deiters: Das Schachspiel	97
Gabi Tapmeier: „Da ist ja unser Christkind!"	100
Rolf Jarzembowski: Der gestohlene Weihnachtsbaum	104
Heinrich Göcke: Grünkohlbüschel mit Weihwasser für die Tiere	107
Albert H. Hoffmann: Weihnachtsbäckerei	110
Anni Regtering-Looks: Heilige Nacht	113
Rosemarie Wiedemann: Weihnachtliches Blitzlicht	115
Maria Strotmann: Paul	119
Helma Freese: Die Ucht	122
Monika Mindrup: Zurück aus Sibirien	124
Karl Wagemann: Weihnachtsbraten-Kontrolle	125
Bruno Stueber: Advents- und Weihnachtszeit im Sauerland	127
Antonia Kruse: Nikolaus, komm in unser Haus	131
Anita Eigendorf: Der Weihnachtsbaum dreht sich und spielt Lieder	135
Peter Dohle: Der lange Weg zum Weihnachtsfest	137
Karin Ricker: Mein grün lackierter Schlitten	144
Rainer Voß: Der hungrige Sänger	147
Rudolf Knufinke: Opas Geburtstag läutet das Weihnachtsfest ein	149
Eva Eggert: Nach der Flucht aus der „Zone"	155
Klaus Luig: Die Erleichterung	156
Gerda Kordt: Unser schönster Christbaum	158
Wilhelm Struckmeier: Meine Dreschmaschine	160
Ingrid Gensberger: Der Mann, der ein Engel war	162
Paula Großerhode: Ein herrlicher Duft	164
Margot Rischar: Emmy, meine wunderschöne Puppe	167
Rita Maria Kiepe: Der schönste aller Weihnachtsbäume	170
Gabriele Hölzl: Mein wunderschönes Fahrrad	172
Annegret Spilker: Der Weihnachtsmann war schon da!	175
Ursel Heinz: Das Weihnachtszimmer	177
Käthe Röhrig: Die weihnachtliche Zerreißprobe	180
Maria Merschkötter: Die neue Steghose	182
Annegret Hollenhorst: „Josef, lieber Josef mein"	184

Klaus Schäffer: Eine Märklin-Eisenbahn als höchstes Kinder-Glück 189
Paul Geuking: Das besonders leuchtende, ja strahlende Weihnachtsfest ... 192
Brigitte Michusch: Der selbstgemachte
Weihnachtsbaum und ein weinender Gast 194
Erika Löbbe: Mein traurigstes Weihnachtsfest 197
Mechthild Nolting: Ein lebendiges Kind in der Krippe 201
Ursula Gies: Unser bunter Weihnachtsbaum 203
Maria Conlan: Warten, warten und nochmals warten 206
Maria Kessing: Weihnachten ist ein Gefühl 208
Susanne Slomka: Mein schönstes Weihnachtsgeschenk 211
Renate Rave-Schneider: Das Fest im Engadiner Hof 213
Margret Geßmann: Fensterklopfen am Heiligen Abend 215
Annegret Skupin: Hauseinsegung 218
Hans-H. Hücking: Politische Weihnachtspredigt 220
Johannes Loy: Ein rotes Licht flackert in der Weihnachtsnacht 222
Erika Hagemann: Weihnachtschaos mit Dackel 225
Ulrike Ratert: Herbergssuche 226
Ele Thomas: Glück im Unglück 228
Felix Theising: Weihnachtliches Billardmatch 230
Jürgen Henke: Deutsch-finnische Weihnachten 232
Ruth Frieling-Bagert: Ein Tannenbaum für Mama und Papa 235
Verena Hellenthal: DDR-Pakete 237
Helga M. Mau: Der Karpfen Jonathan 241
Sandra Strych: Wie Josef im Stall 243
Karl Haverkamp: De Wiäken vüör Wiehnachten 245
Heinz Wilhelm Schmidt: Das Greveler Weihnachtswunder 247
Dörthe Plettendorf: Spuren im Schnee 250
Margret Reifig: Festliche Rückkehr aus der Kur 252
Irmela Stübler: Schlüsseldienst befreit Opa 254
Kira Kowalski: Erinnerung an Ur-Oma Rosa 255
Rosemarie Reimann: Das Mäuslein im Weihnachtsbaum 257
Gertraud Nottebohm und Schüler der Thomä-Hauptschule Soest:
Mein Weihnachten 2008 259
Günter Stückemann: De schnuarkande Kaspar 266
Christiane Cantauw: Weihnachten als sinnliches Erlebnis –
Kulturhistorische Notizen zu einem Jahresfesthöhepunkt 270
Weihnachten als Thema der Brauchforschung 283
Literaturtipps 285

Christiane Cantauw und Johannes Loy

Mein Weihnachten
100 erlebte Geschichten

❄❄❄

Vorwort

Das ist die stillste Zeit im Jahr", so beschrieb einmal der österreichische Schriftsteller Karl Heinrich Waggerl die Advents- und Weihnachtszeit. Trotz der Hektik und allgemeinen Betriebsamkeit in unseren Dörfern und Städten ist Weihnachten auch die Zeit der Besinnung auf den Kern der christlichen Weihnachtsbotschaft. Denn Advent bedeutet Ankunft und nicht Allkauf, und an Weihnachten feiern wir die Geburt des Erlösers und eben nicht einfach nur ein heimeliges Mittwinterfest. Wie kaum ein anderes Fest im Kirchenjahr lebt das Weihnachtsfest von Erinnerungen, Erwartungen und Glücksverheißungen. Auch bei Menschen, die dem Christentum vielleicht nicht nahe stehen, ist doch gleichwohl im Umfeld von Weihnachten eine tiefe Sehnsucht nach Verlässlichkeit, nach Rückbindung an Familie und bleibende Werte vorhanden.

Im Dezember 2008 haben wir die Menschen in Westfalen dazu aufgerufen, ihre Erinnerungen an Weihnachten aufzuschreiben. Im Verlauf von rund vier Monaten trudelten per Post und Internet rund 200 Geschichten ein, darunter vor allem Erlebtes, aber auch Meditatives oder Gereimtes. Da es uns auf authentische, also wirklich erlebte und durchlebte Geschichten sowie plastische Schilderungen unterschiedlicher Bräuche und reichhaltiger Traditionen ankam, haben wir in diesem Buch genau einhundert Weihnachtsberichte und -geschichten zusammengefasst. Nur dann, wenn es sich nicht vermeiden ließ, haben wir Kürzungen vorgenommen. Diese wurden jeweils mit den Autorinnen und Autoren abgestimmt. Da bei einigen Beiträgen die Überschrift fehlte, haben wir uns die Freiheit genommen, möglichst sprechende Überschriften zu ergänzen.

Die Besonderheit dieses Buches rührt nicht zuletzt von den unterschiedlichen Erlebnissen und Erfahrungen her, die hier wiedergegeben werden. Dazu gehört auch eine unterschiedliche Ausdrucksweise, die wir

Die Herausgeber des Buches: Christiane Cantauw und Johannes Loy.
Foto: J. Peperhowe

als Autorenteam nicht vereinheitlichen wollten. Wir haben lediglich etwaige Rechtschreib- und Zeichensetzungsfehler – soweit sie uns aufgefallen sind – berichtigt.

Vielleicht mag es manchen Leser verwundern, dass sich unter den Weihnachtsgeschichten streng genommen auch einige Nikolausgeschichten befinden. Dies erklärt sich aus der Tatsache, dass das Nikolausfest bis in die 1930er Jahre hinein für die katholische Bevölkerung auf dem Land das eigentliche Kinderbescherfest war. Die Erinnerungen an den Nikolausabend sind für viele Zeitzeugen mindestens ebenso präsent wie diejenigen an das Weihnachtsfest. Für uns waren die Unterschiede und Gemeinsamkeiten zwischen Nikolaus- und Weihnachtsfest jedenfalls so spannend, dass wir sie den Leserinnen und Lesern dieses Buches nicht vorenthalten wollten.

Angesichts der vielen qualitätvollen Einsendungen und mit Blick auf den möglichen Umfang des Buches fiel uns die Auswahl der Geschichten durchaus schwer. Es ist immer wieder verblüffend, dass die Menschen sich über viele Jahrzehnte hinweg klar und bis in kleine Details an „ihr Weihnachten" erinnern. Die Autoren dieses Buches schildern dabei nicht nur das Jahr für Jahr zelebrierte Ritual der Vorbereitung und des Festablaufs, das im Laufe der Generationen auch manchen Wandel erlebte. Mit den hier wiedergegebenen Erinnerungen an das Weihnachtsfest ist vielfach auch das

Glück einer unbeschwerten und unbefangenen Kindheit verbunden. Doch wurden nicht nur Wünsche erfüllt. Trauer oder Enttäuschungen wogen am Weihnachtsfest doppelt schwer. Dramatische und gefährliche Lebenswenden wie Krieg, Vertreibung und Neuanfang wurden an den jeweiligen Weihnachtsfesten besonders eindrücklich erlebt. So bildet diese Sammlung auch facettenreiche Zeitgeschichte. Aber nicht nur das: Es lässt sich auch nachlesen, wie die programmierte weihevolle Stimmung teilweise durch kuriose oder lustige Ereignisse unterbrochen wurde.

Es freut uns, dass unser Schreib-Aufruf auf ein so großes und inhaltsreiches Echo gestoßen ist, und wir danken allen Autorinnen und Autoren, die sich beteiligt haben. Wir wünschen den Lesern viel Freude an diesem weihnachtlichen Lesebuch, das anrührende Geschichten, familiäre Schicksale und Traditionen von 1900 bis heute umfasst.

                                             Münster, im Herbst 2009
                                      Christiane Cantauw und Johannes Loy

Im Mittelpunkt die Krippe
Weihnachten um 1900

❋❋❋

Schwester Loyola, M.S.C., geborene Maria Wintrup, wurde 1892 in Ottmarsbocholt geboren. 1913 trat sie dem Orden der Hiltruper Missionsschwestern vom Heiligsten Herzen Jesu bei. Von 1932 bis zur Flucht 1951/52 wirkte sie als Missionarin in China. Die ausgebildete Lehrerin war während ihrer 57-jährigen Zeit im Orden auch an mehreren Schulen von Hiltrup bis Düsseldorf tätig. Gestorben ist Schwester Loyola im Jahre 1970.

Am Rande der Davert halten die Bauernhöfe ihren Winterschlaf. Schöner als die trauliche Wärme am knisternden Herdfeuer, der lebenswarme Atem der geborgenen Haustiere, das Spiel mit den lebenden Puppen der kleinen Geschwister hinter dem Dauerbrenner der Kinderstube, ist das frohe Treiben auf Schnee und Eis. Ich war ja schon acht Jahre alt und trug die Verantwortung für meine sechsjährige Schwester Josefa. Das Öllämpchen im Mantelknopf, trippelten wir jeden Morgen den halbstündigen Weg zur Schule, den uns ein Knecht vorsorglich mit dem Schlitten geebnet hatte. Eichhörnchen, wohl auch ein aufgescheuchter Hase, oder ein paar hungrige Rehe am Weg schauten uns mit großen Augen an. Sie hatten, wie wir, noch nicht viel von der großen Welt gesehen. Herrlicher als der Wald im Raureif erglühte am Abend der Adventshimmel. In stiller Andacht standen wir vor dem heiligen Geschehen: St. Nikolaus stand am Backofen und schob ein Blech Spekulatien nach dem andern hinein, die Engel packten die Pakete, und der Esel wartete schon an der Himmelstür. Und wir waren brav wie das ganze Jahr nicht. Die letzte Nacht war lang. Wir hörten die Schritte draußen, das Öffnen des Fensters, das Gespräch unter uns, die Nuss, die zu Boden fiel - und es blieb Advent bis zum frühen Morgen, bis Vater und Mutter die kleine Schar ins Zimmer führten. Aus der Spielstube war ein festlicher heiliger Raum geworden, Himmel und Erde waren eins geworden, der Glanz von des Himmelsvaters Hand lag noch auf jedem Plätzchen, jeder Frucht, und wenn sie auch in Wintrups Garten gewachsen war.

Und das alles war nur Verheißung auf Weihnacht! Nur der Finger des Vaters und die Rute in der Ecke hatten noch ihr Wenn und Aber.

Weihnachtsferien! Das Christkind war nahe. Durch die Sternfenster des Himmels sah es unser Mühen. Vater hatte schon den Weihnachtshasen geschossen. Nun durften wir Großen von sechs und acht Jahren mit ihm in den Wald gehen, um das schönste Tannenbäumchen zu holen. Im besten Zimmer wurde es hinter verschlossener Tür aufgestellt. Nur Vater und Mutter wussten die Stunde, wann das Christkind mit seinen Engeln kam. Jedes Jahr hatte es etwas Neues, eine Kugel am Baum, eine Figur an der Krippe, einen Teller mehr unter dem Baum. Einen Heiligen Abend mit großer Bescherung kannten wir damals nicht. Der erste Auftakt zum Fest war das Frühschlafengehen am Vorabend und der Frühgang zur Ucht in der Dorfkirche. Über den knisternden Schnee, unter dem feierlichen Sternenhimmel ging es der hell erleuchteten Kirche zu. Schon riefen die Glocken es ins Land: Christ ist geboren. Die ganze Feier war nicht lang genug, all die Herrlichkeiten der großen Krippe anzustaunen. Kirchgang und Familientisch füllten die Stunden auf. Nun kam der Abend und der Augenblick, da Schlüsselloch und Tür das Geheimnis freigaben. Mit gefalteten Händen umstanden wir Krippe und Christbaum, beteten und sangen, bis in lockerer Freude Studieren und Probieren ihr Genüge fanden. So ging es die Tage und Jahre, der Kreis um den Baum wurde größer, St. Nikolaus hatte schon die Großen entwöhnt, das Christkind drei kleine Geschwister in den Himmel geholt. Ich war im Studium, und die Ferien reichten, um mit den sieben Geschwistern und den Hausmädchen ein Krippenspiel einzuüben und am Dreikönigstag den Nachbarskindern vorzuspielen. „Gott sei Dank", sagte dann wohl die Mutter, „dass es Dreikönig ist; dann kommen Arbeit, Mantelstock und Lumpensack wieder ins rechte Geleise." Einmal ging's nicht mit reinem Gewissen ab: Ich will es nicht verschweigen. Änne Averbeck und ich standen auf Zehenspitzen vor der Krippe. Alle heiligen Figuren und auch die Zehen des göttlichen Kindes hatten unsere Finger liebend berührt. Allzu gern hätten wir gewusst, was unter der Krippe verborgen lag. Schon lagen wir auf allen Vieren am Boden, den Kopf unter dem Felsleinen. Nun wussten wir es; aber das Gewissen pochte hörbar. Nun mussten wir bei der Erstbeichte sagen: Ich habe die heiligen Drei Könige zu früh gesehen!

Die Buben in unserer Familie waren nicht besser. Mutters große Walnusstüte im Schrank des Durchgangszimmers wurde täglich schlaffer. Zuletzt war sie ganz leer. Da standen zwei kleine Sünder, Josef und Aloys, vor der Mutter.

Im Angesichte der leeren Tüte erkannten und bekannten sie: Wir haben jeden Abend nur zwei genommen. Das andere besorgte die Rute. Es soll viel Tränen gegeben haben. Sie und ich haben es niemals wieder getan!

Weihnachtszeit in den zwanziger Jahren

❄❄❄

Eugenie Haunhorst, geb. Göcke, Jahrgang 1912, ist in einer Lehrerfamilie mit vier Geschwistern aufgewachsen. Die früh verwitwete Eugenie Haunhorst hat zwei Töchter. Sie lebt in Warendorf, wo sie sich lange Zeit auch politisch engagiert hat.

„Leise rieselt der Schnee..." – Bei diesem Lied wussten wir: „Jetzt ist Advent." Aus Tannengrün formten wir auf dem Tisch einen Kranz und verteilten vier rote Kerzen darauf. An jedem Adventssonntag wurde abends eine neue Kerze angezündet und es wurden Adventslieder gesungen.

In den Straßen der Stadt gab die nur spärliche Beleuchtung noch keinen Hinweis auf das bevorstehende Weihnachtsfest. Straßendekorationen gab es erst viele Jahre später, nach dem zweiten Weltkrieg.

Die Dekoration der Schaufenster war zweckmäßig, aber nicht aufwendig. In den Schaufenstern wurden all die begehrenswerten, schönen Dinge gezeigt, die vorrätig waren; ein Warenlager gab es selten. Was verkauft wurde, nahm man aus dem Fenster. Bis Weihnachten leerten sich dann die Schaufenster.

Wir Kinder schrieben natürlich einen Wunschzettel an das Christkind im Himmel und legten ihn in den Briefkasten. Unserer kindlichen Fantasie waren keine Grenzen gesetzt. Ich bin in einer Lehrerfamilie mit fünf Kindern aufgewachsen. Unsere Mutter erledigte mit geheimnisvoller Geschicklichkeit all die Vorbereitungen für das Fest. Nach einem Einkauf huschte sie schwer bepackt an uns vorbei und verschwand im Schlafzimmer. Dieser Raum war für uns tabu.

Wir Kinder bastelten viele Weihnachtsgeschenke in der Adventszeit. Unsere selbstgemachte Krippe war eine Laubsägearbeit in Form eines Triptychons (ein dreiflügeliges Bild), an der wir jedes Jahr wieder Freude hatten. Die Familienkrippe hatte Figuren aus Stein. Sie wurde schon einige Tage vor Weihnachten von uns Kindern mit Moos und Tannengrün auf dem Klavier aufgebaut. Natürlich ohne das Jesuskind. Es musste ja noch geboren werden. Auf geheimnisvolle Weise lag es dann zur Bescherung am Weihnachtsmorgen in der Krippe.

Wenn wir Jüngeren mit sehnsüchtigen Augen sangen: „Einmal werden wir noch wach, heißa dann ist Weihnachtstag", dann war der Heilige Abend gekommen. Weihnachten wurde aber erst am Ersten Weihnachtstag gefeiert. Am Heiligen Abend stellten wir unseren Teller im Esszimmer auf den gedeckten Tisch. Unser Vater schrieb mit schöner Schrift die Namen der Kinder auf einen Zettel, den wir dann auf unsere Teller legten. Dann gingen wir früh zu Bett. Wenn alle Kinder schliefen, konnte Vater den im Keller versteckten Tannenbaum heraufholen und ihn mit Kerzen und Lametta, süßen Figuren, Plätzchen und roten Äpfeln schmücken. In späteren Jahren bekamen wir auch silberne Kugeln und das Holzspielzeug vom Winterhilfswerk für den Baum.

Nach alter Tradition begann das hochheilige Weihnachtsfest frühmorgens um 5 Uhr mit der „Ucht". Das ist der westfälische Name für die Christmette. Schon ab halb fünf hörten wir die ersten Kirchenbesucher herbeiströmen. Die Kirche war schnell überfüllt, deshalb durften wir mit unserem Vater auf die Orgelbühne. Vater spielte an Festtagen in drei Gottesdiensten die Orgel. Wir waren stolz, wenn um Schlag 5 Uhr Vaters brausendes Orgelspiel die Kirche mit Weihnachtsjubel erfüllte. Ich glaube, allen Gläubigen in der Kirche ging das Herz auf beim Singen des Liedes „Stille Nacht, Heilige Nacht". Dieser festliche Gottesdienst dauerte sehr lange. Am Hauptaltar und an beiden Seitenaltären wurden in den prachtvollen Weihnachtsgewändern Heilige Messen gelesen. Jeder Katholik war verpflichtet, am Weihnachtsfest drei Heilige Messen „mit Andacht zu hören". Bei uns Kindern wuchs die Spannung auf die Bescherung, so dass wir nach dem letzten Segen schnell nach Hause liefen – auch, weil es in der Kirche sehr kalt war. Unsere Mutter hatte in der Zwischenzeit eine Weihnachtswohnung gezaubert. In der Küche war es schön warm, die Herdplatte glühte. Der Tisch war für das Weihnachtsfrühstück gedeckt.

Mit großem Jubel und „Frohe Weihnachten" wurde jeder begrüßt. Ich glaube, wir Kinder waren in unserer Spannung kaum zu ertragen. Mutter hatte die Öfen in den Zimmern angeheizt. Endlich verschwand unser Vater ins Weihnachtszimmer. Wir Kinder stellten uns auf, die Jüngste zuerst, und warteten auf das Schellen. Wenn Vater die Tür weit öffnete, zogen wir singend vor den Weihnachtsbaum. Alle Kerzen brannten. Es duftete köstlich nach Weihnachtsplätzchen. Die Weihnachtsgeschichte wurde verlesen, und jedes Kind trug ein Gedicht vor oder spielte auf dem Klavier oder der Geige. Unser Blick ging allerdings immer wieder zum Gabentisch, bis wir endlich zu unserem Platz gehen durften. Die Kleinen fanden ihre geliebte Puppe wieder, die vor Wochen auf geheimnisvolle Weise verschwunden war. Jetzt hatte sie neue Kleider, und das kaputte Auge war auch wieder gesund. Sogar ein neuer Puppenwagen war dabei oder eine Puppenstube mit Balkon. Die größeren Kinder spielten das neue Quartett und meine Schwester Clementine las schon in ihrem Buch, das sie sich so sehr gewünscht hatte.

Die Weihnachtsteller waren reich gefüllt mit selbst gebackenen Plätzchen, Nüssen, einem schönen Apfel, später sogar mit Feigen oder Datteln und einer Apfelsine, uns bis dahin unbekannte Früchte. Man aß wenigstens drei Tage lang von einer Apfelsine. Die ersten Apfelsinen waren noch ziemlich sauer, darum stellte Mutter uns eine Untertasse mit Zucker hin. Jedes Apfelsinenstückchen wurde in Zucker gedreht und mit Genuss verspeist. Als später jedes Kind eine ganze Tafel Schokolade auf seinem Teller fand, fühlten wir uns sehr reich, denn eine Tafel Schokolade kostete mehr als fünf Mark. Die Freude und Begeisterung aus diesen Jahren bleibt mir unvergesslich.

Nach der Bescherung waren wir gespannt, was unsere Freundinnen vom Christkind bekommen hatten. Mit meiner Schwester Maria rannte ich über den Wilhelmsplatz zu Kathrinchen. Dort bestaunten wir zuerst die Krippe, die von den großen Brüdern aufgebaut worden war. Sie füllte ein Drittel des Weihnachtszimmers aus und war mit Wasserfall, Seen, Gräben, Bergen und vielen Tieren ausgestattet.

Am zweiten Weihnachtstag besuchten viele Familien beim Sonntagsspaziergang die drei Kirchen der Stadt. Nicht nur für die Kinder war die „Paterskrippe" im Franziskaner-Kloster besonders schön. Sogar der heilige Franziskus mit dem Vögelchen auf der Schulter schaute von der Seite her zu. Man erzählte uns, er habe die erste Krippe aufgebaut. Jeder von uns warf einen Groschen in die Sammelbüchse des Negerkindes und freute sich, wenn es zum Dank nickte. Es war üblich, an den folgenden Sonntagen, nach Einbruch der Dunkelheit, befreundete Familien zum „Krippkes bekieken" zu besuchen und am „brennenden" Tannebaum (so sagte man, denn es gab nur echte Kerzen am Baum) zu singen und Weihnachtsgedichte aufzusagen. Zur Belohnung durften die Kinder etwas Süßes vom Tannenbaum nehmen. Ein besonderes Erlebnis war der Tannenbaum bei Rieländers. Sie hatten einen drehbaren Christbaumständer mit einer eingebauten Spieluhr, die „Vom Himmel hoch, da komm ich her" spielte. Wir konnten um den rundum geschmückten Baum herumtanzen. Wenn der Tannenbaum nadelte, durfte alles Essbare „geplündert" werden.

Das war das Ende der wunderschönen Weihnachtszeit.

Ins Eis eingebrochen

❄❄❄

Clara Berning, Jahrgang 1920, ist in einer kinderreichen Familie mit insgesamt sechs Kindern in Billerbeck aufgewachsen. Die Mutter von drei Kindern lebt auch heute noch in Billerbeck, dessen Schönheiten sie als Stadtführerin lange Zeit auch Auswärtigen nahe gebracht hat.

Weihnachten 1927 war ich überglücklich. Das Christkind hatte mir einen wunderschönen roten Pullover gebracht. Sehr oft musste ich von meiner älteren Schwester die Kleidung nachtragen. Dieser Pullover war nicht handgestrickt, er war ganz neu und nur für mich. Meine Mutter hatte mir erlaubt, eine Nacht bei meiner Cousine in der Nachbarschaft zu schlafen. Zudem wollte unsere ganze Familie am Abend zu Tante und Onkel gehen und am Weihnachtsbaum singen. Einer der Jungen begleitete uns mit dem Akkordeon. Es gab Plätzchen, ein Likörchen oder Aufgesetzten. So war es jedes Jahr, und am zweiten Feiertag kam die ganze Familie zu uns.

Meine Cousine konnte die Zeit nicht abwarten und holte mich am Spätnachmittag ab. Ich nahm meinen „Nachtpölter", und wir gingen los. Der Weg führte uns an einer „Kuhle" (Teich) vorbei, die eine dünne Eisschicht hatte. Etwa zwei Meter vom Ufer lag ein Spreuhaufen (Kaff), der aus dem Wasser ragte. Ich glaubte, die Spreu würde bis zum Teichboden reichen. Nach einem kräftigen Anlauf sprang ich mit einem Satz auf den Spreuhaufen. Dass er aber nur oben auf dem Eis schwamm, daran hatte ich nicht gedacht! Oh je, jetzt stand ich bis zum Stehkragen im modrigen, eiskalten Wasser. „Hilf mir, ich ertrinke!" rief ich. Wir schrieen beide aus Leibeskräften, aber niemand hörte uns. Der Teich war total verschlammt, und ich konnte meine Füße nicht bewegen. Ich glaubte, ich würde versinken. Dann kam die Rettung. Ein Mann, der von der Nachmittagsandacht kam, nahm geistesgegenwärtig eine lange Stange, die zufällig dort lag, und zog mich mit aller Kraft zu sich. Meine Cousine und ich weinten vor Freude über die Rettung.

Aus war es jedoch mit der Übernachtung bei meiner Tante! Auf dem schnellsten Weg ging es durch die eisige Kälte zu meinen Eltern. Meine Mutter zog mir schnell die nasse Kleidung aus und setzte mich in eine

Zinkwanne mit warmem Wasser. Ich bekam heißen Holunder- und Lindenblütentee zu trinken und wurde mit heißen Backsteinen ins Bett gepackt. Am nächsten Tag ging es mir wieder gut, aber mein schöner roter Pullover – mein ganzer Stolz – war voller Grannen – wie eine Gerstenähre. Sie ließen sich nicht mehr entfernen.

Als das Christkind zu mir kam

❄❄❄

Hannelore Regenhardt, Jahrgang 1931, lebt in Ahlen. Die gelernte Kontoristin wurde früh Witwe. Sie ist Mutter zweier Töchter und Großmutter von drei Enkelkindern.

Es muss Heiligabend 1935 gewesen sein, ich bin vielleicht viereinhalb Jahre. Draußen liegt tiefer Schnee. Am Himmel funkeln die Sterne, und der helle Mond sendet ein mildes Licht in unsere Wohnküche. Der Tannenbaum erstrahlt im Lichterglanz. Ich stehe am geschlossenen Fenster, schaue zum Himmel und warte auf das Christkind. Mein Vater meint, wenn ein sehr heller Stern zu sehen sei, könnte es bald kommen. Es hat sich nämlich bei uns angemeldet. Unsere Wohnküche liegt am Ende eines langen Flures, an dem rechts und links noch Zimmer sind, eins davon gehört uns. Nun geht mein Blick zwischen dem Fenster und zur offenstehenden Tür in den dunklen Flur hin und her. Ich bin sehr gespannt und aufgeregt, freue mich zwar, habe aber doch ein wenig Angst vor dem Erscheinen des Christkindes. Was wird es mir sagen, was wird es mir bringen? Die ersehnte Puppenstube oder den Kaufladen? Ich bin mit meinen Gedanken sehr beschäftigt. Mein Vater lenkt meine Aufmerksamkeit immer wieder auf den jetzt so geheimnisvollen Flur, von wo aus das Christkind erscheinen wird.

Ehe ich es wahrnehme, steht es schon im Türrahmen: Eine zierliche, kleine, ganz in Weiß gekleidete Gestalt, Kopf und Gesicht sind mit einem weißen Schleier bedeckt. Es spricht mit hoher, feiner Stimme zu mir. Ich bin so überrascht und frage mich, wo es denn auf einmal hergekommen ist, ich hatte doch immer aufgepasst. Nun steht es plötzlich vor mir, still und geheimnisvoll, so dass auch meine Angst verflogen ist. Das Gebet, welches ich nun vortrage, bringe ich flüssig über meine Lippen. In der Hand hält das Christkind ein Paket, welches ich dann bekomme. Und so plötzlich, wie es gekommen ist, verschwindet es auch wieder! Ich kann es gar nicht begreifen, wie es geschehen konnte. Aber dann bin ich doch neugierig darauf, was es mir denn gebracht hat. Gespannt mache ich das Paket auf, und was ist drin? Der gewünschte Kaufladen, mit vielen Päckchen und Kästchen, die ich nun nach Herzenslust verkaufen kann. Ich fühle mich glücklich im Schein der echten Wachskerzen am reich mit Kugeln und Lametta geschmückten Tannenbaum. Aus dem Grammophon erklingt leise Weihnachtsmusik. Der Kohleofen strömt eine wohlige Wärme aus. Es gibt heißen Tee zum Abendessen. Danach darf ich mich noch eine Weile meinem Kaufladen widmen, bevor ich zufrieden ins Bett gehe. Ich denke noch über das Christkind nach, dessen Erscheinung mich sehr beeindruckt hat, und schlafe selig ein.

Einige Jahre später hat man mir das Geheimnis des „Christkindes" gelüftet: Es war unsere kleine, zierliche Nachbarin. Für mich in meiner Kindheit die geliebte „Tante Hilde". Sie war unbemerkt von mir im Flur in das angrenzende Zimmer geschlüpft, in einem langen, weißen Nachthemd und mit einer Gardine über dem Kopf und dem Gesicht, und konnte somit plötzlich vor mir stehen. Für mich war es ein einmaliges Erlebnis, was mich als Kind sehr glücklich gemacht hat und in steter Erinnerung blieb!

Ich denke, in unserer heutigen hektischen Zeit hat man nur noch wenig Sinn für derartige symbolische Bescherungen durch ein „Christkind".

Die merkwürdige Windmühle

❋❋❋

Muta Taron, Jahrgang 1930, stammt aus dem kleinen Dorf Ludwinow in Ostpolen.
1944 kam sie mit ihrer Familie ins Erzgebirge. Heute lebt sie in Oer-Erckenschwick.

Es war 1937, vielleicht sogar erst 1936, denn 1938 wohnten wir nicht mehr in Ludwinow, in einem kleinen Dorf in Ostpolen. In diesem Dorf lebten überwiegend deutsche Familien, alle evangelisch-augsburgischen Bekenntnisses. Dieses Dorf lag nahe der ukrainischen Grenze.

Wie jedes Jahr begann mit dem ersten Schneefall die Vorfreude auf Weihnachten, besonders auf den Christabend. In diesem Jahr bekamen wir einen neuen Prediger-Diakon in unser Dorf, der sich besonders viel Mühe machte, die Jugendlichen und die Kinder Weihnachtslieder und Weihnachtsgedichte auswendig lernen zu lassen, denn wir Kinder bis zu acht Jahren konnten noch nicht lesen. Darum wurden wir in zwei Gruppen geteilt: Kinder bis zu acht Jahren, die größeren bis 14 Jahre und auch etwas älter. Bald fingen die Großen an, vor uns Kleinen zu prahlen: Wir machen für den Christabend etwas ganz Schönes – so etwas hat unser Dorf noch nie gesehen! Unsere Spannung wurde größer und größer.

Dann war der Christabend endlich da. Wir kleinen Kinder wurden besonders fein gemacht, dabei abgehört, ob man das Gedicht auch kann. Dann wurden wir Kleinen – warm verpackt – auf den Schlitten gesetzt; denn Weihnachten war es schon immer lange kalt, und es lag viel Schnee. Los ging die Schlittenfahrt mit dem feinen Glöcklein-Gebimmel am Halfter des Pferdes. Vor dem Andachtssaal wurden wir getrennt: Die Erwachsenen gingen in den Saal hinein und wir Kinder wurden zunächst in einen Nebenraum geführt. Dort konnten wir unsere dicke Winterbekleidung ausziehen und mussten uns in einer Reihe zu zweit aufstellen. Jedes Kind bekam eine schön geschmückte Kerze in die Hand.

Meine Freundin und ich waren in diesem Jahr die Kleinsten, darum wurden wir auch ganz vorne platziert. Nun wurde uns gesagt, sobald die Tür zum Saal sich öffne, sollten wir mit dem Lied „Ihr Kinderlein kommet" langsam hineinziehen.

Die Tür ging auf – aber wir rührten uns nicht vom Fleck. Da sahen wir nämlich etwas, was wir wirklich noch nie gesehen hatten. Es sah aus wie eine kleine Windmühle, nur, dass die Flügel oben und nicht an der Seite waren. Dennoch drehte sich die ganze Mühle. Sie hatte mehrere Stockwerke, auf jedem brannten Kerzen, und es waren viele Figuren – Menschen und Tiere – darauf zu sehen.

Wir wurden in den Saal geschoben und rings um diese wunderschöne Mühle gereiht. Dabei sangen wir nun „Ihr Kinderlein kommet" und sagten unsere Gedichte auf. Dann erzählte der Diakon die Geschichte von Bethlehem, zeigte auf die einzelnen Figuren, den Stall mit Maria und dem kleinen Kind in der Krippe auf Stroh. Daneben der Josef, mehrere Hirten, Schafe, Ziegen und ein Hund sowie drei ganz feine Herren. Auf dem Dach der Hütte ein großer Stern mit kleinen Engeln drumherum. Und alles drehte sich. War das schön!

Zum Schluss kamen auch noch die anderen Leute aus dem Dorf hinzu: Polen und Ukrainer. Sie wollten ebenfalls das Wunderwerk sehen. Gemeinsam sangen wir das Lied „Stille Nacht, Heilige Nacht".

Als wir aus dem Andachtssaal traten, war es fast taghell: Der viele Schnee glitzerte wie reines Silber, am Himmel der Mond – so groß, wie ich ihn noch nie gesehen hatte. Daneben ein Stern, viel viel größer als alle anderen Sterne am Himmel, und ganz besonders hell. Für mich war das der Stern von Bethlehem. Kein Mensch hätte mir dieses ausreden können. Seit dieser unvergesslichen Christnacht habe ich nun schon 73 mal Weihnachten erlebt, schöne und traurige. Immer, wenn es auf Weihnachten zuging, bekam ich dieses wunderbare Weihnachtsgeschehen vor Augen und ins Herz gemalt, und es hat bisher noch immer jedes noch so schöne Weihnachtsfest überstrahlt und jedes traurige Fest erhellt!

Übrigens: Man kann sich denken, dass dieses Mühlen-ähnliche „Etwas" eine Weihnachtspyramide war. Als wir im Jahre 1944 nach Deutschland ins Erzgebirge kamen, sah ich Pyramiden auf manchen Marktplätzen stehen, und tatsächlich waren einige fast so groß wie eine kleine Windmühle.

Das „Soester Gloria"

❄❄❄

Gisela Zahnow, Jahrgang 1932, lebt in Soest, wo sie auch aufgewachsen ist. Die gelernte Kauffrau arbeitete viele Jahre in einem Eisenwaren-Einzelhandelsgeschäft ihrer Familie.

Jedes Jahr zu Weihnachten holen mich die Erinnerungen ein, und ich denke daran, wie es in der Kinderzeit war: Wir waren drei Geschwister, zwei Jungen und ein Mädchen, und das war ich. Schon in der Adventszeit ging es geheimnisvoll zu, wir glaubten an das Christkind und den Nikolaus. Der kam am Abend des 6. Dezember, ermahnte und lobte uns, wir sagten ein Gedicht oder ein Gebet auf und erhielten jeder eine Rute, die aber mit Süßigkeiten behängt war. Und wenn der heilige Mann keine Zeit hatte, uns zu besuchen, dann lagen die Süßigkeiten vor der Tür oder in unseren aufgestellten Schuhen. Wir hatten auch einen Adventskalender in Form eines Häuschens, an dem wir ab dem 6. Dezember jeden Tag ein Fensterchen öffneten und am Heiligen Abend die Tür. Im Häuschen brannte eine Kerze, die Fenster und Tür erleuchtete. In der Vorweihnachtszeit und besonders an den Sonntagen wurde gebastelt, denn Eltern, Großeltern und Paten freuten sich am meisten über selbstgemachte Geschenke. Wir wohnten in Soest, einer alten westfälischen Kleinstadt mit vielen schönen alten Kirchen.

In der Wiesenkirche wurde und wird auch heute noch am Ersten Advent das Lichterfest gefeiert. Da bekommt jedes Kind einen Tannenzweig mit einer brennenden Kerze, und einige davon werden nach dem Gottesdienst zu Alten und Kranken gebracht. Auch der Adventskranz wurde am Ersten Adventssonntag im Wohnzimmer aufgestellt mit vier roten Kerzen, für jeden Sonntag eine. Je näher Weihnachten rückte, um so aufgeregter wurden wir Kinder. Wir glaubten ja an das Christkind, und manchmal waren Spuren von ihm oder einem Engel zu sehen in Form von hinterlassenem Goldflitter in der Nähe eines Fensters. Am Heiligen Abend selbst wurde und wird auch heute noch um 19 Uhr das „Soester Gloria" vom Turm der Petrikirche gesungen. Dazu steigen Schüler und inzwischen auch Schülerinnen mit ihren Laternen hinauf, sie werden begleitet von einem Posaunenchor. Wir Kinder gingen mit unseren Eltern zum Petrikirchplatz, um mit vielen anderen Soestern dort den Heiligen Abend zu beginnen. Manchmal ging nur unser Vater mit, weil Mutter noch zu tun hatte. Anschließend begann die familiäre Weihnachtsfeier. Als die Tür zum Wohnzimmer geöffnet wurde, nachdem ein Glöckchen geläutet hatte, strahlte uns ein Tannenbaum mit vielen brennenden Kerzen an. Der Baum war außerdem mit Lametta und silberfarbenen Kugeln geschmückt, und dazwischen hingen in Silberpapier verpackte Schokoladenteilchen, die später geplündert wurden. Unter dem Baum war die Krippe aufgebaut. Die Figuren hatten unsere Eltern aus Sperrholz mit der Laubsäge ausgesägt und angemalt. Einige Figuren besitze ich noch. Unsere Augen wanderten natürlich auch zu den Gabentischen, denn wir waren doch so gespannt, ob unser Wunschzettel erfüllt worden war. Aber wir konnten die Geschenke nur ahnen, denn die Tische waren mit weißen Servietten abgedeckt. So wurden zuerst viele Weihnachtslieder gesungen, die die Eltern auf dem Klavier begleiteten, und Vater las die Weihnachtsgeschichte aus der Bibel vor. Als wir Kinder größer waren, haben wir auch musiziert. Zum Beispiel aus dem Quempasheft. Wir spielten Klavier, Geige und Blockflöte. Danach durften wir unsere Gaben ansehen, und die Kinderaugen strahlten. Auf jedem Tisch stand auch ein mit Plätzchen, Schokolade und Obst gefüllter Weihnachtsteller. Anschließend wurde dann festlich zu Abend gegessen: Natürlich waren die im Hause lebenden Großeltern immer dabei.

In der Heiligen Nacht um 24 Uhr wurde in der Wiesenkirche das Christgeburtsspiel von Pfarrer Dr. Paul Girkon aufgeführt. Als wir größer waren, durften wir mitgehen, und einige Jahre später habe ich den Erzengel gesungen. So ging der Heilige Abend zu Ende.

Am Ersten Weihnachtsfeiertag fuhren wir zu den anderen Großeltern, die auf einem Dorf in der Nähe wohnten, und am Zweiten Feiertag feierten wir den Geburtstag eines meiner Brüder. Gut, dass es Ferien gab bis ins neue Jahr. So konnten wir in Ruhe und mit Freude alle Spielsachen ausprobieren, die allerdings in den letzten Kriegsjahren sehr sparsam ausfielen. Aber auf eine schöne Weihnachtsfeier haben wir nie verzichten müssen. Eine Episode möchte ich noch berichten: Als ich im Zweifel war, ob es überhaupt einen Nikolaus gäbe (meine größeren Brüder glaubten es nicht), da klingelte es am Abend des 6. Dezember, und herein kam der Nikolaus. Nachdem die üblichen Fragen gestellt und beantwortet waren und ich ein Geschenk erhalten hatte, bat mich der Nikolaus, ihm doch aus dem Mantel zu helfen, und wer steckte darin? Meine Mutter. Da hielten sich Enttäuschung und Freude die Waage, und wir hatten noch einen schönen Abend.

In späteren Jahren, als wir nun wussten, dass weder Nikolaus noch das Christkind Geschenke brachten, entdeckte mein ältester Bruder den Zettel, auf dem notiert war, was wir bekommen sollten. Statt das nun für sich zu behalten, las er uns alles vor. Das gab natürlich großen Ärger, aber der war am Weihnachtsfest verflogen.

Inzwischen bin ich am Heiligen Abend allein. Nach dem Gottesdienst, in dem ich im Chor mitsinge, und nach dem „Gloria" vom Turm wartet auf mich wie immer der Christbaum mit brennenden Kerzen, und meine Gedanken wandern zurück in meine glückliche Kindheit.

Das letzte Weihnachtsfest mit dem Vater

❄❄❄

Cäcilie Stanković-Heinze, geborene Wagner, Jahrgang 1921, stammt aus Erfurt. Durch die Versetzung ihres Vaters kam sie 1936 in den Südharz. Anfang der 1950er Jahre zog die Familie nach Bielefeld, wo Cäcilie Stankovic-Heinze noch heute wohnt.

Meine Großmutter hatte das ruhigste Zimmer, weil vorn in der Stube auch das Büro war, und so wurde da auch der Weihnachtsbaum aufgestellt. Dann duftete es in diesem Raum total nach Baum, Äpfeln und Honigkuchen. Mein größter Wunsch war es, dort einmal schlafen zu dürfen, was mir auch schließlich erlaubt wurde. Oma lag daneben im Bett, und ich schnupperte fast gierig den Tannenduft ein, entschlummerte dann irgendwann glücklich und mit der Welt zufrieden. Man hatte mir erzählt, dass in der Weihnachtsnacht zwischen Mitternacht und ein Uhr morgens der Kasper und die Puppen und Soldaten und Pferdchen wach sein würden. Am nächsten Morgen glaubte ich doch tatsächlich, mitten in der Nacht wach geworden zu sein und diesen seligen Spuk wirklich gesehen zu haben.

Viel bekam man ja nicht damals zu Weihnachten. Aber es gab jede Menge selbstgebackene Plätzchen, Leckereien auf einem Teller und Nützliches zum Anziehen. Einmal fehlten diese Teller, und wir Kinder waren schon enttäuscht. Was war das dann aber eine Freude, als wir stattdessen einen Schlitten unterm Gabentisch fanden! Ein anderes Mal schenkte mir mein Vater einen selbstgebastelten Kaufladen. Überhaupt hat er ziemlich viel hergestellt an seiner Drehbank in der Freizeit, wie zum Beispiel eine Blumenkrippe, Lampengehäuse aus Holz und vieles mehr. Auch den Weihnachtsbaum suchte er immer selber aus und schmückte ihn dann auch eigenhändig mit viel Liebe hinter verschlossener Tür. Oft waren auch essbare Sachen am Baum, die wir erst nach den „Heiligen Drei Königen" aufessen durften. Bevor wir in das Weihnachtszimmer kamen, ertönte erst ein helles Glöckchen, und von einem Grammophon konnte man die Weihnachtsgeschichte hören. Erst danach wurde der Weihnachtsbaum gezeigt. Meine Mutter hatte zum Fest auch immer Gutes gebraten, und die herrlichen Thüringer Klöße fehlten nie. Schluss jetzt mit dem guten Thüringer Nationalgericht.

Kommen wir zurück auf den Schlitten, den wir unterm Weihnachtsbaum gefunden hatten. Mit dem von uns Kindern als göttlich empfundenen Schnellfortbewegungsspielzeug ging es damals andauernd zum Rodeln, solange, bis in unseren Füßen vor Kälte kein Leben mehr war. Wir fuhren den ganzen Tag in Erfurt den Angerberg hinunter bis zur Hauptstraße und möglichst noch weiter bis zum Kaiserplatz. Früher ging das alles noch, weil wenig Verkehr herrschte und gute Lenker ganz rechts fuhren, da konnte nichts passieren. Nur einmal in den Kinderjahren ist so ein Schlitten in ein Pferdefuhrwerk gerast.

1929 war so ein kalter Winter, dass der Mühlgraben direkt am Fuß des großen Wohnblocks die ganze Zeit zugefroren war. Aber nicht nur der, sondern auch die Wasserleitungen und die Spülungen für das Wasserklosett. Da war dann Töpfchenparade im Klo angesagt. Alles wurde nach getaner Arbeit aufs Eis gekippt, so machten es alle. Kein schöner Anblick im Weihnachtsmonat Dezember. Als es endlich wieder taute, werden die Fische wohl einiges mehr zu fressen gehabt haben. Auch hingen manchmal Hasen, die auf Treibjagden geschossen wurden, an den Fenstern. Mein Vater ging selbst mit auf die Jagd, deshalb kann ich mich noch besonders gut daran erinnern. Bevor die Hasen zubereitet wurden, mussten sie abgehangen sein. Dann erst kamen sie eine Weile in eine Art Tunke, so schmeckten sie besser.

So ging es die ganze Zeit, bis wir große Kinder waren. 1940 war schon Krieg, wir kamen nur zu Weihnachten nach Hause, eventuell auch über Silvester. Da hat meine Mutter wohl alles gerichtet, denn mein Vater kam erst am 29. Dezember von der Front morgens um sechs Uhr an. Aber um acht Uhr war großes Schlachtfest (das letzte im Krieg), da hat er tüchtig mitgeholfen, obwohl er zwei Tage gefahren war. Der Urlaub war herrlich, viel viel schöner als andere sonst. Dieses Fest war was Besonderes für uns. Mutter hat es allein richten müssen, auch wir Großen durften nicht helfen. So beschlossen wir, den Tieren im nahen Walde auch eine Weihnachtsfreude zu machen. Wir mussten unsere Ski hervorholen, auch meine kleine Schwester, und es ging ab in den tief verschneiten Wald. Wir suchten uns eine passende Tanne aus und hängten Futter für die Vögel an die Zweige, legten Kastanien, Eicheln und getrocknete Kirschkerne für Reh- und Hirschwild unter den Baum, und ich glaube auch Heu für Hasen und Wildkaninchen.

Ein herrlicher Weg zurück, und zum Abendbrot waren wir wieder zu Hause. Dann war die Bescherung, es war herrlich, ganz herrlich. Vielleicht hatten wir auch eine Vorahnung, denn der Vater fiel im nächsten Jahr.

Mein schönstes Weihnachtsgeschenk

❄❄❄

Maria Brune, Jahrgang 1928, wuchs mit zwei Geschwistern in Marl auf. Die pensionierte Oberstudienrätin lebt heute in Dülmen.

Wo Münsterland und Ruhrgebiet sich treffen, steht mein Elternhaus. Im Jahre 1701 wurde es gebaut. Auf dem Bauernhof wuchs ich auf im Kreis meiner Familie, die aus Vater, Mutter, Großmutter, einer Schwester und einem Bruder bestand. Hilfskräfte für Stall- und Feldarbeit lebten auch in unserem Haus.

Weihnachten war für uns alle das strahlende Fest im dunklen Winter! Unsere Mutter war schon Wochen vor dem Fest beschäftigt mit den Vorbereitungen, alles Spezialgebäck kam aus dem eigenen Backofen. Ein Wohnzimmer wurde für den Tannenbaum und den Geschenktisch mit den Knuspergebäcktellern hergerichtet, aber geöffnet wurde der Festraum erst am Weihnachtsmorgen nach dem Kirchgang.

Im November 1940 erkrankte unsere Mutter schwer, sie wurde an der Lunge operiert, in einer Spezialklinik in Süddeutschland, wo sie einige Monate bleiben musste. Ich war zwölf Jahre alt, meine Schwester 14 Jahre alt, mein Bruder zehn Jahre alt, alle noch Schulkinder. Unsere Großmutter litt an Altersschwäche. Als nun Weihnachten näher rückte, fühlte unser Vater sich total überfordert, daher gab er bekannt: Die Weihnachtsfeier findet in diesem Jahr nur in der Kirche statt! Es gab keinen Tannenbaum, keine Geschenke, keine Knusperteller. Die Hilfskräfte bekamen ein Geldgeschenk, und gutes Essen gab es für alle. Aber mein Bruder, der am 26. Dezember Geburtstag hatte, wurde von seiner Patentante beschenkt: Er bekam Schlittschuhe! Und weil das Wetter mitspielte, war ein kleiner Teich in der Nähe unseres Hauses zugefroren, also konnten wir da das Schlittschuhlaufen üben! Gute Beschäftigung für die Weihnachtsferien.

Aber am ersten Schultag nach den Ferien kam unser Deutschlehrer mit der Aufforderung in die Klasse: Nun schreibt mal einen Aufsatz mit dem Titel „Mein schönstes Weihnachtsgeschenk". Ich habe mich bemüht, eine erfundene Geschenkesammlung zu beschreiben, aber an der Spitze standen natürlich die Schlittschuhe! Und die brachten mir dann tatsächlich ein Geschenk. Bei unserem Lehrer war es üblich, bei Rückgabe der Aufsätze den Text vorlesen zu lassen, den er für den besten gehalten hatte: Es war mein Aufsatz.

Vorgezogene Bescherung

❄❄❄

Stefan Reuber, Jahrgang 1934, wuchs mit seinen beiden Brüdern im sauerländischen Drolshagen auf. Der Handwerksmeister (Heizungs- und Klimatechnik) und heutige Rentner hat drei Kinder, drei Enkel und wohnt auch heute noch in Drolshagen.

Der Papa war mit seiner Einheit im Osten Deutschlands stationiert. Wenn wir Post erhielten, schwärmte er stets von der Faszination der Kominter Heide. Heute verläuft mitten durch das Gebiet, nahe der Stadt Goldap, die Grenze zwischen Polen und Russland. Im Oktober hatte er noch geschrieben, wenn Gott und der Hauptmann es wollen, bin ich zum ersten Mal Weihnachten bei euch. Aber einer der beiden hat nicht gewollt, Papa bekam keinen Heimaturlaub.

Dafür war Onkel Paul, Mamas Bruder, bei uns. Er war mit seinem Regiment von Frankreich nach Russland verlegt worden und hatte über die Feiertage die Möglichkeit bekommen, bei uns Weihnachten zu erleben. Ganz überraschend hatte sich auch der zweite Bruder unserer Mutter, Onkel Heinrich, angesagt. Er war in Kurland stationiert. Die Freude unter den Geschwistern war groß. Seit Kriegsbeginn trafen sich die Brüder zum ersten Mal, und das zu Weihnachten bei ihrer Schwester und ihrer Mama, denn die wohnte seit 1940 ebenfalls bei uns.

Sie half ihrer Tochter tatkräftig bei der Arbeit im Garten und auf dem Feld, bei der Versorgung der Kuh, der Ziege und dem Federvieh und besonders bei der Erziehung der drei Enkel. Unsere Oma, klein von Gestalt, aber mit einer großen Seele ausgestattet. Ihr haben die drei Enkel, die ohne Papa aufwuchsen, viel zu verdanken. Witwe seit 1919, war sie stets auf sich gestellt gewesen und hatte ganz selbstverständlich die Haushaltsführung übernommen. Ihre Tochter konnte die Arbeit mit Erziehung, Haushalt und kleiner Landwirtschaft, dazu die Sorge um den Ehemann, kaum noch allein bewältigen. Die Oma löste ihren Haushalt im Siegerland auf, zog zu ihrer Tochter nach Drolshagen und übernahm im Haus das Kommando, bis unser Papa endlich im Spätherbst 1946 aus Sibirien heimkehrte.

Onkel Heinrich war bereits verheiratet und hatte seine Wohnung in Koblenz. Seine Frau, Tante Elisabeth, reiste häufig von Koblenz nach Drolshagen, hinterließ hier ihre beiden Kinder Peter und Magdalena in sicherer Obhut und fuhr weiter nach Wanne-Eickel zu ihrer Mutter. Diese betrieb ein Schreibwarengeschäft und einen kleinen Buchhandel.

Für uns Jungen war ein Besuch der Soldaten immer ein hochwillkommener Anlass, tausend Fragen zu stellen. Mit dem Zeigefinger im Schulatlas wurden die Kriegsfronten nachgezogen und eingeprägt. Alle, außer unserem Papa, waren also Weihnachten zusammen, und Tante Maria, Mamas Schwester, war im Drolshagener Lazarett tätig und natürlich auch zu uns gekommen.

Bei uns war es früher üblich, die Bescherung nach der Christmette stattfinden zu lassen, das heißt die Erwachsenen gingen zur Kirche, und die kleinen Kinder warteten mit Sehnsucht auf deren Rückkehr. So auch dieses Mal, und Tante Elisabeth wurde auserkoren, bei den Kindern zu bleiben und das Haus zu hüten. Wir drei Brüder hörten die sich entfernenden Schritte der Großen im Schnee und hofften, der Gottesdienst möge nicht zu lange dauern. Aber er dauerte wohl doch zu lange, denn irgendwann sind wir aufgestanden. Als wir merkten, dass Tante Elisabeth schlief, sind wir die Treppe hinuntergeschlichen.

Vor der Wohnzimmertür blieben wir unschlüssig stehen, einer musste noch zur Toilette und rief: „Wartet auf mich, ich bin gleich da!" Schließlich wurde langsam die Tür geöffnet und die Pracht bestaunt, die dort auf dem Tisch und auf dem Fußboden aufgestellt war. Wir waren in diesem Jahr ungewöhnlich reich beschenkt worden. Jeder Onkel hatte etwas mitgebracht, was man bei uns schon nicht mehr so einfach bekommen konnte. Wir hatten Trainingsanzüge und einen Ball aus Frankreich bekommen, Spielsachen aus dem Kurland und Schirmmützen mit einer Edelweiß-Kokarde an der linken Seite, auf die wir besonders stolz waren. Papa hatte uns die Mützen aus dem Osten geschickt.

Nachdem die erste Scheu vorüber war, wurden natürlich die Trainingsanzüge angezogen, die Mützen aufgesetzt, die neuen handgestrickten Schals umgebunden, und in dieser Aufmachung warteten wir auf die Erwachsenen, um sie zu überraschen. Die Überraschung war wirklich groß, denn Mama war vorausgeeilt, den Wohnzimmerofen anzufeuern, dass bei der Bescherung niemand frieren müsse.

Als die übrigen Erwachsenen das Haus betraten, hatten wir bereits eine Tracht Prügel hinter uns, und entsprechend groß war das Geschrei der drei bösen Buben, weniger wegen der Hiebe, mehr wegen der vermeintlichen

Ungerechtigkeit. Warum sollten nicht auch mal die Kinder die Erwachsenen überraschen dürfen?

Es war fürchterlich, zumal Tante Elisabeth, durch den Krach geweckt, herunterkam und sich als eigentlich Schuldige fühlte. Oma versuchte zu schlichten, aber Onkel Heinrich machte seiner Frau massive Vorwürfe. Wir, die wirklich Schuldigen, wurden damit bestraft, dass alle Spielsachen, Kleidungsstücke und was es sonst noch gegeben hatte, bis auf weiteres spurlos verschwanden.

Der Osterhase des nächsten Jahres hat dann die meisten Sachen wiedergefunden und uns Ostern in das Nest gelegt. Unsere Mama, eigentlich mit großer Geduld und Nachsicht ihren Kindern gegenüber ausgestattet, hatte völlig überzogen; es war wohl Ausdruck ihrer großen Enttäuschung. Ein Weihnachtsfest, und das zum ersten Mal in diesem Krieg zusammen mit ihren Brüdern und in ihrem Haushalt, sollte so ablaufen, wie sie es sich vorgestellt hatte. Und jetzt diese Blamage, die Kinder wohl nicht erzogen und unartig. So nannte man das damals noch. Die Schwägerin erging sich in Selbstvorwürfen, ganz abgesehen von den sogenannten strahlenden Kinderaugen, die nun nicht mehr strahlten, sondern voller Tränen waren. Jahre später ist in der Familie ab und zu über diese besondere Bescherung gesprochen und gelacht worden, und allgemein fand man die Bestrafung nicht gerechtfertigt. Aber Mama hat sich immer, wenn sie auf das Ereignis angesprochen wurde, mit ihrer großen Enttäuschung gerechtfertigt.

Von den Akteuren damals leben heute noch zwei Personen und beiden hat sich die Erinnerung an die tiefe Traurigkeit und die vielen Tränen, vor allem der Frauen, bis heute eingeprägt. Sie erinnern sich mit leichtem Unbehagen an ein besonders Fest, als sich im Osten die Wende im Kriegsverlauf abzeichnete, Weihnachten 1942.

Der Jüngste wirft die Rute in den Ofen

❄❄❄

Gertrud Nosthoff, Jahrgang 1938, stammt aus einer zwölfköpfigen Kötterfamilie. Die Mutter dreier Kinder und Großmutter von fünf Enkelkindern lebt heute in Dülmen.

Wir wohnten in der Bauerschaft Ondrup im Kreis Lüdinghausen. Wir, das war eine Kötterfamilie, meine Eltern und zehn Kinder, fünf Jungen und fünf Mädchen. Es war Krieg, und überall ging es ärmlich zu. Wir hatten kaum satt zu essen, geschweige denn was Warmes zum Anziehen. Werktags trug man Holzschuhe, aber sonntags für den Kirchgang zur Visbecker Kapelle hatte nicht jeder Lederschuhe. Deshalb mussten ein paar meiner Geschwister in die 6-Uhr-Messe, dann Schuhe abgeben. Dann in die 8-Uhr-Messe, danach Schuhe abgeben. Ebenso zum Hochamt. Die Winter waren bitterkalt und schneereich. Es gab nur einen warmen Raum, und das war die Küche mit dem Kohleherd. Da wurde gekocht und gebacken. Außerdem wurden dort die Backsteine warm gemacht fürs Bett. An der Stange, die den Herd umrandete, wurde Wäsche getrocknet. Wenn das Weihnachtsfest nahte, dachte jedes Familienmitglied insgeheim an etwas Warmes zum Anziehen. Die gängigsten Geschenke waren zum Beispiel Mützen, Handschuhe, Schals, Strümpfe, Socken (alles selbstgestrickt), Unterhemden, Unterhosen und Leibchen, wo das Lochgummiband für die Strümpfe befestigt wurde. Strumpfhosen waren leider noch nicht erfunden. Bei uns herrschte chronischer Geldmangel, obwohl meine Mutter eine hervorragende Managerin dieses großen Familienunternehmens war.

In unserer Familie wurde viel gesungen, besonders am Heiligen Abend. In der Vorbereitung auf die Bescherung sangen wir außer „Christkindelein, Christkindelein, was bleibst Du lange aus?" alle Adventslieder im münsterischen Gebet- und Gesangbuch der Diözese rauf und runter. Und wenn meine Mutter die Tür öffnete und das Lied „Ihr Kinderlein kommet" anstimmte, dann war der große Augenblick gekommen. Der funkelnde Weihnachtsbaum mit den Strohsternen und der Duft der echten Bienenwachskerzen und die silberne Baumspitze – einfach eine Pracht. Dann der große

Tisch mit den Tellern, die namentlich bestückt waren. Vier Spekulatius, drei Karamellbonbons und zwei Äpfel. Ein kleines nützliches Geschenk für jeden, ein Gesellschaftsspiel für alle und eine Rute mitten auf dem Tisch.

Ich bekam eine weiche, aus Stoffresten genähte, Puppe. Meine große Schwester, die Näherin werden sollte, hatte sie gemacht. Das erfuhr ich später, als ich nicht mehr an das Christkind glaubte. Aber die Puppe hatte Haare aus schneeweißer Watte. Das missfiel mir so sehr, dass ich sofort mit einem knallroten Buntstift zu Werke ging. Danach war es eine wunderschöne Puppe mit rotmeliertem Haar. Mein jüngerer Bruder nannte nun eine kleine Holzschubkarre, die mein Vater gezimmert hatte, sein eigen. Er drehte mit seiner neuen Karre in der Küche seine Runden, oben drauf die Rute. Kurz entschlossen blieb er vor dem Küchenherd stehen, öffnete die Tür, die Rute brach er vor seinem kleinen Knie durch – und ab ins Feuer. Er hatte die Lacher auf seiner Seite. Als dann noch die Eltern sich schmunzelnd anschauten, denn die Prügelstrafe war noch nicht gänzlich ausgemerzt, spürten auch die Geschwister wahre Freude über die Spitzfindigkeit unseres Jüngsten.

Das unbekannte Christkind

❄❄❄

Gertrud Pander, geborene Brockmann, Jahrgang 1929, stammt aus Liesborn. Die gelernte Schneiderin hat drei Kinder und lebt heute in Havixbeck.

Wir waren zu Hause sieben Kinder. Meine älteste Schwester war dreizehn und mein jüngster Bruder war drei Jahre alt. Unsere Eltern haben Weihnachten für uns immer zu einem schönen Fest gemacht. In der Adventszeit stieg die Spannung von Woche zu Woche. Ein Höhepunkt war es, den Weihnachtsbaum zu besorgen. Vier oder drei Tage vor dem Fest wurde er frisch im Wald geschlagen. Unser Nachbar, Bauer Schwarte, hatte einen kleinen Tannenwald, in dem wir unseren Weihnachtsbaum schlagen durften. Zwei meiner Brüder gingen mit meinem Vater in den Wald. Stolz kamen sie dann mit unserem Weihnachtsbaum nach Hause.

Im Dezember 1941 wurde unser Vater sehr krank. Er starb am 17. Dezember 1941. Nun stand meine Mutter mit ihren sieben Kindern allein da. Drei Tage vor Weihnachten haben wir unseren lieben Papa begraben. An Geschenke und Baum dachte keiner mehr. Wir rückten ganz eng zusammen und waren nur noch traurig. Am ersten Weihnachtstag ging unsere Mutter mit uns allen – auch der kleine Stefan war dabei – zur Ucht in die Dorfkirche. Früh um fünf Uhr begann die Weihnachtsmesse mit Krippenfeier. Da saßen wir nun vor der Krippe und nahmen kaum wahr, was um uns geschah. Kein Weihnachtslied konnten wir singen, der Hals war wie zugeschnürt. Nach der Messe machten sich alle auf den Heimweg, auch meine Mutter mit ihrer traurigen Schar. Der Schnee knirschte unter den Füssen, es war sehr kalt. Alle Nachbarn und Freunde gingen schnell an uns vorbei, keiner konnte uns frohe Weihnachten zurufen, wie wir es sonst immer machten. Vom Dorf bis nach Hause liefen wir eine gute halbe Stunde. Wir wollten nur ganz schnell nach Hause. Wir hatten keinen Weihnachtsbaum und auch keine Teller für die Bescherung aufgestellt.

An einen ganz lieben Menschen, der all unseren Kummer verstand, dachten wir nicht. Darum war auch die Überraschung groß. Vor unserer Haustür stand ein geschmückter Weihnachtsbaum – mit vergoldeten Walnüssen und weißen Papiersternen war er der schönste Weihnachtsbaum meines Lebens. Ein Papiersack mit Äpfeln, Nüssen, Plätzchen und ein kleines Geschenk für jeden fehlte auch nicht. Nun war auch für uns Weihnachten. Ich hätte mir nur gewünscht, unser unbekanntes Christkind hätte unsere Freude sehen können. Erst viele Jahre später, wir waren alle schon erwachsen, haben wir herausbekommen, wer diese gute Seele war.

Kriegsweihnachten in Griechenland bei der Marine

❄❄❄

Franz Bauer, geboren 1921, war von 1940 bis 1945 Angehöriger der Kriegsmarine. Er lebt heute in Münster.

Nebel war und Nacht. Eisregen traf mich schmerzlich. Nur Dunkelheit umhüllte mich wie ein Traumwandler. Der Wintersturm, vom Meer kommend, traf mich mit Speerspitzen fast lautlos, dafür um so schmerzlicher. Es war Weihnachten. Frieden sollte sein. War dieses eine heilige Nacht?

Vorsichtig tastete ich mich Schritt für Schritt vorwärts. Rechts von mir, in der Tiefe, hörte ich die wilden Wellen der Ägäis rauschen. Riefen sie mich? Ein falscher Schritt und ich stürzte in die Tiefe – ins Meer, wo mich niemand mehr finden konnte. Warum war ich überhaupt dort? Da Weihnachten war, holte ich Päckchen und Briefe aus der fernen Heimat, die reichlich in der Kommandostelle Selina der Insel Salamis vorhanden waren. Gleichzeitig war eine Dienstbesprechung aller Stellungsführer vom Batterieführer Reinke angeordnet. Bei dieser Gelegenheit trafen sich viele Kameraden, zumal wir nun zwei Jahre dort unsere Kriegsmacht mit Kanonen und Scheinwerfern etabliert hatten. Dort war der einzige deutsche U-Boot Stützpunkt. Wir hatten die Feldpostnummer 19300. Der Postreiseweg war über 2000 Kilometer weit.

Für mich, der ich, beladen wie ein Packesel (Banduri), durch die Nebelnacht stappste, gab es keinen Weg und keinen leuchtenden Stern von Bethlehem, wie sonst an sonnigen Tagen. Ich war Gefangener der Natur. Plötzlich hörte ich Radiomusik, Weihnachtslieder in deutscher Sprache. Hatte ich Halluzinationen? Die Quelle der Weihnachtslieder wollte ich ergründen und stappste in Richtung Töne: „Oh du fröhliche, selige Weihnachtszeit...". Ich war so glücklich angerührt und wollte mitsingen. Ich ging bis zum Ort des feierlichen Gesanges. In einem Erdbunker befand sich ein Soldat der Luftwaffe. Er musste mit Lichtzeichen die zu General Rommel nach Afrika fliegenden Flugzeuge dirigieren.

Da heute nur Nebelwetter war, gab es keine Flugzeuge in der Luft. Unter den gegebenen Wetterumständen konnte ich meinen Weg nachts und im Nebel nicht fortsetzen. Der Signalposten bot mir einen Sitzplatz in dem Erdbunker an, damit ich Schutz vor der Nebelnacht hatte. Wir hörten Radiomusik, vor allem die Lieder der Lili Marleen aus Belgrad. Wir lauschten, dösten und träumten von daheim. So verging die Zeit und die Nacht im Sturmgebraus. Am ersten Weihnachtstag stapfte ich im Morgengrauen in die Stellung „Kap Barbara" mit 15 Mann an der äußersten Inselspitze von Salamis. Die Postverteilung, mein Weihnachtsgeschenk an sie – als ihr Stellungsführer und Artillerie-Maat –, war der schriftliche Weihnachtsgruß.

Franz Bauer in Marineuniform, um 1943

Schlittschuhe vom Christkind

❅❅❅

Alois Ditz, Jahrgang 1936, ist mit seinen zwei jüngeren Geschwistern im sauerländischen Bruchhausen aufgewachsen. Der gelernte Schreiner, der sich später als Altenpfleger umschulen ließ, ist Vater von drei Kindern und Großvater von vier Enkeln. Alois Ditz lebt heute in Arnsberg. Er ist stark sehbehindert, was ihn aber nicht von seinem Hobby, dem Schreiben, abhält.

Geboren bin ich am 27. Juni 1936 in einem kleinen Dorf im Sauerland. Ich lebte, wie man heute sagt, in einer Großfamilie. Vater, Mutter, Großvater und eine Tante und ich, der Älteste, mit meinen zwei Geschwistern. Das Besondere in unserem bescheidenen Haus war unsere Stube, die wurde nur an hohen Feiertagen mit einem Ofen beheizt. Und in dieser Stube war auch an Weihnachten die Bescherung, das heißt: Das Christkind kam.

Schon Tage vorher herrschte ein emsiges Treiben. Wenn wir im Bett lagen, wurde unten gewerkelt und gearbeitet. Das Christkind tätigte seine Vorarbeiten, wie uns die Eltern sagten. Zwei Tage vor Weihnachten ging ich mit meinem Vater und meinem jüngeren Bruder in den Wald, einen Tannenbaum zu holen. Da wurde in der Tannenschonung jeder Baum untersucht und nach langem Suchen und Betrachten einer abgesägt und nach Hause getragen. Wo der über Nacht geblieben war, ist mir heute noch ein Rätsel, aber am Weihnachtsmorgen stand er wieder geschmückt in unserer Stube.

An ein Geschenk, ich war so sieben Jahre, erinnere ich mich besonders. Am Weihnachtsmorgen waren wir schon in der Frühe um 3 Uhr wach, wir gingen um 4 Uhr in die Christmette. Plötzlich schellte in der Stube ein Glöckchen. Unsere Eltern waren es nicht, also war es das Christkind. Meinem Opa hatten wir so etwas nicht zugetraut. Dann schlichen wir langsam und leise die Treppe hinunter und traten langsam in die Stube ein. Der tolle Christbaum, die schöne Krippe und die strahlenden Eltern. Dann sangen wir das Lied „Oh du fröhliche", und dann die größte Überraschung, an die ich heute, nach 65 Jahren, jedes Jahr Weihnachten erinnert werde: Ein Paar Schlittschuhe lagen unter dem Tisch, ein für diese Zeit unbezahlbares Geschenk. Wir waren ja mitten in den Kriegsjahren, und ich weiß nicht, wie das Christkind an solche Schlittschuhe gekommen ist.

Nach der Christmette habe ich allen erzählt, was ich bekommen habe, und ich war bei meinen Freunden ein Held. Dann wurde zu Hause in der Stube gefrühstückt. Es gab schon am frühen Morgen Sahnetorte, ein ganz besonderes Erlebnis, was wir nur zu Weihnachten bekamen. Um 9 Uhr gingen wir noch einmal in die Kirche zum Hirtenamt, und nach der Andacht ging es auf den Dorfteich zum Schlittschuhlaufen.

Das war mein schönstes Weihnachten, woran ich jedes Jahr bei der Bescherung denke.

Das Licht im Güterschuppen

❄❄❄

Helmut Wickel, Jahrgang 1936, wohnt in Bad Laasphe. Er ist Vater zweier Kinder und Großvater dreier Enkelkinder. Im Ruhestand lebt er seit 1999. Zuvor war er 37 Jahre als Kaufmann in der Automobilbranche tätig.

Der Güterschuppen war aus Sperrholz gebastelt und er roch nach dem Gemisch von frischer Farbe, Leim und Holz. Er hatte eine richtige Laderampe und kleine Fenster, durch die man nach innen hineinschauen konnte. Von der Rampe aus konnte man kleine Holzwürfel oder runde Bauklötze, die an Fässer erinnerten, hineinschieben und lagern. Wenn man sich sehr flach auf den Bauch legte und den Kopf zur Seite drehte, konnte man mit einer Taschenlampe von außen in den Schuppen hineinleuchten und das Gefühl genießen, alle Ware sei sicher untergebracht, ein Vorrat für schlechte Zeiten oder auch zum späteren Verkauf. Durch langsames Hin- und Herschieben der Taschenlampe entstanden innen kleine Licht- und Schattenspiele, so als würde sich da drinnen etwas bewegen. Es war ein gutes Gefühl. Nach einer Weile konnte man den Schuppen wieder leeren, alles auf der Rampe stapeln und zum Abtransport bereitlegen, um dann wieder von vorne zu beginnen. So spielte ich an diesem Weihnachtsabend 1943, da war ich sieben Jahre alt. Mit meiner zwei Jahre älteren Schwester und meinem drei Jahre jüngeren Bruder hatte ich vorher auf der Türschwelle zwischen Küche und Wohnzimmer gewartet auf das leise Christkind-Glöckchen, das meine Mutter immer vor der Bescherung erklingen ließ, und wir Kinder gingen dann zusammen in das kleine Wohnzimmer, in dem der ebenso kleine Weihnachtsbaum leuchtete.

Mein Geschenk am Heiligen Abend 1943 war dieser Güterschuppen. Er übertraf alle meine Erwartungen, und ich war so sehr von ihm beeindruckt, dass ich nicht mehr weiß, welche Geschenke meine Geschwister hatten. Ich weiß nur, dass ich sehr glücklich war. So lange, bis meine Mutter plötzlich schluchzte, in Tränen ausbrach und laut weinend das Weihnachtszimmer verließ. Wir hörten ihre schnellen, kurzen Schritte, als sie auf der Treppe nach oben lief. Lange starrten wir uns ratlos an, bis meine Schwester meinte, wir müssten wohl nach Mutter sehen. Sie saß oben im Schlafzimmer auf der Bettkante, gebeugt und in sich versunken, und sie weinte leise vor sich hin. Meine Schwester streichelte ihr übers Haar und redete mit ihr, und ich dachte an meinen Güterschuppen, an die Kisten und Fässer, die nun unbewegt und nutzlos unten im Wohnzimmer lagen. Mein Bruder stand irgendwie hilflos und unbeachtet zwischen uns allen, und ich wünschte mir nur eines: Meine Mutter solle aufhören zu weinen. Nach einer Weile gingen wir zusammen nach unten, die Kerzen brannten noch, aber es hatte sich etwas verändert. Der Zauber meines Güterschuppens war verflogen. Er war nun ein Sperrholz-Gebilde, das man mit Holzklötzen füllen und wieder entleeren konnte. Eine seltsame Stille herrschte im Zimmer. Ich schaute manchmal unauffällig von der Seite zu meiner Mutter, die jetzt ganz ruhig da saß und uns zuschaute. Aber ich spielte nicht mehr.

Später, als ich anfing erwachsen zu werden, habe ich mir oft gewünscht, ich könnte mich noch einmal auf den Bauch legen und mit einer Taschenlampe hineinleuchten durch die kleinen Sprossenfenster. Ich habe mir auch gewünscht, ich hätte damals meiner Mutter einfach übers Haar gestrichen, so, wie es meine Schwester getan hatte, und ich hätte ihr gesagt, dass ich sie lieb habe. Aber am Weihnachtsabend 1943 habe ich sie nicht geliebt. Mein Vater ist im März 1943 in Russland gefallen, irgendwo zwischen Kursk und Woronesch, das waren im Krieg bekannte Ortsnamen. Es war also der erste Weihnachtsabend, an dem meiner Mutter wohl besonders bewusst geworden ist, dass wir nie wieder im Leben gemeinsam zu fünft Weihnachten feiern würden. Mein Güterschuppen war von der Hitlerjugend oder vom Jungvolk gebastelt worden. Diese Gruppen beschenkten die Kinder gefallener Soldaten, aber das wusste ich damals noch nicht. Ich habe später auch darüber nachgedacht, dass es für ein Kind bedeutungslos ist, ob ein Nazi-Junge oder ein gütiger Onkel etwas gebastelt hat, was froh macht. Holz, Farbe und Leim riechen gleich. Den Güterschuppen habe ich zwar lange in Ehren gehalten und geschont, aber ich konnte ihn irgendwann leicht verschenken, weil er mir nicht mehr so viel bedeutete. Meinen Kindern habe ich viele große und kleine Sperrholz-Häuser gebaut, alle mit Fenstern, aber nie einen Güterschuppen mit Rampe und Schiebetüre. Und manchmal, in bestimmten Situationen, sehne ich mich nach diesem besonderen Glücksgefühl des Heiligen Abends 1943, das ich hatte, bevor meine Mutter zu weinen begann.

Prag und das letzte „Julfest"

❄❄❄

Der aus Münster-Wolbeck stammende Oberstudienrat a. D. Wilhelm Loy, Jahrgang 1926, war nach Flakhelferzeit, Kriegseinsatz, Gefangenschaft und philologischem sowie theologischem Studium von 1954 bis 1988 Lehrer am Ratsgymnasium in Münster. Seine Erinnerungen an die Jugendzeit in Münster hat er in der Schrift „Sonne, Wolken Glockenklang – Erlebte Zeit, erlebte Welt in Münster, im Münsterland und draußen" (1992, Selbstverlag) festgehalten. Daraus stammt der folgende Beitrag.

Weg mit dem Stock!", schnauzte in Fürth bei Nürnberg der Hauptmann des Ersatztruppenteils, bei dem ich mich nach dem Genesungsurlaub melden musste. Ich hatte diese Stütze auf der Fahrt dorthin noch gut gebrauchen können. Zur Neuaufstellung nach Prag verladen, war es für uns wieder Weihnachten geworden. Längst seitens der Partei des christlichen Charakters entkleidet und germanisch auch Julfest genannt, wurde Weihnachten im Sinne der NS-Weltanschauung als „Fest der Mütter" gefeiert. Pausenlos klangen aus den Lautsprechern die für diese „Deutsche Weihnacht" geschaffenen Ersatzlieder. „Wenn eine Mutter ihr Kindlein tut wiegen" sangen die Chöre, vor allem aber jenes „Hohe Nacht der klaren Sterne", das als typisches Situationslied an die Stelle von „Stille Nacht, heilige Nacht" gesetzt worden war. „Weihnacht den Müttern" lautete seine Titelüberschrift. Die zweifellos feierliche, eingängige Melodie dieses Liedes konnte allerdings den sprachlich hochgestochenen, inhaltlich verschwommenen Text nicht klarer machen. Er orakelte, dass in dieser Julnacht unsere Herzen selbst über die tiefe Ferne der Sternenwelt hinausgingen, dass sich die Welt angesichts der Feuer auf allen Bergen – gemeint waren natürlich die Feuerbrände der Wintersonnwendfeier – erneuern müsse „wie ein junggeboren' Kind" und dass alle Kerzen und Lichter den Müttern aufgestellt seien, in deren Herzen tief „das Herz der weiten Welt" schlage.

Das Weihnachtsfest waren wir aufgrund seines historischen Gehaltes, der Geburt Christi in Bethlehem, nicht jedoch mit solchen verschwommenen Phrasen, zu begehen gewohnt. Nach diesem Ereignis hatte die Welt weithin ihre Zeitrechnung gewählt, die Jahre vor oder nach Christi Geburt gezählt. Es war für uns schon als Schüler in Münster ebenso erheiternd wie bezeichnend gewesen, wie das vertuscht und verschwiegen werden sollte. Man fand nämlich in den neu aufgelegten Geschichtslehrbüchern nicht mehr hinter den Jahreszahlen die Abkürzungen v. Chr. und n. Chr. für vor oder nach Christus, sondern man schrieb dort v. d. Zw. und n. d. Zw., vor oder nach der Zeitenwende, um den Namen Christi nicht nennen zu brauchen. „Diese Dummköpfe", sagte einer unserer Geschichtslehrer am Paulinum, jetzt wollen sie Christus nicht mehr erwähnen und merken dabei nicht einmal, dass sie mit dem Begriff „Zeitenwende" noch deutlicher sagen, was seine Geburt für die Welt bedeutet. Auch in der Prager Kaserne konnten die meisten Kameraden, wie ich es schon zur Genüge bei der Flak in Münster erlebt hatte, mit der Deutschen Weihnacht oder den Julfestfeiern nichts anfangen. Die reichliche Alkoholzuteilung ließ sie jedes Mal ihr Heimweh vergessen. In dem zusammengewürfelten Haufen traf ich einen mehr als 20 Jahre älteren Obergefreiten aus Havixbeck, und wir machten uns gemeinsam – es war bereits zu gefährlich für deutsche Soldaten, allein auszugehen – sooft als möglich in die Prager Altstadt auf, die „Goldene Stadt", wie sie damals im Titel eines der ersten Farbfilme genannt wurde. Sie war völlig unberührt von Kriegsschäden geblieben. Altstädter Ring und Wenzelsplatz wirkten auf uns wie ehemals die Altstadt Münsters, die es schon nicht mehr gab, die große Astronomische Uhr schlug noch immer über den freien Platz hin, wie sie in Münsters Dom geschlagen hatte, bis man sie der Bomben wegen ausgebaut oder vermauert hatte. Hier rechnete offenbar niemand mit Luftangriffen. Traumhafte Ruhe und ein öffentliches Leben, fast wie im Frieden, boten sich uns dar. An der Jahreswende 1945 tanzten elegante Paare auf Schlittschuhen über das Eis der Moldau zu Walzerklängen einer Blaskapelle, wie es früher in Kaisers Zeiten auch auf Münsters Schlossgraben üblich gewesen war. Ein Rest altösterreichischer Grandezza wehte durch die Gassen. Stiefeltragende Damen in Pelzmänteln und -mützen flanierten mit ihren Kavalieren an Schaufenstern vorüber, in denen Waren lagen, von denen man daheim nur mehr träumen konnte. Die Teynkirche, als Kirche der Prager Deutschen im 14. Jahrhundert errichtet, erinnerte an die zur gleichen Zeit von münsterischen Kaufleuten erbaute Lambertikirche, die längst in Trümmern lag. Der Riese Atlas auf dem Turm im Hof der ältesten deutschen Universität trug unerschütterlich auf seinen Schultern die Himmelssphären, der Veitsdom wie die Salvatorkirche an der prächtigen Karlsbrücke boten Vertrautes, und ein Prager Christkind, fast zugedeckt mit Heiligenbildchen, die Kinder ständig auf seine Krippe legten, lächelte alle an. Unerwartet klang dort ein tschechisches Lied auf, dessen Melodie wir schon seit der Volksschulzeit von einem schlesischen Weihnachtslied kannten und zu den Strophen des Liedes „Kommet ihr Hirten, ihr Männer und Frau'n"… gesungen hatten. Nach dem Krieg ist dieses Lied wie das „Transeamus" durch die aus ihrer Heimat vertriebenen Schlesier auch hierzulande Gemeingut geworden.

Mein Havixbecker Kumpel Bernhard und ich sahen in dieser kurzen Atempause in Prag ein unerwartetes Geschenk. Wie Touristen hinterließen wir auf dem Hradschin, dem Ort des Prager Fenstersturzes, der den Beginn des Dreißigjährigen Krieges markierte, unsere Initialen. Vom Wehrsold kauften wir etwas für die Lieben zu Hause, Schreibmappen, Füllfederhalter und Handtäschchen, auch schönes Spielzeug für Bernhards Kinder – das alles gab es ja kaum mehr daheim – packten es samt meiner Tabakzuteilung für Vater mit noch anderen Dingen, die überflüssig geworden waren, in einen Koffer und schickten ihn einem gemeinsamen Bekannten, der die Sachen weiterleiten sollte. Der Koffer ist dort, wie wir später erfuhren, fast leer angekommen, wahrscheinlich schon bald nach der Annahme in Prag ausgeplündert. Die Feindseligkeit mancher Tschechen deutschen Soldaten gegenüber trat offen zutage. Straßenbahnen fuhren durch, wenn nur Landser an der Haltestelle standen. Einige Leute aber nickten in der Teynkirche uns beiden Uniformierten zu, als wir, wie sie selbst, das gleiche lateinische Tantum ergo am Schluss einer Segensandacht mitsangen, in die wir hineingeraten waren. Es gibt eben, wie der Münsterländer sprichwörtlich sagt, überall „solche und solche".

Ein Herzenswunsch

❋❋❋

Elisabeth Daus, geboren 1935, wuchs mit drei Geschwistern im sauerländischen Listernohl auf. Heute lebt die Mutter von zwei Kindern und Großmutter eines Enkels in Olpe-Rhode.

Man schrieb das Jahr 1944. Ich war im November neun Jahre geworden. Es war noch Krieg. Meine Mutter hatte in diesem Jahr die traurige Nachricht erhalten, dass Vater vermisst sei! Also, das hieß: das vierte Weihnachten ohne Vater. Meine ein Jahr ältere Schwester Leni und ich wussten, was das für ein Weihnachten werden würde.

Die beiden kleinen Geschwister Johannes und Brunhilde ahnten von alledem nichts, schrieben ihren Wunschzettel und freuten sich aufs Christkind. Aber es gab nichts zu kaufen! Die Not war überall. Man hatte weder genug zu essen, noch konnte man das Wohnzimmer heizen. Kohle und Holz gab es nur auf Scheine. Auch bestanden noch Lebensmittelkarten. An Geschenke war nicht zu denken!

Da ich Puppen so sehr liebte, wünschte ich mir zu Weihnachten eine neue Puppe. Eine alte hatte ich ja noch. Die wurde jedes Jahr neu angezogen. Bei uns im Haus hatte Opa eine Flüchtlingsfamilie aufgenommen, die Frau war Schneiderin und nähte für uns drei Mädchen ein Kleid aus neuem Stoff. Die Vorfreude war groß, aber es dauerte noch ein Weilchen bis das Christkind kam.

Weihnachten kam näher. Heiligabend war bei meiner Familie Bescherung. Am Nachmittag machte Opa erst mal den großen Gussofen an. Der Christbaum wurde im Zimmer aufgestellt. Mutter schmückte heimlich den Baum, während wir Kinder in der Küche spielten. Die Zimmertür blieb verschlossen, die Spannung wuchs. Wir Kinder hatten schon rote, heiße Wangen vor Aufregung. Endlich war es soweit, Mutter klingelte mit dem Glöckchen. Die Wohnzimmertür öffnete sich im Dunkeln. Am Weihnachtsbaum brannte nur eine Kerze, mehr hatten wir nicht. Zuerst sah ich im Schein der Kerze mein neues Kleid. Die Freude war groß. Im Stillen aber schaute ich im fast Dunkeln nach allen Seiten, ob nicht doch das Christkind mir die ersehnte Puppe irgendwo versteckt hatte. Sollte das neue Kleid etwa alles sein? Doch da sah ich, in der Ecke unseres Sofas, eine Puppe sitzen. Angezogen wie immer, mit Mützchen, Kleidchen und gehäkelten Schühchen. War es etwa meine alte Puppe, die wieder neu angezogen war? Ich hatte sie doch in der Adventszeit noch zum Spielen.

Aber auf einmal erkannte ich die Puppe, ich hatte sie schon oft gesehen. Ich nahm sie freudestrahlend auf meinen Arm und drückte sie. Nun wollte ich es wissen, nahm der Puppe das Mützchen ab und siehe da, es war die Puppe von meiner Freundin Luzie, denn zu ihr ging ich immer hin. Sie hatte so viele Puppen. Ihr hatte ich erzählt, wie sehr ich mir zu Weihnachten eine neue Puppe wünschte. Da es aber nichts zu kaufen gab, hatte Luzie meiner Mutter diese Puppe, die ich so liebte, gegeben, damit das Christkind sie mir brachte. Dass sie nicht neu war, war egal. So war Weihnachten 1944 für mich in steter Erinnerung.

Heute bin ich 73 Jahre und habe einen Schrank voller Puppen gesammelt.

Das letzte Weihnachten in Ostpreußen

❄❄❄

Ursula Greschkowitz, geborene Koslowski, Jahrgang 1936, stammt aus Klein-Schiemanen/Kreis Ortelsburg in Ostpreußen. Die Flucht der Familie endete in Essen-Schonnebeck. Die gelernte Schneiderin zog nach ihrer Heirat 1958 nach Gelsenkirchen. Sie ist Mutter eines Sohnes und lebt seit 1978 in Witten an der Ruhr.

In meinem Leben habe ich schon 72 mal Weihnachten erlebt. Aber kein Fest ist so in meiner Erinnerung haften geblieben wie das Weihnachtsfest 1944.

Ich bin in einem kleinen Dorf in Masuren im südlichen Ostpreußen geboren. Es war unser letztes Weihnachtsfest „zu Hause". Unser Dorf war bis zum Herbst friedlich wie immer, an den Krieg haben wir bis dahin nur gedacht, wenn wieder schlechte Nachrichten durchs Dorf gegangen sind. Wenn Familien ihre Söhne oder Männer verloren haben, „gefallen für Großdeutschland". Dann waren alle traurig und haben mit den betroffenen Familien gelitten.

Auch das Weihnachtsfest 1944 sollte werden wie sonst auch. Meine Mutter backte Kuchen, Oma stach Plätzchen aus, und Opa kümmerte sich um unsere Tiere. Doch bald änderte sich alles. Es wurde bedrückend und still, und irgendwo da draußen hörte man Einschläge, die einem Angst machten. Oft war die Rede von der Flucht, und auch wenn Nachbarn hereinschauten, wurde nur noch darüber gesprochen. Ich hörte auch, wie meine Großeltern davon sprachen. „Wenn wir hier fort müssen, dann gehen wir nach Westfalen." Ich dachte: Was meinen die denn damit? Und: Ich will aber nicht flüchten! Opa war so oft im Stall bei den Tieren und fing an, unseren Pferdewagen mit einem Dach zu umbauen. Zum ersten Mal war auch mein Vater Weihnachten nicht zu Hause. Es war alles so traurig. Ich schaute auf den Kalender an der Wand, die Weihnachtswoche war aufgeschlagen.

Verwandte besuchten uns, aber es kam keine Fröhlichkeit auf. Am zweiten Weihnachtstag besuchten wir die andere Oma, die Mutter meines Vaters. Auch dort wurde nur über die wahrscheinlich bevorstehende Flucht gesprochen. Diese Oma habe ich danach nie mehr wieder gesehen, am 21. Januar wurde sie von russischen Soldaten erschossen.

Anfang des neuen Jahres war die Hoffnung noch da, dass uns die Flucht erspart bleiben würde. Später erfuhr ich, dass die deutschen Behörden bis zuletzt die Flucht verboten hatten. Aber in der Nacht vom 19. auf den 20. Januar mussten wir doch fort. Bei Schnee und klirrender Kälte standen die gepackten Wagen der Bauern, einer hinter dem anderen, auf der Dorfstraße. Bevor wir das Haus verließen, sah ich noch einmal auf den Kalender. Es gab noch keinen neuen, der Kalender von 1944 hing noch an der Wand. Die Flucht wurde zu einer über 1000 Kilometer langen Reise, bis wir im März 1945 schließlich im Ruhrgebiet, in „Westfalen" ankamen.

Erst 33 Jahre später nahmen meine Mutter und ich diese Reise, nur in umgekehrter Richtung von Westfalen nach Masuren, wieder auf uns, und besuchten unser Dorf. Oma und Opa haben ihre Heimat nie wieder gesehen. Unser Haus stand nicht mehr, ein neues Haus war gebaut worden, und fremde Leute wohnten jetzt dort, selber Flüchtlinge aus Ostpolen. Es war nicht mehr unsere Heimat, aber den Kalender an der Wand von Weihnachten 1944, den sehe ich immer noch vor mir.

Pfefferminztee und Haferflockenplätzchen zum Heiligen Abend

❄❄❄

Hannelore K. Coulson, 1930 in Bochum geboren, besuchte nach Kriegszeit und Abitur eine Dolmetscherschule für die englische Sprache und arbeitete bis zu ihrer Eheschließung 1954 bei verschiedenen Firmen. Heute lebt die Mutter von drei Kindern im münsterländischen Billerbeck.

Draußen herrscht eine klirrende Kälte. Es gibt schon lange keinen Koks mehr zum Heizen. Die große Wohnküche im Haus meiner Großmutter mütterlicherseits im Paderborner Land ist der einzige warme Raum in dem Einfamilienhaus, in das wir, nachdem wir im Ruhrgebiet ausgebombt wurden, einziehen durften. Um den alten Küchenherd scharen sich meine Mutter mit vier Kindern, eine Tante aus dem Ruhrgebiet mit zwei Kindern und ein alter Großonkel mit seiner Tochter aus dem Grenzgebiet bei Kleve, die durch eine Bombe auch alles verloren haben.

Ein alter Apfelbaum wurde im Frühling gefällt, jetzt spendet er uns Wärme mit seinem Holz. Es ist der 24. Dezember 1944, Heiligabend, das sechste Kriegsweihnachtsfest, das dritte ohne unseren Vater. Er ist in Norwegen stationiert, aber wir haben lange nichts mehr von ihm gehört. Vielleicht ist er jetzt an der Ostfront, die Russen aufzuhalten, die mit unverminderter Stärke gen Westen rollen. Unsere Gedanken sind bei ihm, wir vermissen ihn sehr! Eine Weihnachtsstimmung will nicht aufkommen. Wir haben Hunger und denken ans Essen. Was wird uns Mutter heute Abend aus wenigen Zutaten zaubern? Wir sind zu neun Personen. Jede Familie muss etwas zusteuern. Auf dem Herd steht ein großer Kochtopf, in welchem eine dicke Suppe vor sich hin köchelt, und sie duftet sogar. Es ist eine Gemüsesuppe aus Zutaten, die in unserem Garten gewachsen sind: Lauch, Zwiebeln, einige Kartoffelstückchen, Möhren und Graupen, alles ohne Fett zubereitet, an Fleisch ist gar nicht zu denken, aber mit Salz und einem Brühwürfel wird die Suppe schon schmecken, denn wir sind nicht verwöhnt. Zum Nachtisch bekommt jeder einen Apfel.

Um sieben Uhr soll „Bescherung" sein. „Gibt es denn noch etwas zu verschenken?", so denke ich. Das Einzige, das an Weihnachten erinnert, ist ein kleiner Tannenbaum aus unserem Garten, der mit seiner Wurzel ausgegraben wurde und uns bereits im vierten Jahr erfreut. Mutter fand in einem Karton im Keller noch etwas Lametta und einige Kugeln. Dann bringt jeder kleine, dürftig eingewickelte Päckchen. Mutter hatte schon im Sommer einen wunderbar gehäkelten Umhang aus schwarzer Wolle von Großmutter aufgeribbelt. Aus dieser Wolle strickte sie heimlich für uns Kinder Socken und Handschuhe. Wir hatten bei einer Haushaltsauflösung zwei Töpfe und einige Handtücher erstanden, alles war in einem Karton verpackt und mit Sternchen bemalt. Die Freude war groß. Der fast blinde Großonkel bekam eine fast neue Krawatte von meinem Vater, der sie sicher nicht vermissen würde. Meine Schwester und ich spielten einige Weihnachtslieder auf unseren Blockflöten, aber als wir „Stille Nacht, heilige Nacht" spielten, flossen bei den Erwachsenen die Tränen. Wir gedachten der vielen Opfer des unsinnigen Krieges, der Soldaten in den Schützengräben, die für uns ihr Leben opferten, der vielen Menschen, die täglich obdach- und heimatlos wurden, und wir waren froh, dass wir noch lebten und alle zusammen im warmen Raum Weihnachten verleben konnten. Bei heißem Pfefferminztee und einigen Haferflockenplätzchen ließen wir den Heiligabend ausklingen.

Deutsch-französische Freundschaft

❋❋❋

Matthias Eiden, geboren 1926, ist verheiratet und hat längst erwachsene Kinder. Er lebt heute in Attendorn.

Am 31. August 1944 geriet ich an der Rhone (Frankreich) in Gefangenschaft. Nach einem sehr schwierigen dreiviertel Jahr bei Gleisarbeiten, Straßenarbeiten und sechs Wochen Bergbau unter Tage kam ich, mit einem Gewicht von 90 Pfund, in ein Lager in St. Etienne. Hungrig und elendig stand ich zusammen mit zwei gleichaltrigen Kameraden jeden Morgen am Lagerzaun in der Hoffnung, dass uns vielleicht ein Bauer holte und wir mal wieder zu essen bekamen. Aber wer nahm uns Schwächlinge schon!

Eines Morgens kam ein kräftiger Mann zusammen mit einem kleineren Mann, und sie suchten wohl Arbeiter. Sie kamen auf uns drei zu und der kräftigere Mann sagte: „Allez, venez avec nous!" So kamen wir in eine Gärtnerei, bekamen erst mal gut zu essen, Kleidung und konnten in dem Gärtnereigebäude wohnen. Gegessen wurde mit den Franzosen, allerdings an getrennten Tischen. Weihnachten 1945 hatten wir uns einen Tannenbaum besorgt, bastelten uns eigenen Schmuck und stellten den Baum auf unseren Esstisch. Als wir ihn am Tag nach Weihnachten, als wieder gearbeitet wurde, abräumen wollten, sagten die Franzosen: „Laissez vous, maintenant vous mangez avec nous!" Wir waren akzeptiert und gehörten zur Familie. Das war gelebte Weihnachten!

Als ich 1977 zum ersten Mal nach Frankreich fuhr, mit meinen Kindern, um den „Patron" zu besuchen – inzwischen war ich selbst „Patron" –, wurden wir herzlich empfangen und fürstlich bedient, wovon unsere inzwischen erwachsenen Kinder heute noch sprechen. Auf meine Frage, warum er damals gerade uns geholt hat, erfuhr ich Folgendes: Der kleinere Herr war der Bürgermeister des Ortes, und er hatte zu ihm gesagt: „Im Lager habe ich drei junge Leute, die gehen mir ein. Kannst du die nicht nehmen?" Er aber brauchte keinen. Darauf der Bürgermeister: „Guck sie dir wenigstens mal an." Und als er uns sah, wäre sein „conscience chretien" wach geworden. Ich verbrachte dreieinhalb Jahre, bis zu meiner Entlassung im Oktober 1948, dort. Noch heute treffen wir uns regelmäßig alle zwei Jahre mit den Kindern, und auch unsere Kinder kennen sich.

Gelebte deutsch-französische Freundschaft!

Holzschiffchen in Seenot

❋❋❋

Jürgen Mohrmann, Jahrgang 1936, entstammt der ältesten Familie von Ibbenbüren, in deren Besitz sich bis 1952 Tee-, Kaffee- und Kakao-Plantagen in Übersee befanden. Er wuchs mit einer Schwester auf. Sein vielseitiges Berufsleben führte Jürgen Mohrmann unter anderem an die deutsche Botschaft nach Bogota. Heute lebt der Vater von drei Kindern und Großvater von vier Enkeln mit seiner Frau in Ibbenbüren.

Es war Weihnachten 1944. Ich war damals neun Jahre alt. Es war eine schreckliche Zeit, fast jede Nacht raus aus dem warmen Bett in den kalten Bunker. Heiligabend war kein Fliegeralarm, und wir konnten nach alter Tradition in Ruhe feiern. An Geschenken war es sehr, sehr dürftig. Für mich gab es sechs Holzschiffe, aus Holzschuhen gemacht. Meine Mutter hatte bei Schmied Stockmann Eisenkiele unter die Schiffe anfertigen lassen, an den Masten hingen Segel aus Taschentüchern. Alle Schiffe waren bunt bemalt. Ich war so selig, so glücklich und gleich am ersten Weihnachtstag machten sich mein Vater und ich auf zur Ibbenbürener Aa, wo wir die Schiffe schwimmen ließen.

Die Strömung nahm sie mit. An der Aa standen zur damaligen Zeit etwa 100-jährige dicke Eichen. Meine Mutter hatte mir aus einer roten Wolldecke einen Mantel genäht. Auf einmal sahen wir drei Flugzeuge im Tiefflug auf uns zukommen, und sie eröffneten mit Bordwaffen das Feuer auf uns. Mein Vater riss mich zu einer Eiche, drückte mich gegen den Stamm, so dass man meinen roten Mantel nicht sah. Die drei Flugzeuge drehten um und kamen im Tiefflug zurück und schossen auf alles, was sich bewegte. Sie machten sich eine Freude daraus, uns zu jagen. In größter Angst rannten wir von Baum zu Baum, duckten uns, wenn die Flugzeuge über uns waren. So erreichten wir das Ibbenbürener Forsthaus, das an der Aa lag. Um dieses Forsthaus war eine Gräfte, über die eine dicke, uralte Steinbrücke führte. Unter dieser Brücke suchten wir Schutz. Ich rutschte auf der glitschigen Böschung aus und stand mit beiden Beinen bis zu den Knien im stinkenden, eiskalten Wasser, wo eine dicke Wasserratte auf uns zu kam. Ich schrie und schrie, nicht wegen des eiskalten Wassers, auch nicht wegen der Wasserratte, nein, meine sechs Schiffe sah ich verloren. Eine längere Zeit kreisten die Flugzeuge über uns, als wenn sie uns suchten, bis sie abflogen und der Motorenlärm verstummte.

Wir gingen die Hauptstraße, die Gravenhorster Straße, wo uns zwei Soldaten mit Fahrrädern entgegen kamen. Sie fragten meinen Vater, warum ich so weinte, und er erzählte ihnen die Geschehnisse. Daraufhin liefen beide Soldaten die Aa entlang und entdeckten alle sechs Schiffe an einem Wehr. Ich war wohl der glücklichste Junge am Ersten Weihnachtstag. Meine Mutter steckte mich zu Hause sofort in die Badewanne, aber von nun an habe ich meine sechs Schiffe gehütet. Nie werde ich dieses Erlebnis vergessen.

Warten auf den Vater

❄❄❄

Brigitte Leiers, Jahrgang 1936, stammt aus Berlin und lebt seit 1964 in Billerbeck.
Sie ist Mutter von drei Söhnen und Großmutter von vier Enkeln.

Es war Krieg – das letzte Kriegsweihnachten! Heiligabend! Der Christbaum war geschmückt.
Wir warteten auf Vater. Viele Familien konnten gar nicht mehr darauf hoffen, mit ihren Männern und Vätern das Weihnachtsfest zu feiern. Sie waren an der Front, in Gefangenschaft oder lebten nicht mehr. Es war eine schlimme Zeit. Der Krieg hatte unendlich vielen Frauen den Ehemann und den Kindern den Vater genommen.

Unser Vater arbeitete in der Flugzeugindustrie und war deswegen nicht an der Front. Flugzeuge waren kriegswichtig, wie man es nannte. Er war in Dessau, in Sachsen-Anhalt und wir – seine Familie – im Sauerland, wo wir bei einem Bruder meiner Mutter untergekommen waren, wegen der Bombenangriffe. Unsere Wohnung in Dessau war bereits zerstört. Vater wohnte irgendwo in einem noch erhaltenen Haus zur Untermiete. Die Entfernung von Dessau nach Schmallenberg beträgt etwa 400 Kilometer, ein Weg, für den man mit dem Auto heute höchstens einen halben Tag benötigt. Damals gebrauchte man mit dem Zug mindestens einen Tag, wenn man denn in dieser Kriegszeit überhaupt an einem Tag überkam. Als wir – Mutter und wir Kinder – von Dessau nach Schmallenberg gefahren waren, hatte das zwei Tage gedauert. Ob unser Vater überhaupt losgefahren war und wann, das wussten wir nicht. Wir hatten kein Telefon, und Handys gab es noch nicht. Man konnte höchstens ein Telegramm schicken, und ein solches hatten wir nicht bekommen.

Der kleine Christbaum im winzigen Wohnzimmer war geschmückt mit den dürftigen Mitteln der damaligen Zeit. Es hingen auch Äpfel, Nüsse, und Plätzchen daran. Unsere Mutter hatte die Weihnachtsgeschenke, die überwiegend selbst hergestellt worden waren, darunter aufgebaut. Das hatten wir aber noch nicht gesehen. Wir saßen nämlich in der engen Küche: Großmutter, Mutter, mein fünfjähriger Bruder und ich, damals acht Jahre alt, und warteten gespannt, wie Kinder so sind, aufs Christkind, besser gesagt, auf unseren Vater!

Es wurde dunkel. Die Fenster wurden verdunkelt, so dass kein Lichtschein nach draußen dringen konnte. Alle Ritzen wurden abgedichtet. Rollläden hatten wir nicht, aber schwarze Papprollos. Nachts musste man mit feindlichen Fliegern und Luftangriffen rechnen, und kein Lichtstrahl durfte darauf hindeuten, dass sich am Boden eine Ortschaft befand, an der sich der Feind hätte orientieren können, oder die Ziel seiner Angriffe hätte sein können. Keine hellerleuchteten Fenster! Keine Kerze vor der Haustür! Keine Straßenbeleuchtung, kein beleuchteter Bahnhof! Kein Fahrzeug mit Scheinwerfern auf der Straße und kein Haus, aus dem ein Lichtstrahl drang! Es gab Kontrollen dafür und Zuwiderhandelnde wurden bestraft. Aber es war auch einfach nur gefährlich!

Damals hatte unser Ort Schmallenberg noch einen Eisenbahnanschluss. Drei Züge täglich, in jede Richtung, verbanden uns mit der Außenwelt – einer Morgens, einer Mittags und einer Abends in Richtung Meschede und in Richtung Altenhundem. Sie fuhren direkt an dem Haus vorbei, in dem wir damals wohnten, fuhren aber Ende 1944 schon nicht mehr ganz so regelmäßig. Der Abendzug kam nicht, und Vater kam auch nicht. Es wurde 20 Uhr, es wurde 21 Uhr, es wurde 22 Uhr! Wir saßen in der Küche und sangen Weihnachtslieder. Schallplatten oder Musikinstrumente hatten wir nicht. Man musste schon selber singen, und das taten wir mit Hingabe. Aber irgendwann war unsere Geduld erschöpft. Mutter und Großmutter wurden zunehmend unruhiger und nervöser. Alles Mögliche konnte passiert sein: Vielleicht fuhr einer der zahlreichen Züge überhaupt nicht, in den Vater hätte umsteigen müssen! Vielleicht hatte er einen Anschlusszug verpasst! Vielleicht war ein Zug bombardiert worden! Vielleicht hatte Vater gar nicht frei bekommen und musste während der Feiertage arbeiten! Alles war möglich!

Die Ungeduld steigerte sich ins Unerträgliche. Wir Kinder liefen unruhig hin und her, quengelten und konnten es fast nicht mehr aushalten, was die Erwachsenen natürlich noch nervöser machte. Endlich, und um uns Kinder zu beruhigen, entschloss sich unsere Mutter, mit der Bescherung zu beginnen. Das Glöckchen klingelte, die Wohnzimmertür öffnete sich, der Baum erstrahlte in dürftigem Kerzenglanz. Bei uns Kindern löste sich die Spannung. Fasziniert betraten wir den Raum, ich las die Weihnachtsgeschichte vor, und dann stimmten wir gemeinsam das Lied „Stille Nacht, Heilige Nacht" an.

Und da kam er! Abgehetzt, verfroren und völlig aufgelöst von der endlosen Warterei auf Züge und Anschlüsse, gezeichnet von der Anstrengung der unendlich langen Arbeitstage, der Angst vor Bombenangriffen und der Sorge um die mühselige Beschaffung von Lebensmitteln, der Trauer um verlorene Freunde und Nachbarn. Zwei Tage hatte er frei. Dann musste er unter den gleichen Umständen wieder zurück. An Urlaub zwischen Weihnachten und Neujahr, wie es heute vielfach üblich ist, war überhaupt nicht zu denken. Hitler versprach immer noch den Sieg und forderte Soldaten wie Zivilisten die letzten Reserven ab.

Wir waren erst einmal glücklich, dass unser Vater endlich da war. Er aber war enttäuscht, dass er das Weihnachtsritual, das ihm so wichtig war und auf das er sich so gefreut hatte, nicht miterlebt hatte.

Es ging noch einmal von vorne los. Wir verließen das Weihnachtszimmer, ohne die Geschenke angesehen zu haben. So weit waren wir noch nicht gekommen. Die Kerzen wurden gelöscht. Vater machte sich ein wenig frisch – zum Essen war keine Zeit –, legte die mitgebrachten Geschenke unter den Baum, und die ganze Prozedur begann noch mal von Neuem: Die Kerzen wurden angezündet, das Glöckchen klingelte, wir betraten das Weihnachtszimmer, wir sangen „Stille Nacht, Heilige Nacht", und ich las die Weihnachtsgeschichte. Aber es war nicht mehr dasselbe! Die Erwartung bei uns Kindern hatte sich gelegt und die Erwachsenen waren einfach total erschöpft – Vater von den Strapazen der Reise und Mutter und Großmutter von dem nervenaufreibenden Warten.

Wir fanden unsere Geschenke unter dem Baum. Eingepackt waren sie nicht. Den Luxus von Geschenkpapier, Bändern und Kartons konnte sich niemand leisten. Die meisten Dinge waren selbstgemacht in dieser Zeit. Ich kann mich an die Geschenke nicht mehr erinnern.

Anschließend wurde das obligatorische Weihnachtsfoto mit Selbstauslöser gemacht. Wir hatten damals noch die gute alte Leica-Kamera, die später von den amerikanischen Besatzungssoldaten mitgenommen wurde. Das Blitzlicht, das für das Foto erforderlich war, hatte Vater mittels Magnesiumpulver, das mit einer Lunte entzündet wurde, selbst hergestellt. So starren wir alle mit weit aufgerissenen Augen in die Richtung der Kamera, während Vater sich im letzten Augenblick noch vor uns wirft und daher nur halb auf dem Foto zu sehen ist.

Weihnachten 1944. Am übernächsten Tag ist er wieder weg!

Das letzte Weihnachten in Schlesien

❄❄❄

Margarethe Seiffert, Jahrgang 1924, wuchs mit vier Geschwistern in der Nähe von Gleiwitz, Oberschlesien, auf. Die gelernte Krankenpflegerin wurde zunächst in der DDR ansässig, von wo sie 1984 gemeinsam mit ihrem Mann ins sauerländische Fröndenberg floh. Die heutige Rentnerin ist bereits Urgroßmutter und lebt bei ihrer Tochter in Wickede an der Ruhr.

Es war kurz vor der Flucht aus der Heimat. Angst, Wehmut und drückende Sorgen waren die Begleiter der Adventszeit. Wenn es still war, konnten wir den Kanonendonner von der Oder hören. Die Front rückte näher, Flüchtlinge aus Ostpreußen zogen vorbei. Im Flur des Krankenhauses nächtigten Mütter mit ihren Kindern, im Tagesraum waren Flüchtlinge über Weihnachten einquartiert. Wir schmückten einen Tannenbaum mit Resten von Kerzen und Strohsternen. Alles war knapp. Um keine Panik aufkommen zu lassen, mussten wir singen – alte schöne Weihnachtslieder, Nazi-Julfestlieder. Und wir mussten so tun, als wäre die Welt in Ordnung und es stünde uns nicht eine Flucht aus der Heimat bevor. Eine Flucht ohne Wiederkehr. Jeder wusste: Die Russen stehen kurz vor der Oder. Doch keiner durfte die Wahrheit sagen, dafür gab es Strafen, vielleicht sogar den Tod. Und so feierten wir ein gespenstisches Weihnachten, und je lauter wir sangen, desto weniger hörte man die Kanonen. Drei Tage gaben wir uns der Hoffnung hin und glaubten: „Friede auf Erden!".
Am Tag vor Heiligabend wurde eine alte Dame ins Krankenhaus gebracht und sofort operiert. Ich hatte Nachtdienst und kümmerte mich nachts besonders um die Frischoperierte. Sie weinte, der Grund war: Sie hatte ihren Hund in ihrem abgelegenen Haus allein zurückgelassen. Um sie zu beruhigen, versprach ich ihr, ihren Hund zu versorgen. Gleich nach dem Nachtdienst sammelte ich auf den Stationen Brot und Essensreste, in der Küche Knochen und Schwarten und ging am Nachmittag des Heiligen Abends durch das tief verschneite Städtchen in das einsame Haus, um den Hund zu füttern. Im Garten des kleinen Hauses sah ich dann den Hund, und mir wurde klar, auf was ich mich da eingelassen hatte. Ein wunderschöner

großer Schäferhund bellte mich freudig an. Er witterte Futter, er ließ mich in den Garten eintreten, leckte mir die Hände und wedelte freudig mit dem Schwanz, als würde er mich schon jahrelang kennen. Im Nu hatte er den kleinen Eimer leer gefressen, dann schöpfte ich Wasser aus dem Brunnen. Er trank durstig den Eimer leer. Und dann wollte ich wieder gehen, der kurze Tag ging zu Ende, es wurde dunkel! Doch der Hund sprang an mir hoch, jaulte und winselte. Aber ich musste weg, vergeblich redete ich ihm zu, dass ich gleich morgens mit mehr Futter käme. Er verstand es nicht. Dann gelang es mir, aus der Gartenpforte zu kommen, doch herzerweichend winselte der Hund, sprang am Zaun hoch, rannte am Zaun entlang, solange er mich sehen konnte. Doch dann setzte er mit einem Satz über den Gartenzaun und warf mich vor Freude in eine Schneewehe.

Es blieb mir nichts übrig, als den Hund mit ins Krankenhaus zu nehmen. Dicht schmiegte der fremde Hund sich an meine Beine, und wir gingen durch das stille, verdunkelte Städtchen. Ab und zu sah man durch eine Ritze der Verdunkelung einen Weihnachtsbaum leuchten. Der Hund spitzte die Ohren, denn man hörte aus den Häusern leise Weihnachtslieder. Es war gespenstisch, denn wenn es still war, hörte man von der fernen Oder Kanonendonner, und ich wusste, es war der letzte unvergessliche Weihnachtsabend in der schlesischen Heimat. Dann kamen wir im Krankenhaus an. Doch wohin mit ihm? Mitnehmen konnte ich ihn nicht ins Haus. Ich hielt ihn am Halsband fest und wollte an der Pforte um Rat fragen. Doch der Hund riss sich los, und wie der Blitz sauste er die Treppe hoch.

Wegen des Heiligen Abends standen alle Türen offen, und die Schwestern sangen auf dem Flur. Vorbei an den erschrockenen Schwestern flitzte der Hund ins Krankenzimmer seines Frauchens. Als ich atemlos im Krankenzimmer ankam, lag der Hund vor dem Bett der Kranken und leckte seinem Frauchen die Hand. Selig starrte er in das Licht der Kerze auf dem Nachtschrank und nichts auf der Welt brachte das Tier aus dem Zimmer. Plötzlich kannte er auch mich nicht mehr, er hatte nur den Geruch seiner Herrin an mir wahrgenommen und dem Geruch folgend war er an meiner Seite bis an das Bett seines Frauchens gekommen. Von den Schwestern wurde das wie ein Wunder gefeiert, denn nie erfuhr jemand, wie der Hund bis zu seiner kranken Herrin gelangt war. Selbst der Chefarzt glaubte, der treue Hund hätte seine Besitzerin bis ins Krankenhaus gesucht und gefunden.

Die Nacht über blieb er bei der Kranken im Zimmer. Von den Schwestern liebevoll mit Kuchen und Abfällen gefüttert, ging der Hund gleich am Morgen des Ersten Weihnachtstages mit mir zurück in seinen Garten. Er wusste wohl nun, dass sein Frauchen zurückkommen würde zu ihm, ließ sich friedlich in seinen Garten sperren, gab mir auf der anderen Seite das Geleit und ging zurück, als ich ein Stück weg war. Auch das war ein unvergessliches Erlebnis, als nämlich der Hund an dem Weihnachtsmorgen so friedlich zurückging.

Der Abschied für immer kam bald. Die Kanonen donnerten lauter, die Front war ganz nah, das Krankenhaus wurde evakuiert. Die gehfähigen Patienten wurden entlassen. Die Kranken kamen mit auf die Flucht. Verstört sahen wir vom abfahrenden Lazarettzug, wie das Krankenhaus immer kleiner wurde und dann das Bild der Heimat für immer in der Ferne verschwand. Nie habe ich das letzte Weihnachtsfest in Schlesien vergessen.

Mitternachtsmesse in einem ungarischen Dorf

❄❄❄

Rolf Heithoff, Jahrgang 1925, stammt aus Münster. Er studierte katholische Theologie und Philosophie und wurde 1952 in Münster zum Priester geweiht. Von 1965 bis 1988 war er Pfarrer von St. Marien in Marl und anschließend bis 1996 Pfarrer in St. Mauritius Hausdülmen. Am 30. Dezember 2008 ist Pfarrer em. Rolf Heithoff in Dülmen gestorben.

Der Heilige Abend des Jahres 1944 ist für mich in besonders eindringlicher Erinnerung geblieben. Unsere Einheit, in der ich als Panzerfunker in einem Panzerspähwagen Dienst tun musste, war durch die russischen Truppen nach manchen schweren Kämpfen von der rumänischen Grenze über Budapest bis fast an die ungarisch-österreichische Grenze zurückgedrängt worden. Am Heiligen Abend 1944 machte unsere Einheit am späten Abend Quartier in einem kleinen ungarischen Dorf, unweit der österreichischen Ostgrenze. Es schneite ununterbrochen. In den Nebengebäuden eines Schlosses fanden wir ein paar leer stehende Räume der Bediensteten der adeligen Familie, die ihre Heimat längst verlassen hatte. Wir vier Besatzungsmitglieder fanden einen kahlen Raum vor, einzige Möbelstücke waren hier ein Tisch und ein paar Stühle. Vor der Tür stand unser Panzerspähwagen. In diesem Raum nun wollten wir übernachten.

Es war der Heilige Abend, und was lag näher, als einen Tannenbaum zu besorgen. Es fand sich ein Beil, und so schlugen wir uns einen Tannenbaum aus dem Park des herrschaftlichen Gutes. Wir stellten ihn behelfsmäßig auf den Tisch, mit Steinen abgestützt. Ein Kamerad hatte tags zuvor ein Päckchen aus der Heimat bekommen. Darin waren Zigaretten, eine Kerze und Lametta. Damals wurden ja die Tannenbäume noch mit Lametta geschmückt, und so verzierten wir mit diesem Geschenk aus der Heimat unseren kleinen Weihnachtsbaum. Die einzige Kerze, die wir nun besaßen, stellten wir brennend neben den Weihnachtsbaum, der wenigstens etwas festlich glänzte. Alle waren still und in sich gekehrt, dachten wohl an die Lieben in der Heimat am Heiligen Abend. Aus einer zerstörten Bibliothek hatte ich unterwegs einige Bücher in deutscher Sprache mitgenommen. Darunter das Buch „Jesus, der Unbekannte" des russischen Schriftstellers von Mereschkowski. Meine Kameraden waren einverstanden, dass ich aus dem Buch eine Weihnachtsgeschichte vorlas. Aber meine Lesung wurde unterbrochen durch den Einschlag schwerer russischer Granaten in der Nähe des Ortes. Bald darauf kam ein Krad-Melder und teilte uns mit, dass wir alles einpacken müssten, um weiterzufahren. Zur Ausrüstung gehörte auch mein Funkgerät, mit dem ich auf Empfang bleiben musste. Den Tannenbaum umwickelten wir mit einem Strick und legten ihn flach auf das gepanzerte Fahrzeug. Dann warteten wir im Zimmer. Doch die Beschießung ließ nach – und schließlich war es still geworden. Es kam erneut der Krad-Melder vorbei, um uns nun mitzuteilen: „Wir bleiben in dieser Nacht doch hier am Ort." Daraufhin stellten wir unseren Weihnachtsbaum erneut auf und zündeten wieder die Kerze an. Bei einem Gang vor die Zimmertür hörte ich Stimmen und ging ihnen nach. Ich gelangte in einen Keller des Angestelltenhauses und entdeckte dort zusammengekauert Männer, Frauen und Kinder, offensichtlich Angestellte des Schlosses. Ich begrüßte sie und fragte: „Wer spricht Deutsch?" Ein älterer Herr meldete sich und erzählte mir auf meine entsprechende Frage hin, dass sich in der Nähe des Schlosses die Dorfkirche befinde. Er bestätigte mir auch, dass dort eine weihnachtliche Mitternachtsmesse vorgesehen sei. Ich fragte ihn: „Gehen Sie mit?" Er hatte aber Angst und wollte mich auf dem Weg zur Kirche zunächst nicht begleiten. Doch war er dann schließlich doch bereit, weil ich ihm erklärte, dass man sich bei eventuellem Beschuss einfach in den Schnee werfen müsse. Wir erreichten die Dorfkirche eine halbe Stunde vor Mitternacht. Sie war abgedunkelt. Durch die knarrende Tür betraten wir den Kirchenraum. Es brannten einige Kerzen, eine auf dem Altar. Wenige Leute des Dorfes waren anwesend. Es kamen aber noch einige hinzu, rumpelten in die Bänke und klebten ihre Wachslichter auf die Betbank, nachdem sie den Schnee von den Kleidern geschüttelt hatten. Es war sogar ein Organist anwesend, der leise ein Lied, offensichtlich ein ungarisches Weihnachtslied, spielte. Die wenigen Menschen sangen leise mit. Dann ertönte ein Glöckchen, ein Priester ging an den Altar, sprach einige kurze Begrüßungsworte. Mein Begleiter erklärte mir, dass der Pfarrer seine Ansprache nur ganz kurz halte wegen der dauernden Gefahr einer Beschießung durch die Russen. Der Pfarrer betete das mir bekannte Stufengebet in lateinischer Sprache und sprach dann den weihnachtlichen Introitus: „Puer natus est… – Ein Kind ist uns geboren, ein Sohn ist uns geschenkt." Da wusste ich, dass Weihnachten war.

Hastig las der Pfarrer die Heilige Messe und teilte mit zittrigen Händen die Kommunion aus. Vor dem Schlussgebet sangen die Leute das damals schon weltbekannte Lied von der „Stillen Nacht" in ihrer Muttersprache, mit leiser Orgelbegleitung. Ich habe mich mit meinem Begleiter noch schnell bei dem Zelebranten bedankt. Wir gingen durch den tiefen Schnee zurück zu unserem Quartier. Irgendjemand hatte Stroh besorgt. Ich legte mich zu den drei Kameraden auf das Stroh. Ich war glücklich und zufrieden, in der Heiligen Nacht einen Mitternachtsgottesdienst erlebt zu haben.

Am nächsten Morgen, dem Ersten Weihnachtstag, ging die Fahrt weiter bis nach Österreich hinein, und als es einigermaßen hell war, wurden wir von russischen Tiefffliegern beschossen. Da die Amerikaner von Norden her nach Österreich einmarschiert waren, kamen wir am Ende mit viel Glück am 8. Mai 1945 in amerikanische Kriegsgefangenschaft. Unser Gefangenenlager befand sich an einer großen Wiese am Ortsrand von Wagrain im Salzburger Land. Dort war im 19. Jahrhundert Joseph Mohr für mehrere Jahre Kaplan. Er hatte 1818 den Text des Liedes „Stille Nacht" geschrieben. Sein Grab befindet sich in Wagrain auf dem Friedhof.

Rolf Heithoff als junger Panzerfunker im Jahre 1944 in Polen

Endlich wieder zu Hause

✳✳✳

Wilhelm Bentfeld, Jahrgang 1923, stammt aus Paderborn, wo er als drittes von sieben Kindern aufwuchs. Der Studiendirektor im Ruhestand lebt heute in Warendorf.

Als ich im April 1945 in Wuppertal in amerikanische Gefangenschaft kam, war ich zunächst froh, das Ende des Krieges erleben zu können. Dabei hoffte ich, bald – vielleicht nach Aufräumungsarbeiten in den bombengeschädigten Städten des Ruhrgebietes – nach Hause entlassen zu werden.

Doch zunächst führte mein Weg mich durch verschiedene Kriegsgefangenenlager in Deutschland und Frankreich, wo ich im Juli über Nacht aus einem „PW" (Prisoner of War) zu einem „PG" (Prisonnier de guerre) wurde – und im November dann wieder zum „PW", weil ich wegen meiner Kriegsverwundung nicht zum Arbeitseinsatz kam. Nun müsste ich doch bald entlassen werden; vielleicht klappte es noch vor Weihnachten? Von Woche zu Woche und von Tag zu Tag wurde diese Hoffnung geringer.

Aber dann gehörte ich doch noch zu einer Transportgruppe, die am Abend des 21. Dezember von Attichy aus die Bahnfahrt nach Deutschland antreten durfte. Sie dauerte endlos. Erst am 23. erreichten wir deutschen Boden – und dann, in den Morgenstunden des 24. Dezember, den Bahnhof Münster-Kinderhaus. Wie lange würde es jetzt noch dauern, bis ich meine Heimatstadt Paderborn erreichte? Die neue Hoffnung erhielt einen Dämpfer, als wir in der Kaserne an der Grevener Straße Mitgefangene sahen, die bereits zwei Tage vor uns Attichy verlassen hatten. Doch die Nähe des Weihnachtsfestes beflügelte die für unseren weiteren Weg Zuständigen, so konnte ich gegen 17 Uhr in Paderborn einen britischen Lastwagen verlassen. Ich war frei – und war wieder daheim.

So dachte ich. Seit einem Kurzbesuch im Februar hatte ich keinerlei Kontakt mehr zu meinen Angehörigen gehabt, doch im Laufe des Jahres hatte ich einiges erfahren von den letzten schweren Luftangriffen auf Paderborn. Danach sollte unsere Straße kaum Schäden erlitten haben. Schon

67

sah ich die Umrisse unseres Hauses in der Dunkelheit – und stellte mit Erschrecken fest, dass es nur eine Ruine war.

Im Nachbarhaus erfuhr ich, dass meine Eltern und Geschwister – außer dem älteren Bruder, der 1944 in Russland gefallen war – das Kriegsende heil überstanden und in einem kleinen Nachbardorf Unterkunft gefunden hatten. Von einer anderen Familie, bei der unser Vater während der Woche wohnte, hörte ich, meine Geschwister würden vielleicht zur Mitternachtsmesse nach Paderborn kommen. Gern schloss ich mich wenige Stunden später ihnen an, um in der Notkapelle eines Schwesternhauses die Weihnachtsmesse mitzufeiern, zusammen mit den Gruppen von Neudeutschland und Heliand und ihrem geistlichen Beirat, dem Jesuitenpater Johannes Hirschmann. Die nochmalige Enttäuschung, dass doch niemand von der Familie kam, war gering im Verhältnis zu der Freude, diese Messfeier miterleben zu können, wenige Stunden nach meiner Heimkehr. Am Mittag des Ersten Weihnachtstages erreichte ich nach gut zwei Stunden Fußweg meine überglücklichen Eltern und Geschwister.

Kapustawassersuppe und „Stille Nacht"

❄❄❄

Alex Kampschulte, Jahrgang 1919, wuchs mit fünf Geschwistern in Drolshagen auf. Heute lebt der Vater von zwei Kindern mit seiner Frau in Wegeringhausen.

Und wieder mal rückte das Weihnachtsfest näher, das siebte nacheinander, fern der Heimat und dem Elternhaus, das zweite in russischer Kriegsgefangenschaft. Aber der Krieg war ja schon seit Mai beendet und daher ging schon seit Wochen das Gerücht im Lager um: An diesem Weihnachtsfest würde es mal keine Kapustawassersuppe, sondern etwas besonders Kräftiges zwischen die Zähne geben. Außerdem brauchten wir mal einmal an den „Feiertagen" nicht in den Kohlenschacht einzusteigen. Mit dieser Hoffnung legten wir Gefangenen uns nach Anbruch der Dunkelheit am Heiligen Abend auf unsere Holzpritschen, schlossen die Augen und träumten von den Weihnachtsfesten daheim und dem kräftigen Essen am nächsten Tag.

Jäh wurden wir gegen 9 Uhr eben aus unseren seligen Träumen gerissen: „Baracke neun, sofort am Haupttor antreten, daway, daway." Am Tor warteten schon zwei Posten auf uns acht Plennis, die aus unserer Baracke als einzige noch halbwegs einsatzfähig waren. Dann hieß es „Marsch!", und wir schlurften in unseren Holz- und Lumpenschuhen hinaus in die eiskalte, sternenklare Dezembernacht. Die Sterne zeigten uns die Richtung, wo ein paar Tausend Kilometer weit im Westen jetzt vielleicht die Weihnachtsglocken läuteten.

Am Einstiegsloch zum Kohlenschacht warteten in kleinen Holzbaracken schon unsere russischen Schichtführer auf uns. Nach Erhalt der Grubenlampen und einem Kohlenpickel, einer Art Spitzhacke, hieß es nun, die 100 Meter tiefen, senkrechten Leitern hinunterzusteigen. Ein kleiner elektrischer Förderschacht durfte nur für den Transport der Kohlen benutzt werden. Nach Eintreffen der letzten Gefangenen am Zechengrund hieß es normalerweise immer sofort „Daway", ran an die leeren Kohlenwagen und damit ab in den Stollen vor Ort.

Heute war aber plötzlich alles ganz anders. Als wenn ein Zauber in der Zechenluft gelegen hätte, saßen wir acht wie auf Kommando im Kreis auf dem gelagerten Grubenholz, vor uns am Boden die brennenden Grubenlampen, und zuerst zaghaft, von einem von uns angestimmt, dann gemeinsam, erklang 2000 Kilometer von der Heimat entfernt „Stille Nacht, Heilige Nacht". Ich glaube, niemals zuvor und nie wieder danach wurde das Lied von uns so inbrünstig gesungen wie in dieser Heiligen Nacht. Selbst unsere russischen Aufseher schienen vom Zauber der Stunde gefangen zu sein. Sie hatten sich in die Dunkelheit des Schachts zurückgezogen und sagten kein Wort. Nur allmählich traten sie wieder hervor, wiesen stumm auf unsere leeren Kohlenwagen und in den Stollengang hinein.

Auch wir erhoben uns langsam, packten unsere Grubenlampen und zu je zwei Mann schoben wir unsere Loren über die ausgelegten Gleise vor Ort, um dort mit unseren wenigen Kräften unser Kohlepensum zu erfüllen. Viel Ausbeute gab es in dieser Nacht nicht, denn unsere Gedanken konnten sich nur schwer auf die Arbeit konzentrieren, sie weilten weit in der Ferne daheim. Nach Ende der Schicht, um 6 Uhr morgens, kam der Gruppenführer und gebot „Feierabend". Nun mussten die jetzt beladenen Loren zum Förderschacht geschoben werden. Dann begann der schwerste Teil der Nacht. Mit unseren ausgemergelten und aufgedunsenen Armen und Beinen hieß es, die 100 Meter langen, senkrechten Leitern hinauf zu klimmen. Bis der Letzte oben angeklettert kam, verging manchmal eine ganze Stunde.

Schon sah man im Osten die Morgendämmerung heraufziehen, als sich das Lagertor vor uns öffnete. Zuerst liefen wir schnell in unsere Baracke, um unsere Wattejacken zu entleeren, denn jeder hatte heimlich ein paar Kohlestücke mitgebracht, damit wir nicht zu erfrieren brauchten. Jetzt stand uns nur noch das große Weihnachtsessen bevor, auf das wir gehofft hatten. Also, ab an den Schalter der Verpflegungsbaracke zum Essensempfang. Es gab: ein Stück trockenes Brot und Kapustasuppe. Damit war unser Festessen geplatzt. Wir stampften zurück auf unsere Holzpritschen, schlossen die Augen und träumten wieder von Weihnachten daheim.

Aber diesem zweiten Weihnachten in der Gefangenschaft sollte noch ein drittes und ein achtes in der Fremde folgen, ehe ich die Heimat und meine Eltern wiedersehen durfte.

Das erste Weihnachten nach dem Krieg

❄❄❄

Willy Schülke, Jahrgang 1934, ist mit zwei Geschwistern in Bocholt aufgewachsen, wo er auch heute noch lebt. Der Rentner ist verheiratet, hat drei Kinder und acht Enkelkinder.

Vater war Soldat und Mutter war, nachdem wir im März bei dem verheerenden Bombenhagel auf Bocholt unsere ganze Habe verloren hatten, mit uns drei Kindern – Heinz war 16, Rosemarie war 13 und ich war zehn Jahre alt – zu ihren Eltern geflüchtet, die uns in ihrem Haus zwei Zimmer überließen. Wir gehörten nun also zu Dingden.

Mutter wollte unbedingt zu Weihnachten wieder ihre eigene Küche haben und an diesem Fest für uns Kinder kochen. Zuerst musste nun eine Kochgelegenheit geschaffen werden. Von einer Bekannten hatte sie einen alten kaputten Kohleherd für 50 Reichsmark gekauft. Wohl wusste sie, dass er so viel Geld gar nicht wert war, aber sie war froh, überhaupt wieder ein eigenes Teil zu besitzen. Opa lieh uns seinen Leiterwagen, damit wir den Herd abholen konnten. Wir brachten ihn zur Schmiede an der Dingdener Chaussee, wo Hermann Weyer ihn reparierte. Ja, er baute sogar, da der Backofen völlig durchgebrannt war, einen neuen Blechkasten hinein, in dem Mutter gut backen konnte.

Der Heilige Abend kam über das geschundene weite Land. Er war frostig wie nie, wir aber waren früh auf den Beinen, denn heute wollte Mutter „ihre" neue Küche einrichten. Es war noch nicht hell, als meine Schwester und ich schon beim Schmied Weyer waren und den jetzt toll aussehenden Herd abholten. Nein, Geld wollte Herr Weyer für seine Arbeit nicht haben. Das sei ein Weihnachtsgeschenk, sagte er und gab uns herzliche Grüße für unsere Mutter mit auf den Weg. Ein Ofenrohr gab er uns auch noch mit. Als wir zu Hause waren, hatten Mutter und Heinz ein Zimmer schon ausgeräumt und sauber gemacht. Der Herd wurde hochgetragen, an den Schornstein angeschlossen und sofort mit dem Holz, das der Opa hochgetragen hatte, angeheizt. Als Küchenschrank bekam Mutter von der Oma eine alte Kommode, die diese schon von ihrer Mutter bekommen hatte. Opa schenkte uns einen alten Tisch, den er immer zum Schlachten gebraucht hatte, und ein paar alte Stühle. Ich holte die Messer, Gabeln, Löffel und Teller, die ich auf der nahen Müllkippe zusammengesucht hatte, aus Opas Schuppen, spülte alles in der Waschschüssel sauber, und Mutter legte alles in die Laden der schönen Kommode. Als wir mit der Arbeit fertig waren, war die Mittagszeit längst vorbei. Da alle Hunger hatten, schnitt Mutter für jeden eine Scheibe Maisbrot ab, strich dünn von dem selbstgemachten Rübenkraut darauf, und allen schmeckte es in dieser neuen, kärglich eingerichteten Küche so gut, als wäre es der beste Kuchen. Dieser Tag war Gott sei Dank noch nicht zu Ende, denn es war noch viel zu tun. Holz, das Opa für uns zum Heizen geschlagen hatte, musste hochgeholt werden, und Wasser brauchten wir. Das mussten wir aus der Bäke holen. Mühsam musste das Eis zerschlagen werden, um aus dem darunter fließenden Rinnsal das Wasser zu schöpfen.

Besonders auch die Russen, die als Kriegsgefangene in den Ziegeleien untergebracht und nun aber frei waren, hatten Hunger und litten große Not. Als Oma am Nachmittag dieses Heiligen Abends in der Küche das Essen für den nächsten Tag vorbereitete und ich bei ihr saß, klopfte es an der Tür. Als Oma sie öffnete, standen zwei dieser armen Kerle da. Einer von ihnen hielt einen zerbeulten Kochtopf in der Hand und zeigte aufgeregt nach dem Herd. Oma verstand, dass sie das, was im Topf war, kochen sollte. Es waren grob gemahlene Roggenschrotkörner darin. Sie nahm den Topf, tat Wasser darauf und voller Mitleid – sie musste ja selber mit wenigem für alle auskommen – etwas Salz hinein, dazu noch einen guten Stich Schmalz und für jeden ein vielleicht streichholzschachtelgroßes Stück Schweinefleisch, das sie aus ihrem Brattopf nahm. Zwei Teller holte sie aus dem Schrank und stellte sie auf den Tisch, damit die Männer Platz nehmen und die dürftige Mahlzeit essen konnten. Für jeden machte sie noch ein Butterbrot zurecht und gab es ihnen, die sich mit Tränen in den Augen bedankten. In der nächsten Zeit hat Oma noch oft solch armen Menschen geholfen. Noch waren ja nicht alle von den Engländern abtransportiert worden.

Der Heilige Abend verging, und es kam die Nacht, die über allen Nächten steht und alle ehrfürchtig macht. Zeitig gingen wir ins Bett und wollten morgen, am Ersten Weihnachtstag in die Kirche gehen. Mit eisigem Hauch berührte die Nacht unsere Herzen, denn es war bitter kalt, die rauen Decken wärmten nicht, und das Feuer im Herd hatte keine Kraft. Unruhig schlief ich und stand, wie auch die anderen, früh auf. Wie staunten wir alle, da stand eine Tanne in unserer Küche, mit Watteschnee bestreut und mit Kerzen besteckt. Das hatte wohl Opa dahin gezaubert, während wir schliefen.

Da lagen unter dem Baum für jeden von uns ein Paar Pantoffeln, aus geflochtenem Haferstroh gemacht und mit Kaninchenfell ausgelegt. Wir wussten wohl, dass unsere Mutter dem Christkind die Schwerstarbeit, solch schöne Pantoffeln zu fertigen, abgenommen hatte. Sie war schon einige Wochen vor Weihnachten damit beschäftigt gewesen. Dazu hatte sie viele Stunden endlos lange Haferstrohzöpfe geflochten. Um das Stroh aber flechten zu können, mussten die Halme feucht sein, damit sie geschmeidig waren und nicht durchbrachen. Dicke Tücher nähte Mutter in mühevoller Arbeit um unsere Schuhe. Schneckenförmig wurden jetzt die noch feuchten Strohzöpfe mit dickem Garn auf die Lappen um den Schuh genäht, den die Mutter dann vorsichtig aus dem fertigen Gebilde herauszog. Aus getrocknetem Kaninchenfell wurden Sohlen geschnitten, und Mutter nähte die Laufsohle mit der harten Ledersohle nach außen unter die Pantoffeln, aber die Einlegesohle schob sie mit der wärmenden Fellseite nach oben in diese hinein. Einen Schuh nach dem anderen nahm sie sich so vor, bis endlich vier Paar Pantoffeln fertig waren.

Wir freuten uns sehr und waren dem Christkind dankbar für diese nützlichen Geschenke. Wohl gab es andere Dinge, wie etwa eine schöne Eisenbahn oder ein Fahrrad, die ich mir gewünscht hätte, die aber in dieser Zeit der weltweiten Not wohl nur auf wenigen Weihnachtstischen zu finden waren. Wir wollten im Hochamt dem Christkind für alles danken und gingen zu der rund drei Kilometer entfernten Notkirche nach Dingden. Wir betraten die Notkirche, die im Saale Meteling untergebracht war, durch das Hauptportal, von dem man geradeaus auf den Altar sehen konnte. Der Raum war einfach eingerichtet und sparsam, aber sehr liebevoll geschmückt. Rechts und links am Altar standen Fahnen und große Tannenbäume. Das schöne alte Krippenhaus stand dort, mit der Heiligen Familie und den Hirten. Alle Figuren waren wunderschön mit richtiger Stoffkleidung angezogen. Wunderschön sang der Kirchenchor, doch man hörte, dass die schönste Stimme nicht mehr mitsang – nicht mehr durfte, da sie unverheiratet ein Kind bekommen hatte.

Die Kirche konnte die Gläubigen gar nicht fassen, so standen viele draußen in der Kälte. Die Messe war sehr feierlich gestaltet, und alle sangen mit dankbarem, manchmal auch mit verzweifeltem Herzen das Lied „Stille Nacht, heilige Nacht". Das verstimmte Klavier versuchte krampfhaft den Ton zu halten, doch in dieser Zeit der Not klang es schöner als jede Orgel. Zum Schluss der heiligen Feier beteten wir für die Toten, die in fast jedem Haus zu beklagen waren. Dann gab der Pastor den Segen und sprach: „Gehet hin in Frieden, es ist kein Krieg mehr!" Dann war die Messe zu Ende. Wir gingen nach Hause und bald lag das Dorf hinter uns.

Zum Mittagessen waren wir nun doch bei der Oma eingeladen. Es war ein karges und doch so reiches Festessen. Alle wurden wir satt, immerhin gab es Kartoffeln mit Soße und ein kleines Stückchen Fleisch, das Opa für jeden gleich groß geschnitten hatte, und das Steckrübengemüse schmeckte vorzüglich. Am Nachmittag saßen wir an dem schön gedeckten Tisch und ließen uns Opas Schwarzbrot gut schmecken: Nur Rosemarie, meine Schwester, wollte wieder einmal – wie schon beim Frühstück und zu Mittag – nichts essen. Opa, der streng darauf achtete, dass jeder seinen Teil bekam, sagte auf Platt ärgerlich zu ihr: „Neu häff man sick de Arbeit makt, nou söss dou ok es bättken äten, dou dumme Kücken!" Da konnte sie nicht länger an sich halten und fing so heftig an zu weinen, dass ihr ganzer Körper sich schüttelte. Erschrocken sprang Mutter auf und nahm die Weinende in ihre Arme. Schluchzend erzählte Rosemarie nun, was sie bedrückte: Sie hatte sich so gut vorbereitet und sich so sehr darauf gefreut, genau wie die anderen Mädchen aus ihrer Schulklasse an den Adventstagen oder an einem der Weihnachtstage in der Kirche vorbeten zu dürfen. Bisher aber war nur ihren Mitschülerinnen und einigen Mädchen aus Dingden diese besondere Ehre zuteil geworden. Da hatte Rosemarie den Herrn Pastor gefragt, warum sie denn nicht vorbeten dürfte. Der Pastor hatte sie eine Weile ernst angesehen und dann gesagt: „Ach, liebe Rosemarie, es tut mir ja so leid, sieh nur, die Mädchen, die ich ausgesucht habe, sind immer so schön gekleidet, aber dein Mantel ist schäbig und abgetragen. So kannst du nicht vor den Herrgott treten. Und ich möchte auch nicht, dass alle dich anstarren. Denn sieh mal, das Kniebänkchen steht vorn im Mittelgang!"

Behutsam strich Mutter der Weinenden mit der Hand über das Haar. Oma war vom Tisch aufgestanden. Reglos starrte sie in die Richtung, wo das Bild ihrer Tochter Maria hing, die sie im Januar zu Grabe getragen hatte. Sie seufzte und presste bitter den Mund. Dann sagte sie zu Tante Anna, die ja Mutters Schwester war: „Du könntest ihr doch den blauen Mantel von Maria geben, die braucht ihn doch nun nicht mehr!" Anna ging ins Schlafzimmer und kam mit dem Mantel zurück. „Er müsste geändert werden, und den Pelzbesatz müsste man abtrennen", sagte Oma. „Dann ist er doch verschandelt und sowieso, das ist ja viel zu schade!", sagte Tante Anna. Das war dem Opa nun zu viel. Auf Platt sagte er: „Wat, för den Herrgott is dat te schade? De Dirne krich denn Mantel, un dormät basta!" Für Rosemarie war es das schönste Weihnachtsgeschenk, und als der Mantel ein paar Tage später geändert wurde, war sie überglücklich.

Am Abend saßen Mutter, meine Geschwister und ich in unserer Küche um den Herd und sprachen leise von Weihnachtsfesten, die lange vergangen waren, und wir dachten an unseren Vater, von dem wir nicht wussten, ob er noch lebte.

Von Puppen und ihren Häusern

✸✸✸

Gerda Sander, Jahrgang 1938, wuchs als mittleres von drei Kindern in Hagen auf, von wo die Familie eines Militärangehörigen aber bald nach Mecklenburg verzog. Heute lebt die Mutter von drei Töchtern und Großmutter von fünf Enkelkindern in Münster.

Für uns Kinder, im Jahre 1945 ein, sechs und neun Jahre alt, waren die Weihnachtsfeste nach dem Krieg die schönsten Feste. Ohne Fliegeralarm, Luftschutzkeller und ohne Angst! Für die Eltern waren sie allerdings sehr beschwerlich. Ein Fest auf dreizehn Quadratmetern für eine fünfköpfige Familie vorzubereiten, war schon eine logistische Meisterleistung. Allerdings besaßen wir nach der Flucht nicht viel, geschweige denn etwas Spielzeug! Waren wir doch froh, alles gesund überstanden zu haben, und so waren wir Kinder gespannt, ob uns der Weihnachtsmann ein neues Spielzeug bringen würde.

Am Tag vor dem Fest mussten wir Kinder uns in der Gemeinschaftsküche aufhalten, nicht immer zur Freude der „Großen". Man kann sich die Zappeligkeit von uns Kindern in der Vorfreude vorstellen. Ich sang den ganzen Tag: „O Tannenbaum", „Ihr Kinderlein kommet", „Leise rieselt der Schnee". Alle waren von den stundenlangen Gesängen genervt. Oma meinte: „Kind, kannst du nicht mal fünf Minuten schweigen?" Konnte ich… Aber nach fünf Minuten…

Am Heiligen Abend wurde erst gebadet. Wir zogen das schönste von zwei vorhandenen Kleidern an, die Zöpfe wurden straff geflochten. Dann ging es in die Kirche, das hieß: Ein Elternteil blieb zu Hause, „um den Weihnachtsmann herein zu lassen". In der Kirche war es sehr kalt, aber das Kerzenlicht und die Stimmung erwärmten uns von innen. In einem Jahr durfte ich im Chor mitsingen. Das war ein erhebendes Gefühl. Diese frühen Jahre meiner Kindheit lassen mich noch heute dieses angenehme, wohlige Gefühl nachempfinden. Nach dem Kirchgang ging es durch den Schnee nach Hause. Meine große Schwester und ich besuchten dann eine ältere alleinstehende Freundin der Familie. Wir brachten ihr einen

Blumentopf zum Weihnachtsfest. Sie hatte Kekse für uns gebacken und Tee aufgegossen. Bei Kerzenschein erzählte sie uns Geschichten, denn sie musste den Eltern Zeit geben, das Letzte zu richten.

Auf dem Nachhauseweg, es war jetzt stockdunkel, stieg die Spannung. Wir liefen mehr, als wir gingen. Wenn nach unserer Rückkehr zu Hause nicht sofort die Weihnachtsstube geöffnet wurde, sperrte ich mich von innen in der Speisekammer ein, setzte mich auf ein Sauerkrautfass und sagte noch einmal mein Gedicht auf. Endlich erklang das Glöckchen, Zeichen, dass der Weihnachtsmann die Stube freigegeben hatte. Dort stand, der Zimmergröße angepasst, ein winzigkleiner Tannenbaum mit echten Kerzen aus Omas Schatzkiste, daran Strohsterne, Lametta und ein paar Kugeln.

Eine Überraschung gab es alljährlich durch unsere Oma. Sie hatte die Weinflaschenversiegelungen aufbewahrt. Das waren bunte, runde Bleiplättchen, die damals maschinell in Falten gepresst und über die Flaschenkorken gezogen wurden. Wenn man sie ganz vorsichtig entfernte, blieb ein buntes gefaltetes Körbchen zurück. Daran kam ein Zwirnsfaden. Mit Keks und Haselnüssen aus dem eigenen Garten blieb es als Überraschung bis zum Plündern des Baumes im neuen Jahr hängen. So wurde der Abschied vom Tannenbaum versüßt.

Wenn wir das Weihnachtszimmer betreten hatten, sang die Familie mehr schlecht als recht, und wir Kinder sagten unsere Gedichte auf. Dann gab es endlich Geschenke, die unter einem Tuch neben dem Tannenbaum versteckt lagen. Meine Schwester und ich bekamen eine neue Puppe. Einen Pappmachékopf konnte man kaufen. Den Körper und die Garderobe nähten meine Mutter und Oma. Ein Kaninchenfell wurde formvollendet auf den Kopf geklebt, da am Hinterkopf ein großes Loch klaffte. Ich war fest davon überzeugt, dass im Laufe der nächsten Wochen die „Haare" gewachsen seien. Es waren wunderschöne Puppenkinder. Mein Kind lag in einem Puppenwagen! Auch er war selbstgefertigt. Im Keller stand noch ein Steiff-Wägelchen, mit dem wir spielten, wenn wir bei den Großeltern waren. Es hatte vier Holzräder, eine Deichsel und eine flache Ladefläche aus schmalen Leisten. Darauf befestigte Vater einen stabilen Pappkarton, den Mutti zuvor mit kariertem Stoff bezogen hatte. Drei gebogene Drähte waren in der Mitte des Kartons angebracht. Sie wurden so mit dem Stoff bespannt, dass ein Faltverdeck der Puppe Sonnenschutz bot. Festgehalten wurde das aufgespannte Verdeck mit zwei Kordeln an zwei Perlen, die an beiden Seiten des Kartons angebracht waren. Und es gab weiche Kissen in meinem Puppenwagen. Mir machte es nichts aus, dass ich das Gefährt wie einen „Bollerwagen" hinter mir her ziehen musste. Im Gegenteil, meine Freundinnen waren fast neidisch, denn mein Wagen war einmalig schön und meine Puppe hatte Haare.

Mein Spielzeug machte mich glücklich. Egal, ob wir genügend Holz zum Heizen, Nahrung oder Kleidung zum Leben hatten, für mich war das Leben wunderschön. Die Sorgen überließ ich an diesem Fest den Erwachsenen.

Im Jahr 1946 hatte sich die Lebenssituation nach dem Krieg eher verschlechtert. Man fror und hatte Hunger. Der Winter war eisig kalt. Unsere fünfköpfige Familie lebte noch immer auf dreizehn Quadratmetern. Mit zwei weiteren Flüchtlingsfamilien teilten wir uns Küche und Bad. Oma, der die Wohnung gehörte, hatte auch ein kleines Zimmer. Es ging uns aber gut, wir hatten ein Dach über dem Kopf und einen „Kanonenofen". Der hieß so, weil er die Form eines Kanonengeschossrohres hatte. Nun stand dieses Rohr senkrecht, hatte eine Öffnung, wo das Brennmaterial hineingefüllt wurde, eine Öffnung für den Aschekasten und eine für ein langes Ofenrohr. Dieses lief an der Wand durchs ganze Zimmer, um auch noch diese Wärme zu nutzen. Meine Schwester und ich schliefen seit dem Sommer in der Mansarde, ohne Ofen, und schützten uns vor Erfrierungen mit Wärmflaschen, Socken und Mützen. Wir waren ganz schön abgehärtet.

Und nun stand Weihnachten vor der Tür. Mein Vater wollte für uns drei Kinder ein Puppenhaus bauen. Im Keller war es viel zu kalt zum Werkeln. So wurde ein Laken quer durchs kleine Zimmer gespannt. Dahinter, auf dem Tisch, sägte, bohrte und schraubte Vater am Haus und an Puppenmöbeln. In Omas Zimmer, welches wir nun nicht betreten durften, nähten und klebten die beiden Frauen Gardinen und Bettdecken und bastelten Püppchen für das Puppenhaus. Gottlob lag viel Schnee, so dass wir Kinder zum Rodeln gingen und die Erwachsenen in Ruhe ließen.

Heiligabend waren alle Beschwernisse vergessen. Die Vorfreude und Spannung bei uns Kindern war, nach den Heimlichkeiten der letzten Wochen, nicht mehr zu toppen. Weihnachtslieder singen und Gedichte aufsagen lief wie im Film ab, denn unter einem Tuch, neben dem Tannenbaum, stand das Puppenhaus. Ein Traum, bestehend aus drei Etagen. Im Parterre gab es einen Kaufmannsladen für meinen Bruder. Der erste Stock mit Küche und Wohnraum war für meine Schwester gedacht. Und unter dem Dach gab es ein Schlafzimmer, ein Bad und einen Balkon. Den belegte ich. Und alle Etagen waren auseinanderzunehmen, so dass jeder auch alleine damit spielen konnte und jeder Streit vermieden wurde.

Mitten in der Freude war auf einmal Stromsperre. Das kam öfter vor. Auch den Stadtwerken mangelte es an Stromzufuhren. Dann öffneten wir die Tür des Kanonenofens, setzten uns davor und sangen Lieder, erzählten Geschichten und lachten viel. Außerdem war es von vorne sehr schön warm. Über die Schultern konnte man ja eine Decke oder Jacke legen, sodass es richtig mollig war. Vor Weihnachten hatten wir viel Holz gesammelt, um an den Feiertagen nicht zu frieren. Aber es gab auch Tage, an denen wir nur elf Grad in der Wohnung hatten. Das ist schriftlich belegt. Die Kerzen an dem kleinen Tannebaum halfen auch für innere Wärme. Ja, so war das damals. Trotz aller Sorge waren die Feste immer getragen von viel Liebe, Glück und Hoffnung und für uns Kinder beglückend mit so wunderbaren Geschenken.

Weihnachten in Königsberg

❄❄❄

Lucia Krzyzanowski, Jahrgang 1925, ist in Königsberg geboren und aufgewachsen. Sie lebt heute in Münster.

Das Gedenken an die Geburt Christi, unseres Heilands und Erlösers hat mich von jung an tief ergriffen. Die Christmette um 24 Uhr war sehr feierlich gestaltet. Der Altarraum mit den großen Tannenbäumen, die vielen brennenden Kerzen, die große Krippe am Nebenaltar, das Glockengeläute, die sehr zu Herzen gehende Predigt unseres verehrten Pfarrers und der Gesang des Kirchenchores, zu dem ich ab 14 Jahren auch gehörte, war einfach lobenswert. Unser Pfarrer bedankte sich mit den Worten: „Es war ihm zumute, als hätten Engel gesungen".

Ja, es war bereits Krieg in Königsberg/Ostpreußen – heute Kaliningrad. Ich bin im Jahre 1925 dort geboren und aufgewachsen. Habe dort das Kriegsende mit allen seinen Schrecken erlebt, die Besetzung der Russen mit allem Schrecklichen bis 1948 ertragen und wurde dann endlich nach Ostdeutschland ausgewiesen mit fast dem Rest der deutschen Überlebenden im Güterwagen.

Seit 1952 lebe ich in Münster. Zu Hause, in Königsberg, haben wir das Weihnachtsfest auch in der Familie festlich begangen. Es war alles so friedlich. Eine Krippe hatten wir noch nicht, aber der geschmückte Tannenbaum fehlte nie. Als Schulkind sagte ich davor auch ein bis zwei Gedichte auf. Vorher war ich etwas aufgeregt, aus Angst, dass ich stecken bleiben könnte. Aber das passierte nicht. Ein „Bunter Teller" war fast eine Seligkeit, und dann gab es auch einige Geschenke. Meist etwas Nützliches zum Anziehen, aber auch ein oder zwei Bücher oder eine ersehnte Handtasche. Wir waren damals wirklich einfacher und bescheidener. Waren glücklich, wenn wir gesund beisammen sein konnten.

Im Jahre 1945 erlebte ich das Weihnachtsfest in Königsberg im Krankenhaus. Zuvor hatte ich im katholischen Waisenhaus als Betreuerin gearbeitet. Es kam kein Geld für die Arbeit. Nur morgens und abends ein bis zwei Scheiben trockenes Brot, manchmal einen Esslöffel Sirup dazu. Mittags ein Teller

Suppe ohne Fett, ohne Fleisch. Fast alle Kinder erkrankten, verhungerten und starben. Die Ordensschwestern und auch fast alle Arbeitskräfte erkrankten. Es brachen Ruhr und Typhus aus. Fieberkranke kamen ins Krankenhaus, dort erhielten sie etwas Verpflegung. Aus Mutlosigkeit und vor Hunger sagte ich damals, ich wollte, ich hätte Typhus. Kaum gesagt, so geschah es mir. Kurz vor Weihnachten kam ich ins Krankenhaus. Allen Patienten wurden dort die Köpfe geschoren (Kopfläuse), ich lag in einem großen Saal mit mehreren Patientinnen. Alle hatten Typhus, hohes Fieber, fantasierten.

Da geschah es am Heiligen Abend, nach dem Abendessen, dass die Schwestern alle Türen öffneten und Weihnachtslieder sangen. Sie sangen so wunderschön, wir glaubten, im Himmel zu sein und Engel singen zu hören. Uns rannen die Tränen. Wir versuchten auch, mitzusingen. Am Ersten Weihnachtstag erhielten wir alle ein gekochtes Ei und ein paar Plätzchen. O, welche Wonne! Weihnachten!

Im nächsten Jahr musste ich mit mehreren anderen Frauen am Zweiten Weihnachtstag einen Eisenbahnwaggon voller Kohlen auf Lastwagen entladen. Die Arbeit war schwer, es war bitter kalt, es fing an zu schneien, und wir begannen, an Weihnachten zu denken und sangen Weihnachtslieder. Wir freuten uns über eine Scheibe Brot, über Kartoffelschalen. Im Herzen war Weihnachten. Früher mochten wir sehr „Weiße Weihnachten", Schnee gehörte dazu. Heute verzichte ich gerne darauf. Ich bin alt und gehbehindert, fast 84 Jahre alt.

Nicht Glanz, Geschenke, gutes Essen, Geselligkeit sind der Kern des Weihnachtsfestes, die Menschwerdung des Sohnes Gottes ist es! Können wir es recht begreifen?

Doppelte Weihnachtsbescherung

❄❄❄

Otto-Ehrenfried Selle, Jahrgang 1936, stammt aus Cammin in Pommern. Mit seiner Familie kam er 1945 zu Verwandten nach Warendorf. Seit 1976 lebt er in Münster. Er unterrichtete bis zur Pensionierung im Jahr 2000 als Studienrat am Pascalgymnasium in Münster.

Kurz vor Ostern 1945 waren wir als Flüchtlinge aus Pommern in Warendorf auf der „Herrlichkeit" gelandet; nein, nicht gelandet: freundlich und herzlich aufgenommen worden, unsere Mutter, mein sechsjähriger Bruder und ich, damals knapp neun Jahre alt. Der Sommer war hingegangen in herrlicher Freiheit; erst ab Oktober musste ich wieder zur Schule. Inzwischen war es Dezember geworden, kurz vor Weihnachten. Tante Ippel, wie alle sie nannten, unverheiratete Tochter der verwitweten Bäuerin, hatte mit der Weihnachtsbäckerei begonnen. Wir schauten zu. Der feste, braune Teig wurde in Model mit ausgeschnitzten Vertiefungen gedrückt, der überstehende Teig mit dem Backmesser abgeschnitten und der Teig dann mit einem kräftigen Schlag des Models auf den Tisch aus den Vertiefungen herausgeschlagen. Jetzt erkannten wir die Formen: Der Elefant und „die doofe Frau", wie wir sie nannten: eine Frauengestalt, die etwas auf dem Kopf trug, sind mir am besten in Erinnerung. „Spekulatius" hieß dieses Gebäck. Wir kannten es nicht. Bei uns in Pommern backte meine Mutter den Pfefferkuchen nach altem Familienrezept, meine älteren Schwestern backten Pfeffernüsse, und beim Ausstechen der Mürbteigplätzchen – Sterne, Halbmonde, Herzen, Kleeblätter, Engel — durften wir Kinder helfen.

Endlich kam Heiligabend. Aber es war hier im Münsterland ganz anders, als wir es von zu Hause gewöhnt waren. Es lag kein Schnee, und ich verspürte überhaupt keine vorweihnachtliche Stimmung; für alle schien es ein ganz normaler Arbeitstag zu sein. Gegen sechs Uhr abends machten wir uns durch die Dunkelheit auf den Weg in die Stadt, ein Fußweg von einer guten halben Stunde. Wir waren zu unserer Tante, einer älteren Schwester meiner Mutter, die am Markt wohnte, zum Heiligen Abend eingeladen. Unterwegs kamen Erinnerungen hoch an unser letztes Weihnachten in Pommern: Der Weihnachtsbaum mit der Krippe darunter hatte immer bis unter die vier Meter hohe Decke gereicht. Ich hatte schöne Bauklötze bekommen, aus denen ich Häuser und Ställe baute, und einen hölzernen Lastwagen mit Anhänger, mit dem ich die Krippenfiguren zu den Häusern und Ställen fuhr. Und ein Flugzeug zum Zusammenbauen! An jenem letzten Heiligabend im Elternhaus war ich als Letzter ins Bett gegangen, erst kurz vor Mitternacht. Das war nun alles verloren.

Nun waren wir auf dem Weg in die Stadt. Von den Bauersleuten hatten wir ein Paket mitbekommen, das wir unterwegs in der Oststraße mit herzlichen Weihnachtsgrüßen dem Milchkontrolleur als kleine Weihnachtsüberraschung bringen sollten. Natürlich waren Spekulatius darin, aber auch noch viel mehr. Ich kannte den Milchkontrolleur. Er kam jede Woche einmal zur Melkzeit in den Kuhstall und bestimmte im Auftrag der Molkerei Milchfett- und andere Werte. Der Krieg hatte ihn nach Warendorf verschlagen, er hatte keine Familie oder wusste nicht, wo seine Angehörigen waren. Alleine würde er Weihnachten in seinem Zimmer, in dem er zur Untermiete wohnte, verbringen müssen. Ich hatte das Gedicht „Markt und Straßen steh'n verlassen, still erleuchtet jedes Haus…" von Eichendorff auswendig lernen müssen und sagte es für ihn auf. Vielleicht haben wir auch noch ein Weihnachtslied zusammen gesungen, aber das weiß ich nicht mehr. Ich weiß aber noch, wie der junge Mann sich über die unerwartete Weihnachtsbescherung herzlich freute.

Bei der Familie meiner Tante am Markt erwartete man uns schon, freilich mit einigem Bangen. Denn sie wussten, was ich damals noch gar nicht richtig verstand: Wir hatten in Pommern alles verloren. Das Haus, in dem wir gewohnt hatten, war als erstes beim Einmarsch der Russen in Brand geschossen worden – all meine schönen Weihnachts-Spielsachen verbrannt! Meine Mutter hatte nach dem frühen Tod unseres Vaters im Sommer 1944 ein zweites Mal geheiratet. Sie wusste nicht, wo in Russland unser Stiefvater war, den wir noch kaum kennen gelernt hatten. Lebte er überhaupt noch, war er in Gefangenschaft? Und unsere kleine Schwester aus dieser zweiten Ehe war kurz nach Ostern geboren, und schon vier Monate später hatten wir sie begraben müssen. Massenweise starben die Säuglinge 1945 an Brechdurchfall. Nun waren wir da, freudig begrüßt von der ganzen Familie. Es gab ein leckeres Abendessen. Und dann ertönte das Glöckchen, und wir durften ins Weihnachtszimmer. Die Kerzen brannten am Baum, eine Krippe war da, Geschenke lagen ausgebreitet. Aber erst sangen wir alle „Ihr Kinderlein kommet". Dann hatten wir Kinder, meine Kusine, ein Jahr älter als ich, mein Bruder und ich unsere Gedichte aufzusagen. Noch ein paar Weihnachtslieder wurden gesungen. Und alle waren erleichtert, dass meine Mutter nicht, wie zu befürchten gewesen wäre, in Tränen ausbrach, sondern fröhlich mitsang und mit ihrer schöne Stimme alle anderen übertönte. Wir wünschten uns alle „Frohe Weihnachten", und dann durften wir zu unseren Geschenken und den bunten Tellern.

Es war ein schöner Heiligabend, dachten wir auf dem Heimweg, fast so schön wie früher zu Hause.

Am nächsten Morgen hieß es früh aufstehen. Man ging in die Ucht, und die begann morgens um fünf. Die Laurentius-Kirche war gepackt voll. Die Sakristeiglocke läutete, Ministranten und Priester kamen aus der Sakristei. Legten sie zuerst das Jesuskind in die Krippe? Ich habe das vergessen. Aber dann begann das feierliche levitierte Hochamt. Der Chor sang, so schön er nur konnte, die Gemeinde hörte andächtig zu. Nur bei den „Dominus vobiscum" und den anderen Responsorien gab sie die Antworten. Unmittelbar nach Ende des Hochamtes folgte die zweite Messe, vom Zelebranten als Stille Messe gelesen. Gleich intonierte die Orgel „Heiligste Nacht", und es brauste ein Gesang auf, der fast die Gewölbe zum Einsturz brachte. Und während der zweiten und gleich anschließenden dritten Messe, zusammen fast eine Stunde, wurden weiter Weihnachtslieder gesungen; es ging durch den gesamten Weihnachtsteil des Gesangbuches.

Auf dem Heimweg nach dem Gottesdienst fing es schon langsam an hell zu werden. Auf der „Herrlichkeit" gab es nun ein weihnachtliches Frühstück – und dann, für uns Kinder ganz unerwartet, noch einmal eine Bescherung. Im Wohnzimmer stand der Weihnachtsbaum auf dem Backofen, darunter die Krippe. Und jeder bekam einen bunten Teller und ein kleines Geschenk. Auf dem bunten Teller waren natürlich Spekulatius und andere Köstlichkeiten. Aber das Schönste war die Herzlichkeit derer, die uns als Flüchtlinge so gastlich aufgenommen hatten, und die uns nun mit einer Bescherung am Morgen des eigentlichen Weihnachtstages nach der Ucht überraschten, wie es damals noch allgemeine Tradition im Münsterland war.

Alte und neue Heimat

❄❄❄

Edeltraud Schnitte, Jahrgang 1931, stammt aus der Ortschaft Kosel bei Patschkau in Oberschlesien. Sie wurde mit ihrer Familie 1945 aus Schlesien vertrieben. 1946 kam die Familie nach Raesfeld ins Münsterland. Dort lebt Edeltraud Schnitte, Hausfrau und Mutter dreier Kinder, auch heute noch.

Nun wohnten wir schon acht Monate nach der Vertreibung auf einem Bauernhof in Raesfeld. Wir waren in einem Raum über der Waschküche untergebracht. Das Zimmer war klein, ausgestattet mit drei Bunkerbetten, Tisch, Wandschrank und Kanonenofen. Viele Leute haben uns sogar darum beneidet. Von einzigartiger Wichtigkeit war die Tatsache, dass wir als Familie zusammengeblieben sind und nicht getrennt wohnen mussten. Das Weihnachtsfest nahte. Für einen Christbaum war kein Platz, statt dessen stellten wir drei Tannenzweige ohne Schmuck in einen alten Emailleeimer und dachten traurig an die verlorene Heimat, unser ehemaliges Zuhause. Wir, meine Eltern, mein Bruder und ich, lebten fern von Schlesien – weder Verwandte noch frühere Nachbarn waren in erreichbarer Nähe – sondern hundert Kilometer und weit mehr entfernt. Die Sehnsucht nach vertrauten Menschen war riesengroß. Zu diesem Zeitpunkt hofften wir immer noch, dass wir in absehbarer Zeit zurück ins eigene Heim könnten. Denn die Parolen gingen laufend um, dass sich alles zum Guten wenden würde. Es herrschte eine verzweifelte und deprimierende Stimmung. Wir besaßen nichts, an Geschenke war nicht zu denken. Plötzlich klopfte es an die Tür, und wir wurden zur Weihnachtsfeier beim Hofbesitzer eingeladen. Im Zimmer hatten sich der Bauer mit seiner Gattin und vier Kindern sowie die Großmutter, der Onkel, zwei noch ledige Schwestern, neun Bedienstete und sechs Vertriebene eingefunden. Alle lebten unter einem Dach und wurden auch beköstigt. Das war damals eine ganz wichtige Sache.

Der große Raum glitzerte und strahlte. Beim gemeinsamen Singen – „Stille Nacht, Heilige Nacht" – war unsere Kehle wie zugeschnürt. Kein Laut kam heraus. Die Tränen flossen unaufhaltsam. Hauptsächlich meine Eltern dachten mit großer Wehmut an die verlorene Heimat. Hart war die Erkenntnis, dass sie noch vor wenigen Monaten eine eigene Landwirtschaft besaßen und jetzt – kriegsbedingt – auf die Zuwendung fremder Menschen angewiesen waren.

Ich erinnere mich noch genau an die Geschenke des ersten in Raesfeld verbrachten Weihnachtsfestes. Traditionsgemäß war die Bescherung am ersten Feiertag nach dem Hochamt. Mein Vater erhielt eine Arbeitshose, meine Mutter eine Schürze und Pantoffeln, mein siebenjähriger Bruder einen Pullover von selbst gesponnener Schafwolle, und ich nahm ein Paar reichlich großer Schuhe in Empfang – die allerdings gegen einen Sack Kartoffeln eingetauscht worden sind. Die Freude über diese unerwarteten Gaben war sehr groß.

Zurückblickend: Mit 14 Jahren war ich sicherlich noch zu jung, um die ganze Dramatik zu begreifen. Die Erinnerung ist jedoch – selbst nach 50 Jahren – noch lebendig geblieben.

Abschied von Waldi

❄❄❄

Ute Zeller-Tünte, Jahrgang 1939, verbrachte ihre Kindheit und Schulzeit in Münster. Zur Zeit der Erzählung lebte sie im münsterschen Stadtteil Kinderhaus, heute wohnt sie in Ostbevern.

Es muss wohl Heiligabend 1945 oder 1946 gewesen sein, so genau weiß ich das nicht mehr, aber es war die Zeit, in der viele Menschen noch nicht wieder eine feste Bleibe gefunden hatten. Sie klopften an die Türen und baten um ein Stück Brot oder auch nur um die Möglichkeit, sich für ein paar Minuten am Küchenherd aufwärmen zu dürfen.

An diesem Heiligabend waren morgens schon ein oder zwei Männer bei uns gewesen. Sie hatten in ihren zerlumpten Militärmänteln in der Küche gesessen, und meine Mutter hatte ihnen zugehört. Mehr konnte sie ihnen nicht geben. Danach schmückte meine Mutter den Weihnachtsbaum. Meine Geschwister und ich konnten uns gar nicht satt sehen an den wunderschönen Christbaumkugeln. Sie hatten viele Bombennächte und die Evakuierung überstanden, selbst die filigranen Glasgebilde in den Höhlungen hatten kaum Schaden genommen.

Dann kam der spannendste Augenblick des Heiligen Abends. Wir Kinder wurden ins Schlafzimmer geschickt, damit die Engelchen die Geschenke bringen konnten. Da die Zeiten schlecht und die Geschäfte leer waren, flogen auch die Engelchen schnell wieder davon und wir stürmten in die Weihnachtsküche. Ach, da war ja mein Waldi wieder, mein brauner Holzdackel, der beim Ziehen immer so schön wackelte, weil er aus drei Teilen bestand. Aber ich hätte ihn fast nicht erkannt, weil er jetzt statt der blauen eine rote Schleife trug. Auch die Puppe meiner Schwester war kaum wiederzuerkennen und schon gar nicht der Pullover meines Bruders. Der war nämlich an den Ärmeln und am Bauch nicht mehr zu kurz und hatte rote Streifen bekommen.

Wir waren überglücklich und sangen Weihnachtslieder. Bis es wieder klopfte. Diesmal war es eine Frau mit ihrem vielleicht sechsjährigen Sohn. Woher sie kamen und wohin sie später gingen, weiß ich nicht, aber dieses

Weihnachtsfest ist in meiner Erinnerung mein traurigstes gewesen. Denn, als die Fremden weiterzogen, wackelte mein Waldi mit zur Tür hinaus. Meine Mutter, die ein großes Herz hatte, hatte ihn dem heimatlosen Jungen geschenkt. Mein Herz war leider nicht so groß, aber ich war ja auch erst sechs Jahre alt. Meinen Waldi habe ich nie vergessen.

Dem Bombenhagel entronnen

❄❄❄

Gertrud Kersting, geboren 1933 in Dülmen, wuchs als Einzelkind auf, da beide Brüder im Krieg fielen. Sie erlernte als ersten Beruf das Bäckerhandwerk. Durch die Ehe mit dem Friseurmeister Paul Kersting arbeitete sie später als Friseurin. Gertrud Kersting, Mutter zweier Söhne, ist seit 1968 Rentnerin und Hausfrau und lebt in Dülmen.

Mitte Dezember war es, als wir aus der Bauerschaft Ondrup wieder in die Stadt zogen. Neun Monate gab uns eine sehr nette Bauernfamilie ein Zuhause, nachdem wir total ausgebombt waren. Mit Pferd und Wagen, darauf unsere paar Habseligkeiten, die man uns geschenkt hatte, fuhren wir wieder in unsere Heimatstadt Dülmen.

Als unsere zwei Zimmerchen damit einigermaßen zurechtgemacht worden waren, fühlten wir uns schon recht wohl. Nette Nachbarn, die glücklicherweise alles behalten hatten, schenkten uns auch Kleinigkeiten. Sie wollten uns zu Weihnachten wohl eine Freude machen. Nun, am Heiligen Abend, ging mein Vater in den Wald und schlug einen kleinen Weihnachtsbaum. Einen Ständer, zwar ein bisschen verrostet, hatten wir zum Glück auch bekommen. Kugeln hatten wir keine. Doch die Not macht erfinderisch.

Mein Vetter hatte mir ein paar Buntstiftstummel geschenkt, diese waren uns sehr nützlich. In der Ecke des Zimmers stand ein Karton, in dem einige Sachen lagerten, da wir ja kaum Mobiliar hatten. Kurz entschlossen schnitt mein Vater die obere Hälfte ab und zauberte daraus die schönsten Figuren – Engelchen, Glöckchen und so weiter. Mutter und ich bemalten sie und hingen sie mit einem Faden, den wir aus einem Zuckersack zogen, nach und nach an den Baum. Der stand auf einem alten Küchentisch und wurde immer schöner. Mutter hatte heimlich ein paar Socken für mich unter den Baum gelegt. Auch diese hatte sie mit den Fäden aus dem besagten Zuckersack gestrickt. Da ich überwiegend Holzschuhe trug, waren sie sehr nützlich. Als letztendlich alles fertig war, leuchteten meine Augen. Meine Eltern waren glücklich, mich so strahlend zu sehen – hatten sie doch in den Jahren vorher mich, ihre kleine Tochter, nur traurig und oft weinend am Heiligen Abend ins Bett gebracht, da ich meine großen Brüder so sehr vermisste, die beide im Krieg gefallen waren.

Es wurden Gebete gesprochen, und wir waren unendlich glücklich und dankbar, dass wir dem Bombenhagel entkommen waren und nun wieder ein Heim hatten, wenn es auch mehr als bescheiden war. Die Bilder meiner Brüder standen wie in den letzten Jahren unterm Weihnachtsbaum – auch jetzt, wie ich mich erinnere, mit einem Trauerflor. Nur eine Kerze stand auf dem Tisch. Sie gab uns so viel Licht, wie es uns heute eine ganze Lichterkette nicht geben kann. Für mich war es der schönste Weihnachtsbaum in meinem Leben, und wir hatten Frieden. An diesem Abend bin ich seit Jahren am Heiligen Abend wieder glücklich ins Bett gegangen.

Die Schatztruhe

❄❄❄

Renate Resing, geboren 1938 in Berlin, lebt in Steinfurt.

Im Jahre 1946 wohnte ein Teil unserer Familie im Haus der Großeltern in Münster, das zwischen vielen Ruinen stehen geblieben war. Ich selbst lebte noch auf einem Dorf. Zu Weihnachten gab es eine doppelte Bescherung. Auf dem Dorf mit selbstgenähten Puppen und Puppenkleidern unterm Weihnachtsbaum, in der Stadt zwischen den verkohlten Bohlen des Fußbodens, auf dem eine Brandbombe geschwelt hatte.

Mein Onkel in Münster hatte für meine Schwester und mich als Weihnachtsgeschenk eine Munitionskiste bemalt. Sie sollte als Spielzeugkiste dienen. Die Silhouette der Stadt Münster, die es so nicht mehr gab, zierte den Deckel. Obwohl die „Truhe" – so hieß die Kiste von Anfang an – leer war, hatte ich das Gefühl eines großen Schatzes. Beim Gang zum Milchladen, der in einer Kellergarage untergebracht war, fragte mich ein Kind, was ich zu Weihnachten bekommen habe. Ich antwortete stolz: „Eine Truhe." Noch hab ich den verständnislosen Blick des Kindes vor Augen. Was sollte das wohl sein?

Und ich? Habe ich gespürt, wie viel Trauer über das zerstörte Münster der Maler empfand, als er dem Kind die heile Stadt vor Augen führte? Und dann erzählte er, dass mein Großvater regelmäßig zu Weihnachten mit seinen neun Kindern den Gang durch die sieben Kirchen der Altstadt gemacht hatte, um die Krippen zu besuchen.

Heute ist das Bild auf der Truhe teilweise abgeblättert und somit fast eine Erinnerung an Trümmer und Zerstörung. Erinnerung auf jeden Fall ist der Schatz, für den die Truhe steht.

Die Negerpuppe

❄❄❄

Winfried Schwarthoff, geboren 1939 in Düren im Rheinland, ist auf einem Bauernhof bei Burgsteinfurt aufgewachsen. Er ist verheiratet und lebt heute in Everswinkel.

Es war im Jahr 1946, ein Jahr nach Ende des Zweiten Weltkrieges. Ich lebte als Vollwaise auf einem Bauernhof in Leer bei Burgsteinfurt, zusammen mit meinem älteren Bruder. Es weihnachtete sehr, nicht wegen der goldenen Lichtlein auf den Tannenspitzen, wie es in einem Weihnachtslied heißt, sondern weil es schneite und schneite, dass man die Hand nicht vor den Augen sehen konnte.

Dennoch war die Stimmung gedrückt. Man hatte uns Kinder darauf vorbereitet, dass wir wohl nichts geschenkt bekämen, weil es nichts zu kaufen gab. Wir drückten uns an den Fensterscheiben die Nasen platt und schauten traurig in die Schneeflocken. Was war mit dem Christkind? So arm wie wir musste es gewesen sein. Aber nein, es bekam wenigstens etwas von den Hirten und später sogar Gold, Weihrauch und Myrrhe von den Heiligen Drei Königen. Wir sollten nichts bekommen, und das war einfach nur traurig. Und dann mussten wir auch noch, nachdem der Bauer das Haus mit einem Palmenzweig gesegnet hatte – das war damals so üblich – früh ins Bett, wo die Traurigkeit sich noch steigerte.

Als wir am anderen Morgen erwachten, waren wir doch neugierig, ob das Christkind nicht doch an uns gedacht hatte. Wir hatten wenig Hoffnung. Aber, was war das? In der großen Küche standen zwei Teller mit Plätzchen, und neben meinem Teller lag eine Puppe, ein Negerkind, aus Stoffresten geschneidert und mit roten Augen, aus dickem Garn genäht. Ich musste weinen, weil ich nicht glauben konnte, dass mir das Christkind etwas so Schönes geschenkt hatte. Liebevoll nahm ich die Puppe in meine Arme und drückte sie dann ganz fest an mich.

Jeden Abend nahm ich sie mit ins Bett, und wenn ich mal traurig war, erzählte ich ihr meinen Kummer und drückte sie, wie an jenem Morgen, als ich sie zum ersten Mal gesehen hatte.

Gestrandet in Bielefeld

❄❄❄

Regina Wolff, Jahrgang 1942, stammt aus einer schlesischen Familie, die nach Krieg und Vertreibung in Bielefeld landete. Sie erlernte den Beruf der Kauffrau. Die Mutter von drei Kindern und Großmutter von acht Enkelkindern lebt auch heute noch in Bielefeld.

Meine erste Erinnerung an einen Heiligen Abend geht in das Jahr 1946 zurück. Ich war gut vier Jahre alt und spürte, dass der Tag von den Erwachsenen um mich herum eine andere Aufmerksamkeit forderte. Eine Emsigkeit für die häuslichen Dinge mischte sich mit einer Spannung, die ich nicht recht einordnen konnte.

Um niemandem im Weg zu stehen, drückte ich mich in eine Nische der uns zugewiesenen Zwei-Zimmerchen-Wohnung. Im Arm hielt ich meine nackte, fröstelnde Puppe, die mir irgendein „Engel" geschenkt hatte.

Meine Familie war mit sieben Personen aus Schlesien vertrieben und in das Haus in Bielefeld-Dornberg einquartiert worden, in dem bereits zwei andere Familien mit insgesamt zehn Personen Unterschlupf gefunden hatten. Unsere Hochachtung für die „Hauswirtsleute" stieg von Jahr zu Jahr, und sie sind mir bis heute ein Appell an mein Gewissen, fremden Menschen gegenüber hilfsbereit zu sein. Viel Gutes gäbe es noch über diese Familie im Laufe der Jahre zu berichten, doch ich will mich auf eine Begebenheit an dem besagten Heiligen-Abend-Vormittag beschränken.

Die etwa 17-jährige Tochter des Hauses nahm mich an die Hand und führte mich nach oben und dann noch eine Stiege höher auf den Boden, wo ich noch nie gewesen war. Hier war von dem trubeligen Leben unten im Haus nicht mehr viel zu hören. Nur sie und ich und ein geheimnisvolles Drumherum.

Um für die Einquartierungen Platz zu schaffen, hatten die Besitzer des Hauses hinter einem Bretterverschlag ihre Sachen abgestellt. Dahin führte mich nun die Tochter. Durch eine Dachluke fiel ein Lichtstrahl auf eine große eichene Truhe, deren Deckel sie nun öffnete. Plötzlich lagen all die schönen Spielwarenschätze aus ihrer und ihrer Geschwister Kindheit vor mir mit der Aufforderung, ich dürfe mir etwas davon aussuchen. Da ich immer noch meine ärmliche Puppe im Arm hielt, fiel mein Blick sofort auf ein Mäntelchen mit einer passenden Mütze dazu. Aus Samt und dazu noch lila! Auf wunderbare Weise passte es wie angegossen und wärmte fortan meine Puppe und mein Herz.

Am liebsten wäre ich mit Anneliese auf dem Boden geblieben, um nicht mehr in die sorgenvolle Welt der Erwachsenen hinabsteigen zu müssen, die auch schon von mir spürbar war. Dass sich jemand in dem Wirrwarr des Hauses um mich kümmerte, war schon Wohltat genug, aber nun auch noch ein Geschenk, das musste ein besonderer Tag sein!

Als am Abend der Hausherr die große Flügeltür öffnete und mit weihnachtlichen Klavierklängen alle Hausbewohner einlud, und wir dann mit 23 Personen in drangvoller Enge beisammen standen und „Stille Nacht, Heilige Nacht" sangen, ahnten wir etwas vom himmlischen Frieden, der sich über diesen Heiligen Abend senkte und die Sorgen um die Zukunft erträglicher werden ließ.

Das rettende Christkind

❄❄❄

Elisabeth Schlichte, Jahrgang 1922, ist in Münster aufgewachsen. Elisabeth Schlichte hat heute eine Tochter, zwei Enkelkinder und drei Urenkel. Sie lebt in Sendenhorst.

Wir schreiben „ anno" 1947, ich lebe in Münster/Westfalen. In einer zerstörten Stadt. Das ganze „Deutschland" liegt in Scherben. Die Überlebenden kämpfen mit Hunger, Not, Kälte, Krankheit. Ein Schleier der Verzweiflung liegt über allem. Elend und Leid wurden den Menschen in ihre Gesichter gemeißelt. Es gibt keine Tage der Hoffnung auf Besserung, nur Verzweiflung prägen Tage, Wochen, Monate. Nirgendwo ein Schimmer der Veränderung, nichts als Not. Und so vegetieren die Menschen durch ihr Leben, welches sie durch Bombenangriffe und Flucht gerettet haben. Nur ausgemergelte Gesichter in den Straßen. Durch Trümmerberge bahnen sie sich einen Weg, um zu den wenigen Verkaufsstellen zu kommen, wo sie auf Lebensmittelkarten – aus heutiger Sicht betrachtet – eine denkbar geringe Menge an Nahrungsmitteln erhalten. Maisbrot, ein wenig Fett, Kartoffeln, ein bisschen Gemüse. Ein jeder weiß, es reicht nicht aus zum Überleben.

Eine Handvoll Menschen hat das Glück, Wertgegenstände aus den Trümmern gerettet oder auf dem Lande bei Bauern ausgelagert zu haben und auf dem Schwarzmarkt zu verhökern. Die Masse leidet Schmerzen, Krankheit muss ertragen werden. Ich höre es noch in meinen Ohren, 1945 – als der Krieg in allen Teilen des Landes zu Ende ging, dass ein Amerikaner im Radio sagte: Der Krieg für die Bevölkerung war schrecklich, aber für die Überlebenden wird es furchtbar. Ja, dieser Mann hatte Recht, es war furchtbar. Für mich junge Frau von 25 Jahren sollte das große Leiden erst noch beginnen. Wir, mein Mann im gleichen Alter, hatten auf der Flucht im April 1945 in Berchtesgaden in der Stiftskirche geheiratet. Mein Mann trug ein großes Geheimnis und schwere Last in sich, darum die schnelle Eheschließung.

Nun, zurück nach Münster, Weihnachten 1947, ich sitze mit meiner kleinen Tochter Gabriele, geboren im Juli 1946, in meiner kleinen Behelfswohnung, von der Stadt Münster zugeteilt. Allein mit dem Kleinstkind, traurig, voller Hader und Verzweiflung ohne Papa und Ehemann. Wie sollte unsere Zukunft werden, denn im Juli dieses Jahres mussten wir den Ernährer unserer kleinen Familie zu Grabe tragen. Mein Mann war an einer Leberzirrhose verstorben. Trauer und Hader waren Gefühle, die mich beherrschten, denn mein Mann wusste vor der Heirat schon, dass er nur noch eineinhalb bis zwei Jahre zu leben hatte. Es war ein Kriegsleiden, die Ärzte hatten ihn 1945 mit dieser furchtbaren Gewissheit entlassen. Mir wurde es verschwiegen, bis nach seinem Tod der Arzt mich aufklärte.

Ich empfand es als Vertrauensbruch, es tat weh, ich hätte ihn nicht verlassen, nur ein Kind in die damalige Zeit zu setzen, wäre für mich ein Grund der Überlegung gewesen. Nun waren wir an diesem Heiligen Abend allein in dieser kalten Wohnung, mit nur wenig Nahrung, keinem Tannenbaum, mit einer geschenkten Kerze einer Nachbarin. Meine Hoffnungslosigkeit lässt sich nicht beschreiben. Angehörige – Mutter und Bruder – konnten nicht helfen, sie litten selbst große Not. Da stellte sich schon die Frage nach Gott, gibt es ihn und wo ist er? Gerechtigkeit – nein, die gab es für mich nicht mehr. Alles an „Werten" schien verloren.

Es war schon dunkel draußen, gegen 17 Uhr, als es an der Wohnungstür klopfte. Eine Schelle gab es noch nicht. Abwesend, ohne jede Regung, öffnete ich die Tür. Zum Vorschein kam ein großes Paket, welches ein junger Mann von der Josefs-Pfarre brachte. Ich konnte nicht glauben, was da geschah, schüchtern und hilflos nahm ich das Paket mit einem leisen Dankeswort entgegen. Die Amerikaner hatten es für ganz bedürftige Familien gespendet, es hieß Carepaket. Als ich mit diesem Wunder allein war, zitterte ich am ganzen Körper und brach in hemmungsloses Weinen aus. Ich ging zum Kinderbett, nahm sein „Vermächtnis", unsere kleine Gabriele auf den Arm, drückte sie liebevoll an mich. Dieser Moment berührte mich sehr, ein verschüttetes, zartes Glücksgefühl machte sich bemerkbar. Diesen Heiligen Abend 1947 werde ich nie vergessen, das Kind in der Krippe kam als Christkind zu uns, um uns zu beschenken. Durch den Inhalt des Paketes konnte ich ein Essen richten, welches nach langer Zeit ein Gefühl der körperlichen Sättigung zuließ. Ganz vorsichtig musste man die Speise zu sich nehmen, denn der entwöhnte Magen nahm nur wenig auf. Durch diese menschliche Geste merkte ich, dass bei mir wieder langsam eine geistig-seelische Hoffnung aufkeimte. Es stellte sich für mich nicht mehr die Frage nach Gott, ich konnte sagen: Ja, es gibt ihn. Gott hilft, unser Schicksal zu tragen. Tue das Deine, glaube an ihn, so wirst du ihn spüren.

Das Schachspiel

❋❋❋

Eva-Maria Deiters, geborene Contag, wurde 1922 in Horka/Lausitz geboren und wuchs in Berlin auf. Sie wollte Kunst studieren. Dann brach der Krieg aus. So besuchte sie ein Technikum und wurde technische Zeichnerin in einer Maschinenfabrik. 1942 heiratete sie Hugo Carl Deiters. Die Mutter dreier Kinder lebt heute in Ibbenbüren.

Im Jahre 1947 kam mein Mann als Spätheimkehrer aus der Kriegsgefangenschaft. In seiner Wohnung, die er durch die Einberufung 1940 verlassen musste, fand er mich mit unserer Tochter Antje (damals drei Jahre alt), meine Mutter, meine Schwester Jutta und meinen Schwager Kurt und die Flüchtlingsfamilie Frau R. mit Kind vor, also waren wir acht Personen. Die Enge nahmen wir als Selbstverständlichkeit hin. Wir waren ja froh, dass wir uns nach den Wirren des Krieges und der trostlosen Nachkriegszeit wiedergefunden hatten. Wir waren elend und abgemagert, aber gottlob gesund. Es mangelte uns an allem. In der Notzeit konnte man nichts kaufen. Zum ersten gemeinsamen Weihnachtsfest – nach fünf Ehejahren – wollte ich für meinen Mann ein schönes persönliches Geschenk als Liebesbeweis haben. Da kam mir die gute Idee, meinem Hugo selbst ein Schachspiel zu schnitzen. Ich wusste, dass er gern Schach spielen würde.

Netterweise borgte mir Frau R. ihre uralten Schachfiguren als Muster. Sie hatte sie während ihrer Flucht im Kinderwagen gerettet. Es war für mich ein mühsames Unterfangen, ohne Schraubstock die winzigen Figuren halten zu können. Mit dem ach so stumpfen Küchenmesser hatte ich so meine liebe Not. Trotzdem machte es mir aber Freude, viele Stunden in der Wohnküche zu schnitzen und zu plaudern. Es blieb mir unvergessen, wie gemütlich es mit Mutter, Schwester und Tochter am wärmenden Herd – der sogenannten „Maschine" – war und wie wir plauderten. Wenn mir bei meiner Arbeit etwas misslang, tröstete mich meine Mutter und ermutigte mich mit den Worten: „Ach, Evchen, Du wirst das schon schaffen!" In meinem Übereifer muss ich wohl beim Ausschütteln der Arbeitsschürze mit den

Eva-Maria Deiters und ihr Sohn Ulrich mit dem
symbolträchtigen Schachspiel

Spänen ein altes, kostbares Pferdchen in den Kohlenkasten geworfen haben. Jedenfalls war's plötzlich spurlos verschwunden. Panik! Hilfe!

Als Prokurist arbeitete mein Mann damals unermüdlich in der Stärkefabrik Crespel & Deiters, als müsse er die verlorenen Jahre nachholen. Wenn er sich auf Reisen begab, nutzte ich seine Abwesenheit, um auch am Abend an der Weihnachtsüberraschung zu schnitzen. Pünktlich zum Weihnachtsfest hatte ich mein Geschenk für meinen Mann fertig. Aquarelle und kleine Puppen und viele kunstgewerbliche Artikel hatte ich gefertigt und war damit über Land gezogen und hatte alles eingetauscht gegen Lebensmittel. So waren wir für die Feiertage sehr gut versorgt, also „Essen satt".

Am Heiligabend gingen wir in die altehrwürdige Christuskirche. Wir empfanden die feierliche Stunde als Dankgottesdienst. Wir trugen die gute Stimmung der Rührung und Dankbarkeit mit in unsere Wohnung. Es berührte uns sehr, als ein kleines Glöckchen zur Bescherung geläutet hatte und wir ins Weihnachtszimmer (eigentlich meiner Mutter Schlafraum) schritten und unser Töchterchen im weißen, langen Nachthemd – mit einer Kerze in der Hand – neben einem spärlich geschmückten Tannenbaum stand und so zart sang: „Vom Himmel hoch, da komm ich her." Danach las mein Mann ganz feierlich die Weihnachtsgeschichte vor. Anschließend gab's die Bescherung mit Selbstgebackenem, Selbstgebasteltem und sehr liebevoller Post von nah und fern. Wie glücklich war mein Mann bei der Bescherung über mein Schachspiel. In freudiger Bewunderung bestaunte er es. Er war wie selig. Im Laufe des Abends fing er oft mit Loben an. Er war gerührt und glücklich, ja im Überschwang der Gefühle sagte er, er sei überwältigt! Er umarmte mich herzlich und drückte mich. Dann küsste er mich zärtlich. Immer wieder streichelte er liebevoll meine Hände.

Im Nachhinein weiß ich, dass die Einsamkeit der sieben Jahre Soldatsein meinen Hugo in die Isolation gebracht hatte. Doch in der Weihnachtsnacht war die Botschaft der Liebe bei ihm als wunderbares Weihnachtsgeschenk endlich angekommen. Über fünfzig Jahre genossen wir dieses Schachspiel zu Hause und auf Reisen. Es ging uns nicht um Kampf und Sieg, sondern um die Harmonie des Miteinander.

„Da ist ja unser Christkind!"

✳✳✳

Gabi Tapmeier, Jahrgang 1942, wuchs mit zwei älteren Brüdern in Eickelborn auf. Heute lebt die Mutter von vier Söhnen in Beckum-Vellern.

Es war im Advent, in der Nachkriegszeit, in Eickelborn. Mein Vater war im Krieg gefallen. Das Geschäft und die Schneiderwerkstatt meines Vaters führte meine Mutter in seinem Sinne weiter. Ich war damals fünf Jahre alt, mein Bruder Klaus war zwei Jahre älter als ich, und Robert war neun.

Draußen war es dunkel, die dunkelsten Tage des Jahres. Überall bereitete man sich auf Weihnachten vor. Meine Mutter bestellte in der Gärtnerei Sander Adventskränze in verschiedenen Größen, die mit roten Schleifen an einem roten Holzständer befestigt waren. Diese Adventskränze wurden im ganzen Haus verteilt, im Laden, in der Nähstube und im Wohnzimmer. In der Gärtnerei duftete es nach Tannengrün und Erde. Geheimnisvoll war es in der Drogerie Sluga, die sich in der oberen Etage der Gastwirtschaft Wrede befand. Hier duftete es nach Kerzen und Seife.

Jeden Tag durften wir Kinder abwechselnd ein Kläppchen am Adventskalender aufmachen. Hinter jedem Türchen verbarg sich ein schönes Bild: ein Ball, ein Kreisel, ein Schaukelpferd, ein Apfel, Nüsse oder sonstige Herrlichkeiten. In den Tagen vor Weihnachten verschwanden auf unerklärliche Weise einige liebe Dinge: die Puppen, der Puppenwagen und die Puppenstube. Das Wohnzimmer war tagelang abgeschlossen. Es war verboten, durchs Schlüsselloch zu gucken. Wir wagten es natürlich auch nicht, denn, so hieß es, wer durchs Schlüsselloch guckt, bekommt dicke Augen.

Die Bescherung am Heiligen Abend fand statt, mit allen Angestellten zusammen. Die Schneiderinnen aus der Nähstube, die Verkäuferin aus dem Laden und die Hausangestellte waren mit dabei. Endlich wurde die Wohnzimmertür geöffnet. Der Christbaum stand strahlend da, mit silbernem Lametta, silbernen Kugeln und einer silbernen Baumspitze. Die Kerzen leuchteten festlich. Es war überwältigend. Für jeden lagen Päckchen bereit, und für jeden gab es einen „Teller voll" mit süßen Sachen. Herrlich duftete es nach Spekulatius, Nüssen, Äpfeln und Apfelsinen. Unterm Christbaum fanden sich meine Puppen wieder. Sie hatten neue Kleider an und waren wieder wie neu. Der Puppenwagen – ein Sportwagen aus Holz – war frisch gestrichen, die Puppenstube neu tapeziert.

Am ersten Weihnachtstag waren wir „da unten" eingeladen, bei Tante Mia. „Da unten" war das Elternhaus meines Vaters, das sich am Dorfausgang befand. Dort lebten Onkel Franz, Tante Mia, Röschen, Elli, Franz, Luzie, Alfred und Reinhold. Jülle, ein Familienpflegling aus dem Landeskrankenhaus, der in der Landwirtschaft mithalf und dort auf dem Kotten wohnte, gehörte ebenfalls mit zur Familie. Das schönste Spielzeug, dass das Christkind gebracht hatte, wurde mitgenommen und den durchweg älteren Vettern und Kusinen stolz gezeigt. Es gab Bouillon, Kartoffelsalat und Würstchen. Nach dem Essen startete das Christbaumsingen. Alle Weihnachtslieder, die aus der Kirche und alle anderen, die wir kannten, wurden gesungen. Dann durfte ich die Lieder, die wir im Landeskrankenhaus am Nachmittag des Heiligen Abends vorgetragen hatten, allein vorsingen. Bei sternenklarer Nacht gingen wir Kinder mit unserer Mutter wieder nach Hause.

Auch die Patienten und Patientinnen im Landeskrankenhaus warteten auf das Christkind. Hier war es Hanni Mattenklotz, die eine wunderbare Idee hatte. Sie war als Pflegerin im Landeskrankenhaus beschäftigt und konnte die dort ebenfalls beschäftigten Schwestern vom Orden der Vinzentinerinnen aus Paderborn von ihrem Vorhaben schnell überzeugen. In ihrer Freizeit führte Hanni eine Mädchengruppe, mit der sie für „ihre" Patientinnen ein Theaterstück, Lieder und Gedichte einstudierte. Neben den Mädchen, die die Rolle der Maria, des heiligen Josef, der Hirten und Engel spielten, benötigte man ein kleines Kind für die Rolle des Christkindes. Und das durfte ich sein!

Die Zeit der Vorbereitung war spannend. Es wurden Sterne auf Goldpapier aufgezeichnet und ausgeschnitten, es wurden Goldbänder auf die Rocksäume genäht, Lieder, Gedichte und Flötenstücke eingeübt und das Ganze wurde geprobt. Maria und Josef bekamen ihre Gewänder. Die Hirten wurden eingekleidet. Die Engel bekamen Kleider aus weißem Tüll mit vielen goldenen Sternen und einem goldenen Stirnreif. Auch ich bekam ein langes Kleid aus weißem Tüll mit noch mehr goldenen Sternen. Mein Stirnreif – es war ja der Stirnreif des Christkindes – hatte zudem ein goldenes Kreuz.

Am Nachmittag des Heiligen Abends huschten wir durch die Kälte von einem Gebäude des großen Klinikgeländes zum anderen und trugen unsere Lieder und Gedichte vor. An die Lieder „Still, still, still, weil's Kindlein schlafen will" und „Kling Glöckchen, klingelingeling", erinnere ich mich besonders gut. Auf den einzelnen Stationen waren festlich geschmückte hohe Christbäume und schöne Krippen aufgestellt.

Ich durfte den Patientinnen die mit vielen herrlichen Sachen gefüllten Teller bringen. Als ich bei einem Besuch in einer Einzelzelle angebetet wurde, trug man mich schnell hinaus. Häufig war ich im Geschäft meiner Mutter und nicht selten kamen Patientinnen in Begleitung von Pflegepersonal zum Einkaufen. Dann hörte ich sie öfters sagen: „Da ist ja unser Christkind."

Ein weiteres Theaterstück wurde im Pflegerkasino des Landeskrankenhauses aufgeführt, und zwar für die Ärzte, das Pflegepersonal und die Eltern der Darstellerinnen.

Viele Jahre später lernte ich meinen Mann Karl kennen. Als ich mit der Heirat im Jahre 1974 nach Vellern zog, fand ich in der geräumigen Diele zu Weihnachten ebenfalls einen großen Christbaum und eine schöne Krippe vor. Das alles erinnerte mich an das Landeskrankenhaus Eickelborn. Die fünf Geschwister meines Mannes waren verheiratet und wurden mit ihren Familien, mit Kindern im Alter von zwei bis vier Jahren, am ersten Weihnachtstag in das Elternhaus eingeladen. Auch meine Mutter und meine Geschwister luden wir ein. In Erinnerung an das Christbaumsingen bei Tante Mia und unsere Auftritte im Landeskrankenhaus kam auch mir eine Idee. In dieser großen Familie musste es ja möglich sein, ein Christbaumsingen zu veranstalten. Ich weihte meine Schwiegermutter ein und überzeugte sie sofort. Wir packten für jeden – nicht nur für die Kinder – ein Päckchen und steckten alles in einen großen Sack.

Die Lichter am Weihnachtsbaum wurden angezündet. Einer der Erwachsenen sollte das Weihnachtsevangelium vorlesen. Dazu erklärte sich mein Bruder Robert bereit. Wir sangen Weihnachtslieder. Jeder schlug eins vor und alle fielen gleich in den Gesang ein. Nun kam das Austeilen der Geschenke an die Reihe. Ich schickte die Kinder mit den einzelnen Päckchen zu dem jeweiligen Empfänger. Sie liefen mit Begeisterung zu Onkel, Tante, Vettern und Kusinen und überbrachten die Überraschungen. Dann ging es ins Wohnzimmer zum gemeinsamen Abendessen.

Im Laufe der Zeit lernten die Nichten und Neffen und auch unsere eigenen Kinder – wir bekamen vier Söhne – in Kindergarten und Schule Gedichte und Musikstücke, die sie am Weihnachtsabend vortrugen. Paten und Patenkinder tauschten untereinander ihre Weihnachtsgeschenke aus. In der Küche wurde das Essen aufgebaut. Es gab durchweg immer: Schweinebraten, Rosenkohl, warme Pfirsichhälften mit Preiselbeeren und Salzkartoffeln.

Den Nachtisch bereitete ich mit Vorliebe selbst zu, das war Kaiserreis mit Sahne und Krokant, Schokoladenpudding mit Sahne und Vanillepudding mit Sahne und Schokoladenstreuseln.

Es war eine helle Freude, so dass dieses Christbaumsingen alljährlich – mehr als 25 Jahre – mit der ganzen großen Familie in unserem Haus stattgefunden hat.

Aufführung von Liedern, kleinen Szenen und Gedichten für die Patienten des Landeskrankenhauses 1947 in Eickelborn. In der Bildmitte Gabi Tapmeier als „Christkind".

Der gestohlene Weihnachtsbaum

❄❄❄

Rolf Jarzembowski, Jahrgang 1935, ist in einer vierköpfigen Familie in Marl-Brassert aufgewachsen. Er ist verheiratet und lebt seit 1968 in Osterwick-Häven, Gemeinde Rosendahl.

Es war nach dem Krieg. Die ersten Kriegsgefangenen kamen nach Hause. So auch unser Nachbar Otto D., dessen Familie aus Ostpreußen flüchten musste und am Margaretenplatz eine Wohnung bekam. Wir hatten mit der Flüchtlingsfamilie D. inzwischen ein gut nachbarschaftliches Verhältnis, zumal sie drei Kinder hatten und wir ebenfalls gut miteinander auskamen.

Es war kurz vor Weihnachten, und Weihnachtsbäume waren kaum zu bekommen. Nur einige private Händler oder Waldbesitzer boten in geringen Mengen Weihnachtsbäume an. Da lag es nahe, dass viele Familien ihren Baum unerlaubt aus der Natur holten. Eines Tages kam Otto D. zu meinem Vater und sagte: „Alex, es ist bald Weihnachten, und wir haben noch keinen Baum! Wie ist es bei euch?" Er antwortete: „Nein, wir auch nicht!" Otto sagte: „Ich weiß, wo wir zwei Bäume herbekommen, von Altendorf-Ulfkotte. Da kenne ich mich aus. Dort habe ich eine große Fichtenschonung gesehen, als ich für meine Kaninchen schon einige Male Klee geholt habe. Lass uns mal hingehen und die Schonung in Augenschein nehmen."

Gesagt, getan, an einem Nachmittag gingen beide Väter los, nahmen aber gleichzeitig einen Sack mit, um auch für die Kaninchen wieder mal Futter mitzubringen, welches auch unerlaubt aus einer Miete genommen wurde. Immer auf der Hut, dass sie auch hierbei nicht vom Bauern erwischt wurden. An der Schonung in Altendorf-Ulfkotte angekommen, schauten sie sich nach geeigneten Bäumen um. Sie stellten fest, dass diese viel zu groß waren. Otto war der Meinung, dass man nur die Spitze nehmen sollte. Sie entschlossen sich für zwei mittelhohe Fichten, die nahe beieinander standen. Dann schlichen sie sich zu einer Runkelmiete, steckten einige Runkeln in den Sack und gingen heim. Sie verabredeten sich auf zwei Tage später. Meinem Vater, ein redlicher, ehrlicher Mensch, war dabei nicht ganz wohl zumute, aber uns Kindern wegen ging er mit, denn Weihnachten ohne einen Christbaum wäre für uns Kinder kein Weihnachtsfest gewesen, zumal die Zeit von Hunger und Not in allen Bereichen geprägt war. Da sollte zumindest das Weihnachtsfest seinen Charakter behalten.

Wie verabredet gingen sie zwei Tage später am späten Nachmittag los. Otto hatte in seinem großen Rucksack eine Handsäge und eine Axt eingepackt. Als sie an der Schonung ankamen, war es schon halb dunkel. Sie hatten Mühe, die beiden Bäume wieder zu finden, denn gezeichnet hatten sie die Bäume vorsichtshalber nicht, damit der Besitzer bei einem eventuellen Rundgang keinen Verdacht schöpfen konnte. Sie schauten nach allen Seiten und meinten, die Luft ist rein. Dann machten sie sich an die Arbeit. Ein Krachen und Bersten zweimal nacheinander und die beiden Fichten lagen am Boden. Dann suchten sie schnell das Weite und beobachteten von Weitem die Umgebung. Als nach einer halben Stunde nichts Auffälliges zu sehen war, schlichen sie zu den gefällten Bäumen zurück. Es war inzwischen schon richtig dunkel geworden, nur das Sternenlicht ließ am Waldrand zwei Gestalten erkennen. Otto holte aus seinem Rucksack eine Taschenlampe hervor und blendete das Licht mit einer Hand etwas ab. Mit Schritten maßen sie von der Spitze etwa gute zwei Meter und kappten sie ab. Schnell wurden die Zweige am Stamm mit Schießdraht verschnürt. Am Waldrand taten sie nochmals einen sichernden Blick, ob die Luft auch noch rein ist, dann gingen sie eiligen Schrittes mit ihren Bäumen unter dem Arm nach Hause.

Als wir Kinder erfuhren, dass wir einen Baum aufstellen, bastelten meine Schwester und ich Weihnachtsschmuck. Wir schnitten aus dünner Pappe Sterne und Glocken aus und beklebten sie mit Stanniolpapier aus Zigarettenschachteln, besprühten Tannen- und Kieferzapfen mit Bronze.

Am Heiligen Abend morgens stutzte mein Vater den Baum auf die richtige Länge und setzte ihn in den Christbaumständer. Wir Kinder durften beim Schmücken helfen. Mein Vater holte Christbaumschmuck aus Großmutters Zeiten hervor und schmückte damit den Baum. Wir Kinder durften unseren gebastelten Schmuck ebenfalls aufhängen. Zum Schluss wurde das Lametta aufgehängt, und die selbstgemachten Kerzen wurden ebenfalls angebracht. Meine Mutter, die uns beim Schmücken zusah, seufzte tief und sagte: „Weihnachten ist gerettet."

Auch der Nachbar Otto richtete seinen Weihnachtsbaum her. Doch es wollte nicht so recht mit dem Schmücken klappen. Der Baum war nicht so gleichmäßig gewachsen, was man natürlich im Wald nicht so sehen konnte. Er holte sich bei meinem Vater Rat, der schon des öfteren einen ungleichmäßig gewachsenen Baum in die gewünschte Form gebracht hat. An einer zu dicht gewachsenen Stelle wurde ein Zweig herausgeschnitten und an einer nicht bewachsenen Stelle eingesetzt. Hierzu wurde mit einem Handbohrer ein Loch in den Stamm gebohrt, der Ast angespitzt und in das Loch fest hineingedrückt. Mit einem Zwirnsfaden wurde er an dem oberen Ast befestigt. Ein so eingesetzter Ast war in der Lage, auch Weihnachtsschmuck zu tragen. Nachdem der Baum hergerichtet und geschmückt war, kam auch in der Familie D. die richtige Weihnachtsstimmung auf.

Grünkohlbüschel mit Weihwasser für die Tiere

✲✲✲

Heinrich Göcke, Jahrgang 1935, wuchs mit seinen drei Brüdern auf einem Hof in Schöppingen auf, wo er auch heute noch lebt.

Die häusliche familiäre Weihnachtsfeier hat bei uns ständige Veränderungen erfahren. Zu meiner Kindheit war das Schenken und Beschenktwerden noch wenig ausgeprägt. In den Tagen vor Weihnachten wurde in Haus und Stall und auf dem Hof viel sauber gemacht und aufgeräumt. Am Tag vor Weihnachten (Heiliger Abend) brachte für uns Kinder das Christkind den geschmückten Tannenbaum in die große Diele. Wir Kinder durften dann für uns und auch für alle Erwachsenen am Baum einen Teller aufstellen. An Heiligabend war von der Kirche aus gebotener Fast- und Abstinenztag, das heißt, er wurde fleischlos mit nur drei Mahlzeiten verbracht. Gearbeitet wurde wie gewöhnlich. Zum Abendessen gab es traditionsgemäß Münsterländer Fettsoppen. Anschließend segnete der Vater Haus und Stall mit Weihwasser, und alle Tiere bekamen einen mit Weihwasser besprengten Grünkohlbüschel. Alle anderen saßen im Wohnzimmer, und es wurde lange gebetet und von meiner Mutter aus einem dicken, frommen Buch vorgelesen. Uns Kindern kam das unendlich lange vor, so dass wir auch häufig dabei einschliefen. Am anderen Morgen (Weihnachtsmorgen) war dann das Christkind dagewesen und hatte die Teller gefüllt mit einigen Süßigkeiten, Äpfeln, Nüssen und selbstgebackenen Plätzchen. Etwas Spielzeug war für uns Kinder auch dabei. Es war ja auch Kriegs- und Nachkriegszeit, wo alles noch mehr eingeschränkt werden musste. Ich erinnere mich noch daran, dass ich 1947 mit zwölf Jahren neben dem gefüllten Teller einen Anschreibe-Taschenkalender bekam, worüber ich mich gefreut habe. Ich kann mich auch erinnern, dass Knecht und Magd, so nannte man ehemals die ledigen Mitarbeiter, auch Geldscheine bei ihrem Teller liegen hatten.

Am Weihnachtsmorgen wurde sehr früh aufgestanden. Die erste Heilige Messe in der Kirche war um fünf Uhr, davor noch eine halbe Stunde Fußmarsch. Sie wurde besucht von allen, die nicht unbedingt mit Füttern und Melken beschäftigt waren. Sobald wir Kinder schulpflichtig wurden, gingen wir auch mit. Bei uns in der Gemeinde wurden drei Messen direkt hintereinander gefeiert, so dass der ganze Gottesdienst reichlich zwei Stunden dauerte. Danach gab es aber zu Hause ein reichhaltiges Frühstück, ein besonderes Mittagessen und nachmittags auch Torte.

Die Feier bei uns änderte sich nach dem Krieg, als das ganze Haus voll war von familienfremden Personen. Es waren Evakuierte aus Duisburg und Vertriebene aus Schlesien. Mitunter waren wir bis zu 16 Personen im Haus. Wir feierten mit der ganzen Hausgemeinschaft zusammen Weihnachten. Die Geschenke gab es jetzt am Heiligen Abend nach dem traditionellen Beten und Hauseinsegnen. Es wurde dabei auch viel musiziert und weihnachtlich gesungen. Ich möchte wohl sagen, dass diese Familie aus Schlesien viel zu dieser Umstellung beigetragen hat. Ab 1952 war unsere Familie wieder unter sich. Die Tradition wurde weiter so gepflegt, nur mit steigendem Wohlstand gewannen die Geschenke an Bedeutung.

Mittlerweile wächst jetzt bei uns seit den 1930er Jahren die vierte Generation heran. Doch auch jetzt freuen sich alle auf Weihnachten. Und noch immer wird am Tag vor dem Heiligen Abend der Weihnachtsbaum geschmückt und die Krippe aufgebaut. Die eigentliche Feier beginnt Heiligabend gegen 18 Uhr mit der Hauseinsegnung, an der alle Familienmitglieder teilnehmen. Der Vater trägt ein Buchsbaumbüschel und Weihwasser, und alle anderen zeigen mit brennenden Kerzen den Weg durch Haus und Stall. Dabei wird der Rosenkranz gebetet. Das Beten wird im Vergleich zu früher etwas eingekürzt, dann folgt nach dem Singen an der Krippe die Bescherung, die ja die Enkelkinder ganz heiß erwarten. Anschließend wird gemeinsam gegessen und erzählt. Dann werden die Geschenke ausgepackt und ausprobiert. So ist Weihnachten bei uns eher ein Fest der stillen Freude. Freude über die Geburt Jesu Christi, was wir auch besonders durch Mitfeiern der Liturgie in der Kirche, innere Besinnung und gegenseitige Familienbesuche zum Ausdruck bringen.

Etwa zwei Wochen vor Weihnachten kommen alle Enkelkinder hierher zur Oma, um mit ihr ein Lebkuchenhaus zu bauen. Dieses wird dann in gemeinsamer Arbeit mit Zuckerguss bestrichen und daran werden allerlei Süßigkeiten geklebt. Alle zehn Enkelkinder von drei bis 13 Jahren sind mit Eifer dabei. Am zweiten Weihnachtstag darf das Ganze dann gemeinsam geplündert werden.

Die Enkel bauen mit der Oma ein Lebkuchenhaus
mit viel Zuckerguss als Klebstoff.

Gab es auch besonders schöne oder schwere oder schreckliche Weihnachten? Meine Mutter starb an einem 16. Dezember ganz plötzlich und unerwartet im Alter von 78 Jahren. Gewiss war das für uns alle ein trauriger Anlass, der auch an den Weihnachtstagen nicht überwunden war. Doch Weihnachten ist das Geburtsfest unseres Herrn und Heilandes Jesus Christus. Für uns kein ausgelassenes Fest, eher ein besinnliches in der Familie, das wir auch in jenem Jahr wie üblich begangen haben.

In einem späteren Jahr brannte am 7. Dezember unser Wohnhaus ab. Die Familie war plötzlich obdachlos. Mit allen Familienangehörigen und vielen, vielen freiwilligen Helfern aus der Nachbarschaft, Verwandtschaft und dem Bekanntenkreis wurde es möglich, dass wir am Heiligen Abend unsere Notwohnung beziehen konnten. Wir haben dann noch ganz kurzfristig einen Tannenbaum geschmückt. Mit einem dankbaren Gefühl allen Helfern gegenüber konnte es auch bei uns im engsten Familienkreis Weihnachten werden.

Weihnachtsbäckerei

❄❄❄

Albert H. Hoffmann, Jahrgang 1933, wurde als ältester von drei Söhnen in Müschede geboren. Seine Eltern betrieben eine Bäckerei und Gastwirtschaft. Der gelernte Bankangestellte und heutige Rentner lebt in Arnsberg-Müschede.

Zu allen Jahreszeiten, so auch besonders in der Vorweihnachtszeit, ereigneten sich besondere Dinge. Es lag dann einfach in diesen Tagen etwas in der Luft.

Adventszeit bedeutete für uns wirklich alle Jahre viel Arbeit und auch oft genug Stress. Mein Vater hatte den Betrieb im Jahre 1929 von seinem älteren Bruder Ferdinand übernommen. Vor seiner Hochzeit mit unserer Mutter waren seine Mutter und seine Schwester Elisabeth die „besten Pferde im Stall". Später erlernten auch meine beiden jüngeren Brüder Rudi und Hubert das Bäckerhandwerk. Ich war nach Meinung meiner Eltern ein bisschen „zu lang geraten" und musste mich mit meinem „dünnen Kreuz" wohl zu sehr bücken. Zudem war ich wegen meines „grellen Wachsens" gesundheitlich etwas geschwächt.

Neben Brot und Brötchen und den üblichen Kuchen (Streuselkuchen, Bienenstich und Hefegebäck) war natürlich auch Weihnachtsgebäck im Angebot. Überwiegend waren es Spekulatius. Aber auch Spritzgebäck, Stollen und vor allem das schöne „Schwarzweißgebäck" waren sehr gefragt. Viel zu tun gab's alle Tage wieder, denn alles war natürlich handgemacht. Ja, das Bäckerleben war in der Kriegs- und Nachkriegszeit schon häufig wirklich stressig. Plätzchen backen im Akkord war angesagt. Im wahrsten Sinne des Wortes bedeutete die Adventszeit für unsere Bäckerfamilie Stress und Überstunden.

Eigentlich sollte die Zeit des Advents eine Zeit der Besinnung, des Kerzenscheins und der sanften Advents- und Weihnachtslieder sein. Aber wir hatten – wie schon vermerkt – im wahrsten Sinne des Wortes „alle Hände voll zu tun", um unsere Kunden mit den süßen Köstlichkeiten zu versorgen. In der kleinen Backstube war nichts von besinnlicher Adventsstimmung zu spüren. Zwar duftete alles sehr verheißungsvoll, doch zwischen Mehlsäcken, Schüsseln und Backblechen herrschte rege Betriebsamkeit.

Und die Spekulatiusbäckerei! Auf dem großen hölzernen Backtisch lag in der Mitte ein riesiger, buttergelber Teig, der zuvor kräftig geknetet worden war. Kleine Stücke wurden davon abgeschnitten. Es sei vermerkt, dass der Teig schon Tags zuvor zubereitet worden war und in einen kühlen Raum gelegt wurde, damit er so richtig fest wurde. Gar nicht so leicht war er dann zu bearbeiten. Aber das musste so sein, damit der Teig richtig in die Spekulatiusformen zu kneten war. Der Teig musste kräftig in die Form – derer hatten wir verschiedene Sorten mit verschiedenen Motiven – eingedrückt und dann mit einem Drahtschaber abgeschnitten werden. Und dann begann für uns Kinder die große Arbeit des Auflegens auf die großen Backbleche, die dann später abgebacken wurden. Natürlich kam es auch schon mal vor, dass einige Stücke misslangen. Das war gar nicht so schlimm, denn das waren dann wunderbare Kostproben für uns. Die Spekulatius aus den Formen zu schlagen, das war immer wieder eine besondere Herausforderung. Mit aller Kraft mussten sie aus den Formen, die zuvor mit Mehl bestreut wurden, geschlagen werden. Die großen Backbleche wurden gestapelt und auf den Tisch gestellt. Während des Abbackens wurden dann schon wieder andere Plätzchenteige vorbereitet. Viele Sorten wurden mit speziellen Aromen – Zimt, Vanille, Nelke – angereichert. Nach dem Backen wurden sie oft genug mit Gelee oder kleinen Hauben überzogen. Ja, es war schon eine große Artenvielfalt. Alle diese guten Plätzchen, sie fanden riesigen Absatz.

Für das Spritzgebäck hatten wir eine große alte Maschine. Sie glich einer Wurstmaschine, und dort wurde der Teig hinein gesteckt. Es wurden dann verschiedene Muster vorgesetzt, die noch entsprechend einzeln geformt wurden. Diese Maschine war schon eine große Erleichterung gegenüber den früheren Zeiten. In der elterlichen Bäckerei wurden in der Kriegs- und Nachkriegszeit die Zutaten für die Spekulatiusbäckerei von den Kunden abgegeben. Mein Vater bereitete die Teige zu, die Spekulatius mussten ausgeschlagen und auf Bleche gesetzt werden, dann wurden sie abgebacken.

Nun ergab sich bei einer großen Menge abgebackener Spekulatius eine große Enttäuschung: Das Gebäck war ungenießbar. Warum? Es stellte sich heraus, dass eine der Müscheder Frauen sich offensichtlich in der Tüte vergriffen hatte. Sie hatte anstelle der Tüte mit Zucker die Salztüte eingereicht. Oh, dieses Fiasko! Das löste natürlich großen Ärger aus. Ich erwähnte, dass die Backmittel ja nur auf die Lebensmittelkarten bezogen werden konnten, die noch bis in das Jahr 1949 existierten. Mein Vater musste sich schließlich alle Zutaten auf dem Bettelwege bei den Lieferanten besorgen, er hatte ja schließlich die übrigen Kunden zufriedenzustellen. Vielleicht gab's das eine oder andere Pfund Zucker oder Mehl auf dem Schwarzmarkt, natürlich zu „Schwarzmarktpreisen". Da war nicht die damals noch gültige Reichsmark-Währung gefragt, sondern der viel begehrte Tauschhandel.

Ja, diese guten, alten Plätzchen, sie fanden riesigen Absatz. Nur selten kamen wir dazu, die Adventszeit zu genießen. Ich erinnere mich auch noch einiger Jahre, in denen mein Vater und meine Brüder noch am Ersten Weihnachtstag Brot backen mussten, weil die Vorräte nicht ausreichten. Keiner sollte Hunger leiden an diesen Tagen des weihnachtlichen Hochfestes.

Am Heiligen Abend waren wir – ehrlich gesagt – alle froh, dass die Plätzchenbäckerei für dieses Weihnachtsfest vorüber war. In diesem Zusammenhang fällt mir übrigens gerade noch ein gediegener Spruch ein, den stets eine Flüchtlingsfrau formulierte, wenn sie Kuchen zum Abbacken gebracht hatte. Er lautet: "Weihnachten hat Kuchen Jedermann, Ostern nur, wer's kann, und Pfingsten nur der reiche Mann."

Heilige Nacht

❄❄❄

Anni Regtering-Looks, Jahrgang 1930, wurde in Borken-Weseke geboren und lebt noch heute dort. Sie ist verwitwet.

Es war Weihnachten, Weihnachten 1947. Zu essen gab es sehr wenig. Für Geld und gute Worte gab es auch bei Bauersleuten keine Butter, keine Eier, keinen Speck, ja noch nicht einmal Kartoffeln konnte man kaufen, wenn man nichts zum Tauschen hatte.

Zu dieser Zeit war ich, damals siebzehnjährig, in Nordkirchen in einem von Heiligenstädter Schulschwestern geleiteten Genesungsheim für lungenkranke Kinder als Küchenhilfe untergebracht. Für mich war es eine schöne Zeit, war ich doch täglich mit etwa 30 jungen Mädchen, die in der Küche, oder auf den Stationen arbeiteten, zusammen. Zum Frühstück, zum Mittagessen und zum Feierabend trafen wir uns auf Zimmer 4, betreut von zwei Ordensschwestern, die immer für uns ansprechbar waren und dafür sorgten, dass bei uns was los war und wir uns wohlfühlten.

In meiner Gruppe, in der Küche, war ein Mädchen aus Gelsenkirchen-Buer, Ruth, die eine gottbegnadete Stimme hatte. Eine gesangliche Ausbildung hatte sie abgebrochen, um in Nordkirchen satt essen zu können. Nun war Heiligabend 1947. Wir saßen zusammen mit Schwester Josefine und Schwester Caesaria auf Zimmer 4. Vor uns standen Teller mit Plätzchen und in der Küche gezauberten Süßigkeiten. Jedes Mädchen bekam ein Paar selbstgestrickter Söckchen, was in der Notzeit ein fürstliches Geschenk war. Später habe ich erfahren, dass die Söckchen von den Ordensschwestern im Advent gestrickt worden waren. Als es nun Schlafenszeit geworden war, sagte Schwester Rosaria: Da es eine wunderschöne sternenklare Nacht sei, möchte sie gerne mit uns, vor dem Zu-Bett-gehen, einen kurzen Gang durch die mit hohen Tannen bestandene Anlage machen. Deshalb hatten wir also unsere Mäntel mitnehmen müssen. Wir kamen in den hinteren Teil des Gartens, und da schimmerte ein Licht durchs Gebüsch. Wir standen wie verzaubert. In der Baumecke stand die Krippe mit dem Christkind. An der einen Seite kniete Maria, Josef mit der

Laterne stand gegenüber. Und dahinter, als wunderschöner Engel, stand Ruth und es erscholl, von ihrer herrlichen Stimme gesungen:

> Heilige Nacht! Heilige Nacht!
> Nacht der unendlichen Liebe!
> Dass uns Dein Segen verbliebe,
> Wirst Du uns wieder gebracht.
> Heilige Nacht! Heilige Nacht!
>
> Heilige Nacht! Heilige Nacht!
> Lass Uns im Erdengedränge
> tönen Der Engel Gesänge,
> bis uns der Christtag erwacht.
> Heilige Nacht! Heilige Nacht!

Dieses Weihnachtslied gehört zu meinen liebsten. Da ist Johann Friedrich Reichardt ja wohl ein Meisterwerk gelungen. Diesen Heiligabend werde ich in meinem Leben nicht vergessen, und ich bin schon 78 Jahre alt.

Weihnachtliches Blitzlicht

❄❄❄

Rosemarie Wiedemann, Jahrgang 1940, stammt aus Werther und wuchs in Halle auf. Die gelernte Apothekenhelferin ist verheiratet und Mutter von drei Kindern. Heute lebt sie im westfälischen Halle.

Wir waren eine große Familie, Vater, Mutter und fünf Kinder. Ich bin die jüngste bei uns. Als ich im September 1940 geboren wurde, war meine Schwester Hitta zwei Jahre alt, Ulla vier Jahre, unser Bruder Rudi knapp neun Jahre und unsere große Schwester Ilse fast elf Jahre alt.

Meine ältesten Erinnerungen an die Advents- und Weihnachtszeit in unserer Familie beginnen damit, dass Ulla unseren Adventskalender hervorholte, der noch aus der Vorkriegszeit stammte, und den wir von Ilse geerbt hatten. Ich fand ihn wunderschön. In der Mitte war ein reich geschmückter Tannenbaum abgebildet, vor dem ein niedliches Christkindchen stand mit einem runden Kindergesicht und langen goldblonden Locken. Die Törchen waren im Oval um das Bild herum angeordnet. Die Deckel waren aber nicht fest verbunden, sondern lagen lose in einer Tüte dabei. Ulla sortierte nun die Deckel und setzte sie der Reihe nach in die Aussparungen ein. Nachdem sie ihr Werk kritisch betrachtet und hier und da noch ein wenig nachgedrückt hatte, brachte sie den Kalender nach oben in unser Kinderzimmer und hängte ihn an der Wand auf. Pünktlich am 1. Dezember durfte ich das erste Törchen aufmachen, und dann ging es immer der Reihe nach. Das letzte Tor am Heiligen Abend mit Maria und Josef und dem Jesuskind überließ sie meist großmütig mir. Als wir schon etwas größer waren, hatten wir viel Spaß damit zu raten, was wohl unter dem nächsten Deckel verborgen war. „Unter der Fünf, was war da noch?" „Ich glaube, da war die Puppe." „Nein, das glaube ich nicht, da war doch der Teddybär!" Oder doch der Tannenzweig mit der Kerze drauf?

Als ich nicht mehr an das Christkind glaubte, oder, besser ausgedrückt, als ich nicht mehr glaubte, dass das Christkind den Weihnachtsbaum brachte und die Geschenke, fragte unser Vater eines Tages beim Mittagessen: „Ich fahre nachher zum Wertherberg einen Tannenbaum aussuchen. Wollt ihr mit?" Na und ob wir wollten. „Ich mache jetzt noch mein Mittagsschläfchen", fuhr er fort, „und dann kann's losgehen." Damit es keinen Streit zwischen Ulla, Hitta und mir gab, wer von uns vorne auf dem Beifahrersitz Platz nehmen durfte, bestimmte er, dass wir alle drei auf der Rückbank sitzen sollten. Er selbst stand an der Beifahrertür und passte auf. Es dauerte eine Weile, bis wir alle richtig saßen. Dies war der Moment, auf den Cäsar, unser Hund, offensichtlich gewartet hatte. Mit einem Satz war er in das Auto gesprungen und saß wie selbstverständlich auf dem Beifahrersitz. Da musste unser Vater lachen, und so durfte Cäsar auch mitfahren. Ernst und würdevoll saß der Hund da und schaute durch die Frontscheibe auf die Straße.

Bis zum Wertherberg war es nicht weit, etwa vier Kilometer. Auf der linken Seite lag eine Gaststätte mit dem Namen „Waidmanns Ruh", ein hübsches altes Gebäude mit mehreren Giebeln und Türmchen und etwas Fachwerk dran. Vor „Waidmanns Ruh" ging der Weg ab, der zu dem Waldstück führte, das unser Vater von unserem Großvater als Erbe bekommen hatte. Vater fuhr mit dem Auto noch ein Stück den Waldweg hoch, bis es nicht mehr weiterging, weil der Weg zu schlecht wurde. Es hatte etwas geschneit, und ich schaute ein wenig zweifelnd auf Vaters Halbschuhe. Unsere Winterschuhe reichten wenigstens bis zu den Knöcheln. Ich hoffte, dass unsere langen Strümpfe, die oben mit Knopflochgummi an unseren Leibchen befestigt waren, nicht allzu schnell nass werden würden. Aber, na ja. Vater ging mit Cäsar voraus und wir der Reihe nach hinterher. Einen Weg gab es da nicht, nicht mal einen Trampelpfad. Wir stapften über die schneebedeckten Gräser und Halme. Ab und zu blieb unser Vater stehen und schaute sich um. „Der Baum da ist zwar schön gerade gewachsen, aber er ist leider noch zu klein", meinte er. Unser Weihnachtsbaum, das war bei uns Tradition, musste immer vom Boden bis zur Decke gehen. „Guck mal Papa", sagte ich, „der da, der ist doch schön!" „Ja schon", antwortete er, „aber sieh mal, der hat zwei Spitzen. Wie sollen wir dann unsere Christbaumspitze oben befestigen?" Das sah ich ein, das ging nicht. „Vielleicht der?" Vater ging prüfend um den Baum herum, soweit das möglich war. „Nein, da hinten fehlt ein Zweig." Vater überlegte noch kurz, ob man an der Stelle eventuell einen zusätzlichen Zweig anbringen könnte, denn der Baum war sonst wirklich schön, verwarf den Gedanken dann aber doch als zu aufwändig. Endlich hatten wir eine Tanne gefunden, die groß genug und schön gewachsen war. Vielleicht war sie oben ein wenig dünn. Aber Vater meinte: „Wenn da erst mal Lametta dranhängt, sieht man das sicher kaum." Entschlossen markierte er den Baum mit einem Band, das er mitgebracht hatte, damit Karl Hermbecker, unser LKW-Fahrer, ihn auch finden könnte, wenn er am nächsten Tag käme, um den Baum zu fällen und nach Halle zu transportieren. Ich war froh, als es zum Auto zurückging, denn meine Beine waren inzwischen wirklich nass geworden und meine Füße fast erfroren.

Trotz meiner Eisbeine freute ich mich doch, als Vater im nächsten Jahr kurz vor Weihnachten wieder fragte: „Wollen wir heute Nachmittag wieder zum Wertherberg fahren und unseren Weihnachtsbaum aussuchen?" Wir behielten dieses Ritual auch in den nächsten Jahren bei, bis Cäsar eines Tages mit seinem linken Vorderbein unter einen LKW-Reifen geriet, und der Tierarzt ihn von seinen Schmerzen erlösen musste.

Weihnachten 1948 war ein besonderes Jahr. Der Tod unserer Mutter im Sommer 1947 nach längerer Krankheit war jetzt anderthalb Jahre vorbei, und wir hatten uns an ein Leben ohne sie gewöhnt. Die Währungsreform war nicht so schlimm ausgefallen, wie von den Erwachsenen befürchtet, und mit Vaters Geschäften ging es wieder aufwärts. Er hatte eine Frau gefunden, die mit uns feiern würde. Auch Ilses Freund Werner wollte aus Bielefeld kommen. Grete, unser Hausmädchen, war glücklich, dass sich ihre Eltern und ihr jüngerer Bruder gemeldet hatten, die nach der Flucht aus Schlesien in Ostfriesland gelandet waren.

Unser Bruder Rudi war geradezu elektrisiert von der Möglichkeit, neuerdings auch innerhalb des Hauses Fotos machen zu können. „Mit Blitzlicht!" schwärmte er, „stellt euch das mal vor!" Wir hatten keine Ahnung. Aber er wollte diese Sensation am Heiligen Abend unbedingt ausprobieren. Werner hatte versprochen, die dafür notwendigen Utensilien in Bielefeld zu besorgen und mitzubringen. „Das blitzt nicht nur, das zischt auch ganz schön laut", bereitete uns unser Bruder vorsichtshalber schon einmal vor. Ich sah wie Ullas Gesicht sich verzog. „Dann will ich da aber nicht mit auf das Foto, wenn das zischt", verkündete sie, „dann gehe ich so lange nach oben auf den Boden!" Mir war auch ein wenig mulmig zumute, aber ich beschloss, tapfer zu sein, komme was da wolle. Nach der Bescherung und dem Abendbrotessen fing Rudi an, eine Art Gerüst aufzubauen. Oben befestigte er einen Gegenstand, der entfernt an eine Pistole erinnerte. Davor war ein gebogenes Blech montiert, auf das er ein weißes Pulver schüttete. Dann mussten wir alle neben dem Weihnachtsbaum Aufstellung nehmen. Alle, außer Ulla, die tatsächlich irgendwo oben im Haus verschwunden war. Da, ein Blitz, ein scharfes Zischen! Aber bevor ich richtig Zeit gefunden hatte, mich zu erschrecken, war das Ganze schon vorbei. Eine graue Staubwolke breitete sich in dem Raum aus und senkte sich langsam auf alle Möbel und Geschenke. „Nein, das darf doch nicht wahr sein", jammerte Grete, „nun muss ich morgen früh auch noch putzen!"

Weihnachten 1948 habe ich – sozusagen als Hauptgeschenk – einen Tretroller bekommen. In Hittas Ecke stand – zu ihrer großen Freude – ein Fahrrad. Beides natürlich nicht neu, aber repariert, geölt und geputzt. Schade war nur, dass wir den Roller und das Rad abends in der Dunkelheit nicht mehr ausprobieren durften. Aber morgen früh, sofort, gleich nach dem Frühstück, als erstes, egal wie das Wetter sein würde...

Paul

❄❄❄

Maria Strotmann ist 1940 als zweites von sieben Kindern geboren und lebt heute in Gescher. Sie ist gelernte Krankenschwester, hat drei Kinder und neun Enkelkinder. Diese Geschichte hat sie zum 50. Geburtstag ihres Bruders Paul für ihn aufgeschrieben.

Es war der 5. Dezember 1948, ich nehme an, dass wir den Tag wohl so erlebt haben, wie jeden anderen Tag zuvor auch, nicht ahnend, dass bald ein ganz besonderes Ereignis bevorstand. Am Abend vor Nikolaus durften wir, wie immer, die Teller in unserem sogenannten ersten Zimmer, das sich direkt hinter dem Herdfeuer in unserer Diele befand, aufstellen. Für den gestressten Schimmel, der dem geplagten Nikolaus und Knecht Ruprecht helfen musste, wurden immer traditionell Heu, Stroh und Rüben liebevoll im handgemachten sogenannten „Wännchen", draußen links vom Tennentor, hingestellt. Dort befand sich eine Halterung zum Anbinden des Schimmels. Anschließend ging es wohl, wie gewohnt, sehr wahrscheinlich aber aufgeregter, wegen des zu erwartenden Nikolaus, ins Bett.

6. Dezember 1948. Wir wurden morgens von Hedwig, einer Cousine unseres Vaters, die mit uns im Haushalt lebte, geweckt. Diese Aufgabe erledigte sonst immer unsere Mutter. Auf die Frage nach unserer Mutter, wo sie denn sei, bekamen wir keine Antwort! Die Situation war so ganz anders als gewohnt. In früheren Jahren war Mutter immer mit uns zu dem Überraschungszimmer gegangen. Hedwig schloss uns die Tür von dem besagten Zimmer auf und ging dann einfach weg, wir waren uns selbst überlassen. Es kam bei mir auch keine richtige Freude auf, ich weiß nicht einmal, was wir bekommen haben. Ich kann mich nur noch daran erinnern, dass es wohl das einzige Mal war, dass auf dem Sofa keine Rute für uns lag. Darüber habe ich mich ganz besonders gefreut, weil ich nie verstanden habe, dass wir so schlimm waren, dass wir immer eine Rute verdient hätten.

Zu der immer wiederholten Frage, wo denn Mutter sei, bekamen wir von Hedwig, die sonst um diese Zeit immer im Stall war, keine Antwort! So musste der Morgen wohl seinen Lauf nehmen. Wir hatten uns gewaschen und angezogen, die Haare wurden von Hedwig geflochten. Das tat immer weh, denn sie machte die Zöpfe immer sehr stramm. Wir sollten ja schließlich den ganzen Tag ordentlich aussehen. Dann ging es an den großen Tisch, der in unserer großen Küche, heute Diele genannt, stand, um das immer übliche Frühstück zu essen: Milchsuppe, die mit Mehl angedickt wurde, und das Spezialgericht „Soppen", das ich persönlich sehr gerne aß. Von Mutter war immer noch keine Spur zu sehen. Plötzlich tauchte Vater in dem großen Türrahmen auf, der die Diele mit dem Flur verband, an dem sich alle unsere Schlafzimmer befanden. Er strahlte über das ganze Gesicht, was wir bei Vater nicht so oft erlebten, er war eher ein ernster Mensch. Seine Worte: „Wir haben einen kleinen Jungen, wollt ihr ihn sehen?"

Ich weiß gar nicht, wie schnell wir hinten im letzten Zimmer, dem Schlafzimmer unserer Eltern, waren! Dort fiel mir zuerst Frau Averesch auf, die schon des öfteren bei uns war, sie hatte ein kleines schreiendes Kind auf dem Arm, das nur mit einem Bändchen um den Bauch bekleidet war und nasse schwarze Haare hatte. Ich glaube, ich habe den Mund nicht wieder zumachen können vor lauter Staunen und stellte wohl deshalb die Frage: „Wo kommt der denn jetzt her?" Ihre Antwort: „Der Nikolaus hat ihn mitgebracht!" Und meine Frage, warum er eine Wickel um den Bauch hat, erklärte sie mit den Worten: „Irgendetwas muss das Kind ja anhaben!" Ich konnte es wohl gar nicht fassen, in meinem Kopf arbeitete der Gedanke: Wie kann der Nikolaus bei der Kälte – draußen war es bitterkalt und es lag viel Schnee – ein so kleines Kind, nur mit einem Bändchen bekleidet und nassen Haaren, durch die Gegend tragen? Ich glaube, mir war ganz schlecht, wenn ich daran dachte. Dann habe ich entdeckt, dass Mutter im Bett lag. Meine Frage, warum Mutter im Bett liegen würde, beantwortete die Hebamme. Sie müsste jetzt den kleinen Jungen wärmen! Ich glaube, dass mich das dann etwas beruhigt hat, mir war auf jeden Fall wohler zumute.

Inzwischen wurde es offenbar Zeit für die Schule, beziehungsweise den Gottesdienst, den wir täglich vorher besuchen mussten. Auf dem Schulweg, etwa dreieinhalb Kilometer, den wir zu der Zeit immer zu Fuß zurück legen mussten, befasste ich mich wieder mit dem Gedanken: Das kalte Wetter und der Nikolaus mit dem kleinen nackten Jungen – es war anscheinend zu viel für mich!

In der Schule kam nun endlich der erfreuliche Teil dieser Sache. Zur damaligen Zeit erzählten wir Schüler in der ersten Stunde unserer Lehrerin, Fräulein Theune, was wir alles vom Nikolaus bekommen hatten. Ich kann mich noch gut erinnern, dass ich gar nicht abwarten konnte, es ging nämlich der Reihe nach, dass ich endlich dran war. Ich meinte ganz stolz: Alles, was die anderen bekommen haben, hätte ich auch bekommen, aber bei uns hat der Nikolaus zusätzlich einen kleinen Jungen gebracht!

Die Kinder schauten mich alle erstaunt an, ich erinnere mich noch genau, dass ich ganz stolz war, mit dieser Aussage einmal im Mittelpunkt der Klasse zu stehen. Bei einem späteren Klassentreffen konnte die Lehrerin sich noch gut an diese Situation erinnern.

PS: Das Futter am Tennentor, das doch für den geplagten Schimmel gedacht gewesen war, war an diesem Nikolaustag auch nicht von den Erwachsenen weggeräumt worden. Sie hatten scheinbar andere Sorgen!

Die Ucht

❆❆❆

Helma Freese, Jahrgang 1939, wuchs als einziges Kind einer jungen Kriegerwitwe in Burgsteinfurt auf. Die gelernte Industriekauffrau arbeitete jahrelang als Schulsekretärin. Sie ist seit 20 Jahren Witwe und begeisterte Großmutter von sechs Enkelkindern.

„Nun drömmle nicht so herum, mach voran!" Weihnachtsmorgen 1949. Ich darf mit in die „Ucht", so wird die Frühmesse genannt. In den vergangenen Jahren war ich noch nicht „groß" genug, und Mutter hat mir zuliebe auf die Ucht verzichtet. Jetzt aber: Es ist noch nicht einmal 5 Uhr morgens. Und „nüchtern" muss ich sein, will ja schließlich kommunizieren.

Die Kirche ist übervoll. Die Ucht dauert mindestens zwei Stunden mit insgesamt drei heiligen Messen. Zunächst wird das Hochamt zelebriert, eben lateinisch, und, während der langen Predigt, ist mir schrecklich langweilig. Mutter hat sich sogar vorsichtig hingesetzt, obwohl sie einen „Stehmantel" hat: einen schwarzen Wollmantel. Sie befürchtet, dass er um den Po glänzend wird von der glatten Sitzbank. Der Pastor predigt, und sehr oft kommt das Wort „Liebe" vor, auch „Gottes Nähe" und „Sünde". Ich will mal zählen, wie oft er Liebe sagt. Aber dann hätte ich gleich von Anfang an zählen müssen, jetzt lohnt sich das nicht mehr.

Ich lehne mich ein bisschen an Mutters molligen, weichen Mantel an, am liebsten würde ich Daumenlutschen. Ich kneife die Augen zu engen Schlitzen, dann bekommen die Kerzenlichter lange Spitzen, wie Speere; jetzt piksen sie mich. Mutter findet es wohl unpassend, dass ich mich anlehne und sie schiebt mich mit dem Ellenbogen von sich. Da bleibt mir nur, im Gebetbuch ein wenig herumzublättern. Es ist eines mit „Goldschnitt", außerdem hat es drei dünne glänzende Lesebändchen. Die Enden sind schon ein wenig schmuddelig. Ich ziehe sie seitlich heraus und lege sie nebeneinander: gelb, grün, rot. Zärtlich streiche ich mit der Fingerkuppe darüber. Wenn sie so nebeneinander liegen, sieht man den Unterschied zwischen sauber und schmutzig. Das gelbe ist mein Lieblingsbändchen. Ich suche schon mal aus der Anzeigentafel das erste Gemeindelied, das gleich, wenn das Hochamt zu Ende ist, gesungen wird: „Heiligsteee Nacht!" Und markiere es mit dem gelben Bändchen. Das nächstfolgende Lied bekommt die Farbe rot. Nach dem Hochamt und dem lateinischen Te deum schließt sich nämlich die „Singmesse" an und danach folgt die sogenannte „Stille Messe".

Jetzt sind wir aber immer noch bei der Predigt. Nimmt die denn gar kein Ende? Soll ich vielleicht in jedes Bändchen unten einen Knoten machen, denn sie ribbeln schon ein wenig auf? Unsanft stößt mir Mutter in die Seite: Ich hatte gar nicht gemerkt, dass ich das Buch falsch herum auf dem Schoß hatte und einen Zopf aus den Bändern geflochten habe. Was mir wohl das Christkind inzwischen gebracht hat? Neue Puppenkleider, kann ich mir schon denken, aber die Ski-Hose? Die blöde, bollerige Trainingshose will ich nicht mehr anziehen.

Und endlich, endlich ist „Kirche aus". „Frohe Weihnachten!" Von allen Seiten ruft es, ob man sich kennt oder nicht.

Zurück aus Sibirien

❅❅❅

Monika Mindrup, Jahrgang 1941, lebt in Dülmen-Rorup. Sie ist mit drei Geschwistern aufgewachsen.

Es war Weihnachten 1949 in einem kleinen Dorf im Münsterland, Rorup bei Dülmen. In der Adventszeit freuten wir uns alle auf Weihnachten. Mutter, meine drei Geschwister und ich. Ich war damals achteinhalb Jahre alt. Wir hatten bis dahin fünf Jahre nichts von meinem Vater gehört. Mutter war oft sehr traurig und wünschte sich nichts mehr, als etwas von meinem Vater zu hören. Sie glaubte immer noch, dass mein Vater leben würde. Das letzte Lebenszeichen war sein Heimaturlaub im November 1944. Sie wusste nur von einem Heimkehrer, dass er in russische Gefangenschaft gekommen war. Nach Sibirien.

Nun, am 20. Dezember 1949, bekamen wir vom Durchgangslager Friedland Post. Unser Vater würde am 21. Dezember 1949 abends gegen 20 Uhr in Dülmen am Bahnhof sein. Die Freude war riesig. Der Besitzer eines kleinen Busunternehmens aus unserem Dorf erklärte sich sofort bereit, den Vater abzuholen.

Die Nachbarn schmückten unser Haus. Wir Kinder bekamen Blumen zum Überreichen. Unsere Mutter war schrecklich nervös. Nun kam der Bus. Meine Mutter und mein Vater lagen sich in den Armen, sie weinten vor Freude. Wir konnten nur staunen, wie er aussah. Er hatte eine Steppjacke an und war nur noch Haut und Knochen. Mein älterer Bruder meinte: Er sieht ja aus wie ein Russe.

Nun kam die Begrüßung. Meine älteren Geschwister sagten sofort Papa zu ihm. Ich war misstrauisch und sagte erst einmal „Onkel". Am Heiligen Abend stellte er einen riesigen Tannenbaum auf. Meine Mutter hatte nie an Heiligabend so lecker gekocht, wie an diesem Heiligabend 1949. Und an diesem Heiligabend war er auch ganz mein Papa.

Mein Papa ist 94 Jahre alt geworden. Er starb 2004 und wir haben Weihnachten immer ganz besonders schön gefeiert, doch 1949 war das schönste Weihnachten für uns alle.

Weihnachtsbraten-Kontrolle

❆❆❆

Karl Wagemann, Jahrgang 1925, ist ohne Geschwister im westfälischen Halle aufgewachsen, wo er auch heute noch lebt.

Der bei uns zu Hause üblichen Bescherung am Ersten Weihnachtsfeiertagmorgen 1949 folgte kurz darauf eine etwas ungewöhnliche zweite.

Es war aber nicht das Christkind mit weiteren Sachen für den Gabentisch, das hatten wir aber auch nicht mehr erwartet. So gegen 11 Uhr sahen meine Eltern und ich aus unserem Küchenfenster einen Schutzmann, eine weiße Maus – wie es damals so hieß – durch unseren Gartenweg langsam aufs Haus zukommen. Die Diensthandlung, die er vornahm, bestand in der Kontrolle unseres Weihnachtsbratens und dessen Herkunft. Wir konnten eine plausible Erklärung geben und erfuhren dann von ihm den Grund seiner Ermittlungen.

In der Heiligen Nacht war beim „Schwatten Wirt," auf dem Busch, Lange Straße/Ecke Viehstraße, ein Schwein aus dem Stall fast unbemerkt entführt und in der Nähe abgestochen worden. Unser Schutzmann war nun, nach der Entdeckung der unheiligen Tat, hinter der Sau her, deren Blutspur sich, aus zunächst unerklärlichem Grund, in dem Pättchen zu unserem Haus hin verlor. Verwertbare Erkenntnisse über den Verbleib dieses wertvollen Kalorienspenders wurden durch das Erscheinen einiger Zuschauer beeinträchtigt. Also musste ein Polizeihund her. Nach mehrmaligen vergeblichen Schnupperns in diesem Weg, ging die Nase des Tieres weg vom Boden, am Draht des Zaunes vom Nachbargrundstück hoch, und nach einem Satz über das gut einen Meter hohe Hindernis, stöberte der Hund das nicht ganz unversehrte „Corpus Delicti" in einem Geräteschuppen auf.

Festgestellt werden konnte, wer die Täter waren und wie sie es geschafft hatten, die gemeuchelte Beute bis hierhin, ohne erkennbare Spuren, zu transportieren. Die Schweine hatten damals noch ordentlich was auf den Rippen, im Gegensatz zu den Menschen, und waren entsprechend schwer. Bekannt wurde nicht, ob der brave Fährtenhund einen Knochen mitbekam. Dass beim „Schwatten Wirt" am Ersten Feiertag die Sau geteilt und am zweiten verwurstet wurde, hatte sich dann aber bis zu uns herumgesprochen. Neujahr wäre sie sowieso dran gewesen. Eine Nachbarin, die in dieser Nacht zur Messe ging und das Quieken gehört hatte, war verwundert darüber, dass zu dieser Zeit jemand seine Schweine füttert.

Advents- und Weihnachtszeit im Sauerland

❄❄❄

Bruno Stueber ist 1942 in Kassel geboren. Mit seinen Eltern und seiner Schwester zog er 1946 nach Kreuztal-Littfeld, wo er noch heute lebt.

Es war im Advent 1950. Abendrot glühte über dem Hemmelhohl, dort, wo der „Kloas" wohnen soll und das Christkindchen Plätzchen backt. Geheimnisvoll erzählte Mutter die uralten Geschichten und Gedichte von Nikolaus und Knecht Ruprecht. „Von drauß' vom Walde komm' ich her...".

Mit sieben Jahren glaubte ich noch alles, und der Geruch nach Spritzgebäck und Makronen, der am nächsten Morgen durchs Haus zog, ließ da überhaupt keine Zweifel aufkommen. Woher allerdings Mutter in dieser Nachkriegszeit die Zutaten hatte, ist mir bis heute ein Rätsel. Vielleicht von den Hamsterfahrten nach Kassel? Die Tage wurden immer kürzer, und die Kraniche waren längst südwärts in wärmere Gefilde gezogen. Die ersten Nachtfröste ließen die Boskopäpfel vom Baum purzeln, und dicke Amseln machten sich über die Kerne her. Nun wurde es Zeit, für die gefiederten Wintergäste das Futterhäuschen herzurichten.

Wenn die Pfützen auf der damals noch nicht geteerten Straße zufroren, musste ich dort den Aschekasten ausleeren, damit niemand zu Fall kam. Allerdings wahrte ich dabei auch unerlaubterweise meine Interessen und ließ eine Rutschbahn in der Straßenmitte ungestreut. Wenn der Wetterbericht im Radio Frost ankündigte, schüttete ich sogar heimlich abends Wasser darüber. So konnten alle Kinder vom Mühlenstück auf dem Schulweg erst mal eine fröhliche Rutschpartie machen. Die Flüchtlingskinder sagten „Schlittern" dazu. Mutter machte sich immer Sorgen, weil dadurch angeblich die Schuhsohlen schneller abgenutzt wurden. Im Haus herrschte nun eine geheimnisvolle vorweihnachtliche Stimmung. Manchmal lagen „rein zufällig" neben dem Adventskranz einige Plätzchen, die das Christkind verloren hatte. Da es in der Woche nur Muckefuck, für uns Kinder mit einem

Schuss Ziegenmilch verfeinert, gab, war der Sonntag mit dem Duft nach Bohnenkaffee, Sidol-Herdreiniger und Bohnerwachs immer etwas Besonderes. Den Kaffee gab es aber erst, wenn die Sonntagsküche und das Wohnzimmer blitzblank waren. Dafür waren meine Schwester und ich zuständig. Vater und Mutter zogen sich für zwei Stunden zu einem Nickerchen ins Schlafzimmer zurück, und es war vereinbart, dass in dieser Zeit absolute Ruhe im Haus herrschte und wir die Eltern nicht störten. Natürlich war, für alle Fälle, die Schlafzimmertür abgeschlossen.

War die Arbeit getan, hockten meine Schwester und ich uns aufs Sofa, krochen mit den Köpfen fast in das Radio hinein und hörten den Kinderfunk. Besonders beliebt war die Serie mit Kalle Blomquist, dem Meisterdetektiv. Während des Kaffeetrinkens hörte die ganze Familie das sonntägliche Wunschkonzert. Durch dieses Ritual wurde ich als Kind an die Klassiker aus Oper, Operette und Konzert herangeführt, und die Liebe zur Musik ist bis heute geblieben. Danach, falls das Wetter es zuließ, rüstete die Familie für den Sonntagsspaziergang durchs Dorf und durch die dorfnahen Felder und Wälder. Vater kannte sich gut aus mit Blumen und Kräutern am Wegesrand, und Mutter hatte immer ausreichend Vorräte für Tees für die kleineren Gebrechen. Ich bin sicher, dass da der Grundstein für meinen jetzigen Beruf gelegt wurde. Bei schlechtem Wetter spielten wir „Mensch ärgere dich nicht" oder „Schwarzer Peter".

War dann der erste Schnee gefallen und wenn die wie mit Puderzucker bestäubten Tannen von der bleichen Wintersonne in einen Zauberwald verwandelt wurden, wurde es richtig weihnachtlich. In dieser Zeit war aber noch zusätzlich für Spannung gesorgt, wenn der örtliche Kaufmann ein Schaufenster verhüllte, um dahinter, vor neugierigen Kinderblicken geschützt, die Weihnachtsdekoration aufbauen zu können. Da das Laken aber nicht immer dicht schloss, erhaschten wir doch hier und da einen Blick auf die elektrische Eisenbahn, auf Puppen und Teddybären. Unser Wunschzettel wurde immer länger. Da ich aber die finanzielle Situation unserer Familie genau kannte, war ich nicht wirklich traurig, wenn dann der eine oder andere Wunsch unerfüllt blieb und die Bescherung nicht so üppig ausfiel. Ich bin mir ganz sicher, dass es auch heute für die Entwicklung manchen Kindes besser wäre, wenn ihm nicht jeder Wunsch erfüllt würde.

Nach dem Abendessen schmauchte Vater seinen „Motz" (Tabakspfeife), bastelte an der Aquarientechnik herum, und Mutter übte mit uns Gedichte und aus dem Gesangbuch Weihnachtslieder, damit am Nikolaustag und zu Weihnachten alles klappte.

Der 6. Dezember war immer mit Angst belegt, denn Nikolaus kam garantiert, um uns die Leviten zu lesen. Woher der wohl in seinem goldenen Buch alle Streiche und jeden Zank mit meiner Schwester im Laufe des Jahres wusste? Was war das doch jedes Mal für eine Erleichterung, wenn er sich nach dem Aufsagen des Gedichtes als gnädig erwies und uns „ausnahmsweise" zwei rote Weihnachtsäpfel, eine Schote Johannesbrot, einige Nüsse und ein paar Plätzchen schenkte. Eigentlich hätte ich ja stutzig werden müssen, denn die roten Äpfel (rote Sternrenette) half ich doch selbst in Omas Garten ernten, und nur Oma machte in unserer Familie dieses Schwarzweißgebäck, das so aussah wie eine Scheibe Blutwurst.

Heiligabend lief jedes Jahr nach demselben Ritual ab. Vater hatte mit kritischem Blick und selten in weniger als einer halben Stunde bei Krämers Ewald einen Weihnachtsbaum ausgesucht. Etwas anderes als eine grüne Fichte kam gar nicht in Frage. In dem wunderschönen Weihnachtslied hat der Tannenbaum ja auch grüne, und nicht blaue Blätter! Niemand durfte zuschauen, wenn er im Laufe des Nachmittags mit immer wieder gebrauchtem Lametta, bunten Kugeln und Vögelchen geschmückt wurde. Die silberne Spitze symbolisierte die Antenne zum Himmel. Ein Satz selbstgebastelter Elektrokerzen war Vaters ganzer Stolz. Der mechanisch angetriebene und schon etwas wurmstichige Weihnachtsbaumständer drehte sich und krächzte dazu „Stille Nacht, Heilige Nacht". Dann wurde es Zeit für den Kirchgang. Wie immer blieb Mutter zu Hause und bereitete für das Abendessen frische Bratwurst und Kartoffelsalat vor. Mit Vater gingen wir Kinder zu Fuß nach Krombach in die Kirche. Littfeld hatte damals noch keine, und die alte Schule wurde erst 1961 von der Krombacher Kirche mit einer feierlichen Einweihung zur Kapelle.

Wir suchten immer einen Platz nahe bei der Orgel, aber auch so, dass wir den hohen Weihnachtsbaum gut sehen konnten. Dazu musste man früh losmarschieren, denn am Heiligen Abend war die Kirche immer so voll, dass der Küster noch zusätzliche Klappstühle in den Gängen aufstellen musste. Wenn der Organist Walter Münker dann zum Schluss „O, du fröhliche" unter vollem Einsatz der gewaltigen Bässe spielte, vibrierte mein dürrer Körper förmlich mit, und das richtige Weihnachtsgefühl stellte sich endgültig ein.

Nach dem Abendessen halfen wir Kinder beim Abwasch und fieberten der Bescherung entgegen. Vater führte letzte Verhandlungen mit dem Christkind, und endlich läutete das Glöckchen. Vom Christkind war nichts mehr zu sehen, aber ein paar Strähnen Engelshaar im Weihnachtsbaum waren der Beweis, dass es da war. Vater las die Weihnachtsgeschichte noch einmal vor, damit auch Mutter an den Sinn des Festes erinnert wurde. Danach musste, von Vater auf seiner Bratsche begleitet, noch mindestens ein Weihnachtslied gesungen werden. Die Spannung war fast nicht mehr auszuhalten, und endlich durften wir unsere Geschenke auspacken. Meinen ersten Fußball aus schwarzem Gummi habe ich bis zur Geburt meines Sohnes aufgehoben. Am Zweiten Weihnachtstag waren die obligatorischen Verwandtenbesuche eher eine lästige Pflichtübung für uns Kinder, weil die „Alten" im überheizten Wohnzimmer bei Kaffee und Kuchen ohne Ende über Dinge sprachen, die uns überhaupt nicht interessierten. Stillsitzen mussten wir trotzdem die ganze Zeit.

Nikolaus, komm in unser Haus

❄❄❄

Antonia Kruse, Jahrgang 1945, stammt aus Greven, wo sie in einer kinderreichen Familie mit sieben Geschwistern aufwuchs. Heute lebt sie in Steinfurt. Sie ist verheiratet, hat vier Kinder und sechs Enkelkinder.

Ich ging noch nicht zur Schule. Mein Bruder Günther, er war zwei Jahre älter als ich, kam Ende November, Anfang Dezember mit einer aufregenden Neuigkeit aus der Schule. Er erzählte meiner kleinen Schwester und mir, der Nikolaus würde persönlich manche Kinder besuchen, man brauche nur am Nikolaustag abends laut genug singen. So übten wir nun jeden Abend einige Lieder. Am besten gefiel uns das Lied: „Nikolaus, komm in unser Haus", denn wir wünschten uns, dass er persönlich käme. Wir drei schliefen in einem Zimmer, Edith und ich teilten uns ein Bett. Unsere vier großen Brüder schliefen im Nebenzimmer, jeweils zwei in einem Bett.

Wir wohnten damals in Greven, einem kleinen Ort im Münsterland, nicht im Dorfkern, sondern weit außerhalb, hinter dem Friedhof. Dort gab es eine Siedlung mit Notunterkünften, einfache Holzhäuser, sogenannten Baracken. Dort wohnten Flüchtlinge, Ausgebombte oder Menschen, die durch den Krieg in Not geraten waren und sonst kein Dach über dem Kopf hatten. Wir gehörten dazu.

Nun war der Nikolaustag gekommen. Den ganzen Tag hatte es geschneit. Nach dem Abendessen, es gab warmen Grießbrei, den aßen wir sehr gerne, gingen die Großen nach draußen und machten eine Schneeballschlacht. Wir Kleinen machten uns bettfertig. Nun saßen wir auf dem Sofa, ganz nahe am Herd, in dem das Feuer prasselte, und sangen. Es gab außer drei Schlafräumen, meine Eltern hatten auf der anderen Seite unserer Wohnstube ihr Schlafzimmer, nur noch diese Stube. Hier wurde gekocht, gegessen, gespielt, gelernt, gebügelt, bei schlechtem Wetter sogar die Wäsche aufgehängt, gewaschen und gebadet. Wir hatten elektrisches Licht, aber nicht alle Baracken waren ans Stromnetz angeschlossen. Natürlich gab es auch kein fließendes Wasser, wir fingen das Regenwasser auf, Trinkwasser musste von der Pumpe in unserer Siedlung in Kannen geholt werden.

Mutter setzte sich an den Tisch, nahm ihren Korb mit den Stopfsachen und begann Strümpfe zu stopfen, und wir sangen. Na ja, ob wir schön sangen, weiß ich nicht, aber laut, denn das hatte Günter ja gesagt. Nach einer Weile schaute Mutter von ihren Stopfsachen auf und sagte: „So, jetzt wird es aber Zeit, marsch ins Bett!" Wir kümmerten uns gar nicht darum, wir sangen weiter. Das war schon für Mutter etwas ungewöhnlich, normalerweise wären wir jetzt gegangen, aber wir warteten auf den Nikolaus. Mutter stopfte weiter und ließ uns noch ein Weilchen singen. Dann legte sie ihre Stopfsachen beiseite und stand auf. Wir bettelten, noch weiter singen zu dürfen. Sie seufzte, hantierte in der Stube irgendwo herum, um sich schließlich wieder zu setzen. Und wir sangen, nein, da war schon ein bisschen Verzweiflung dabei!

Dann legte Mutter ihre Stopfsachen wieder zur Seite und sagte: „Jetzt hört mir bitte einmal zu: Der Nikolaus kann überhaupt nicht zu uns kommen. Wie soll er denn den Weg hierher finden? Es hat geschneit, hier draußen gibt es keine Straße, der Feldweg hierher ist zugeschneit. Unsere Häuser sind von der Saerbecker Straße aus überhaupt nicht zu sehen. Es gibt hier keine Straßenlaternen, und die Blendläden vor den Fenstern sind überall geschlossen." „Aber er hört uns doch!", warf mein Bruder ein. „Nein, nein", sagte Mutter, „bis zur Saerbecker Straße kann man euch nicht hören, das ist viel zu weit!" Nun begann mein Bruder ganz laut zu singen, ja, fast zu schreien: „Lasst uns froh und munter sein." Und meine Schwester und ich fielen in den Gesang mit ein. Meine Mutter schüttelte den Kopf, sie sah sehr traurig aus. „Jetzt ist aber wirklich Schluss, der Nikolaus kommt nicht!" Das sagte sie mit einer solchen Überzeugung, dass wir einen Augenblick still waren. „Ich muss euch etwas sagen." Ihre Stimme klang ein bisschen gedrückt. Sie schaute uns lange an. „Seht einmal, der Nikolaus hat eine ganze Reihe Helfer, er kann doch unmöglich für alle Kinder Tüten packen." „Nein, die Engel helfen!", rief Edith dazwischen. „Ja, natürlich," entgegnete Mutter. „Aber auch die können die ganze Arbeit nicht schaffen, und deshalb hat der Nikolaus Helfer hier unten auf der Erde. Die Geschäftsleute im Dorf haben sich zusammengeschlossen und für den Nikolaus Tüten gepackt, aber die Geschäftsleute können das nicht alles verschenken, das geht nicht. Und dort, wo der Nikolaus herkommt, da gibt es kein Geld. Also haben die Geschäftsleute eine Liste ausgelegt und jeder, der möchte, dass der Nikolaus seine Kinder besuchen soll, der konnte sich in die Liste eintragen. Und er musste den Geschäftsleuten dafür Geld geben – und wir haben nicht so viel Geld!" Wir starrten unsere Mutter an: Das konnte nicht wahr sein! Das durfte nicht wahr sein! Das zerstörte ja unser ganzes Bild vom Nikolaus! Hatte Mutter uns nicht selber erzählt, dass er eine ganze Stadt vor einer Hungersnot bewahrt hatte? Und soll er nicht drei armen Mädchen Goldstücke in die Schuhe gelegt haben? Und jetzt? Jetzt geht er nur zu den Familien, die das alles bezahlen können? Das kann nicht wahr sein, nein, das glaubten wir nicht! Günter war es wieder, der nun ganz laut zu singen begann, und wir fielen wieder in den Gesang ein. „Bitte, geht ins Bett!" Mutter schien wirklich verzweifelt zu sein. „Stellt die Schuhe vor die Tür, vielleicht bringt er ja doch noch eine Kleinigkeit!", sagte sie dann. Nein, wir sangen weiter!

Plötzlich wurde die Tür aufgerissen, unsere großen Brüder stürzten in die Stube und riefen: „Der Nikolaus, der Nikolaus kommt!" „Quatsch!", sagte meine Mutter. „Der kommt nicht zu uns! Mach die Tür zu, es wird kalt!" „Doch, doch!", riefen meine Brüder durcheinander. „Er kommt direkt auf unser Haus zu!"

Und dann stand er tatsächlich in der Tür! Er sah genau so aus, wie Mutter ihn immer beschrieben hatte: ein großer, stattlicher Mann, mit einem dichten, weißen Bart. Er trug ein Bischofsgewand, auf dem Kopf die Mitra und in der Hand den Bischofsstab. Dann drängte sich, seitlich von ihm, eine dunkle Gestalt ins Zimmer: Knecht Ruprecht! „Bin ich hier richtig bei der Familie Bertram?", fragte der Nikolaus.

Ja, er wollte tatsächlich zu uns! Wir starrten ihn fassungslos an, und Mutter erst! „Knecht Ruprecht, dann reich mir bitte einmal das goldene Buch, damit ich sehe, was dort geschrieben steht!" Und dann las er vor: Er kannte uns! Der kannte uns ganz genau! Aber, er las nur Gutes vor! Ich weiß nicht, ob er das andere einfach nicht vorgelesen hatte oder ob er es gar nicht erst aufgeschrieben hatte! „Wir haben natürlich auch noch etwas mitgebracht! Knecht Ruprecht, mach doch mal den Sack auf!" Und dann reichte er jedem von uns eine große Tüte, auch meine großen Brüder bekamen eine Tüte! „Na, ihr dürft einmal nachsehen, was ich euch mitgebracht habe", sagte der Nikolaus. Günter schüttelte den ganzen Inhalt seiner Tüte aus: Da waren Nüsse, Plätzchen, Äpfel, Apfelsinen, ... Apfelsinen! Schokolade, Schokolade! Wir konnten es kaum fassen! Und natürlich fehlte auch der Stutenkerl mit seiner Tonpfeife nicht! Wir bedankten uns überglücklich. Ich schaute zu meiner Mutter. Da saß sie vor ihrem Stopfkorb am Tisch, hatte ein Taschentuch in der Hand und wischte sich die Tränen ab! Dann begleitete sie den heiligen Mann zur Tür und stammelte: „Danke, danke!"

Tage später hörte ich, wie meine großen Brüder herumrätselten, wer denn dieser Heilige Mann nun gewesen sei. Über soviel Dummheit habe ich nur den Kopf geschüttelt und gedacht: „Sind die blöd! Das war er natürlich selber, der Nikolaus!"

Jahre später habe ich meine Mutter angesprochen auf diesen Nikolausabend. Sie hat mir gesagt, dass sie es nie heraus bekommen hat und es auch nicht hat wissen wollen, wer hinter dieser Aktion gesteckt hat. Und das war auch gut so! Und sicher ganz im Sinne des heiligen Mannes. Es fällt manchen Menschen sehr schwer, etwas ohne Gegenleistung anzunehmen. Mutters Stolz wurde nicht gebrochen, sie konnte auch weiterhin allen aufrecht ins Gesicht sehen.

Der Weihnachtsbaum dreht sich und spielt Lieder

❄❄❄

Anita Eigendorf, Jahrgang 1946, wuchs mit ihrem Bruder in Porta Westfalica-Eisbergen auf, wo die Mutter von zwei erwachsenen Söhnen auch heute noch lebt.

Die Erinnerung geht weit zurück. Es war zu Weihnachten Anfang der 50er Jahre. Meine Eltern, mein Bruder und ich besuchten unsere Großeltern. Wir freuten uns jedes Jahr wieder, denn uns erwartete etwas ganz Besonderes. Zu der – für uns Kinder großen – Tour standen wir rechtzeitig abmarschbereit und ungeduldig an der Haustür.

Es war ein langer Fuß- und Radweg, ein Auto hatten wir nicht. So kamen wir dann mit roten Nasen und leicht durchgefroren in der Wohnung von Oma und Opa an. Nach der Begrüßung fanden wir auch alle Platz. Auf dem Sofa, auf dem Schoß von Mutter oder Vater oder in irgendeiner Lücke des Wohnzimmers, es war schon sehr beengt. Wir waren nicht allein zu Besuch, es hatten sich noch weitere Familienmitglieder eingefunden: Tante und Onkel, Cousine und Cousin.

In der Mitte des Wohnzimmers stand der von uns allen umlagerte Tisch und darauf ein bunt geschmückter Weihnachtsbaum. Aber: Dies allein war es nicht, was wir voller Spannung erwarteten! Der Baum steckte in einer festen Halterung, aus der noch Weihnachtslieder zu hören waren! Das faszinierte uns schon gewaltig. Die Kerzen waren angezündet, und in den Kugeln spiegelte sich das Licht wieder. Lauthals sangen wir die Lieder „Stille Nacht", „O Tannenbaum" und „O du fröhliche" mit.

Der absolute Höhepunkt aber war dann, wenn Oma einen großen Schlüssel holte und damit die Feder in der Spieluhr aufzog. Daraufhin begann sich der Baum in seinem Lichterglanze auch noch zu drehen! Mit roten Wangen sahen und hörten wir dem Geschehen zu. Es gab für uns Kinder nichts Schöneres. Wahrscheinlich auch nicht für unsere Eltern! Die Melodien wurden mit Ablauf der Spieldauer immer langsamer, der Baum drehte sich entsprechend ruhiger, und mit dem Stillstand des Baumes verstummten die Lieder gänzlich.

Dieses Erlebnis hat sich rund ein halbes Jahrhundert in mir festgesetzt. Jedes Jahr zu Weihnachten denke ich gerne zurück an den sich drehenden Tannenbaum mit seinen wohlklingenden Melodien.

Der lange Weg zum Weihnachtsfest

❄❄❄

Peter Dohle wurde 1942 in Brilon geboren. Mit seinen drei Geschwistern ist er im Sauerland aufgewachsen. Seit 1979 lebte er zunächst in Bocholt und heute in Rhede.

Stets mit dem 1. November erwachten in mir die frohen Bilder des kommenden Weihnachtsfestes. Das lag für das kindliche Empfinden zwar noch in weiter Ferne, aber es kündigte sich bereits erkennbar an. Anders als heute, gab es nicht den verfrühten Glanz der mit Lichtern geschmückten Innenstädte oder der festlich dekorierten Schaufensterauslagen.

In der frühen Dunkelheit des Allerheiligentages zogen Eltern mit ihren Kindern im warmen Licht von Mond- und Sonnenlaternen zum Friedhof. Ein Meer roter Grablichter und leuchtender Mond- und Sonnenkugeln aus buntem dünnen Papier tauchte den toten Ort in eine lebendige Welt. Abends dann saßen Onkel und Tanten in der geheizten Küche – immer bei uns, wegen der Nähe zum Friedhof – erzählten und tranken zwischendurch ein Schnäpschen oder einen süßen Likör, der den Frauen vorbehalten war. Meine drei älteren Geschwister und ich hockten auf der Holzbank, spitzten die Ohren und staunten über die vielen schaurigen, tragischen oder witzigen Geschichten des Lebens in der kleinen Stadt. Und Weihnachten? Ein Türspalt zum Fest des neuen Lebens und des Lichts war geöffnet.

Bald schon würde diese Tür ein wenig mehr aufgeschoben. Die Ursache dafür war eine in meiner Vorstellung zwergenhaft bucklige Gestalt, deren grauweißer, wilder Haarwuchs den Kopf so verhüllte, dass ihr Gesicht im Dunklen verborgen blieb. Gebeugt war sie stets unter der Last unseres alten Lumpensacks, aus dem sie eine Zeitlang den gewöhnlich darin aufbewahrten Flickenvorrat entfernt haben musste. Dieser merkwürdige Zwerg stapfte jedes Jahr zur gleichen Zeit mit lautem Poltern die Holztreppe zu unserer Wohnung hinauf, während wir Kinder uns mit erwartungsvollem Kribbelgefühl auf der Küchenbank zusammendrängten. Die Tür sprang einen Spalt auf, der Lumpensack kam in hohem Bogen geflogen, Türschlagen, Poltern – Stille! Erst langsam lösten wir uns aus der Erstarrung. Aber da öffnete auch schon die Mutter mit erstauntem Blick die Tür. „Mutter, stell dir vor, das Martinsmänneken war da!" „Nein!" Mutter schüttelte ungläubig den Kopf. „Nun habe ich das wieder nicht mitbekommen." Seltsam nur, dass Mutter dieses außergewöhnliche Ereignis jedes Jahr nicht mitbekam. Sie war stets im Stall und fütterte die Schweine, wenn diese liebevoll komische Gestalt durchs Haus polterte. Jedenfalls ließ der Inhalt des Sacks keinen Zweifel an diesem kleinen Gönner aufkommen: Weihnachtsplätzchen, ein Paar hohe Lederschuhe mit genagelten Sohlen, gestrickte Socken, Handschuhe und ein wollenes Skikreuz mit Ohrenschutz.

Die Zeit zwischen St. Martin und dem 1. Dezember wollte kein Ende nehmen. Erst der Adventskalender brachte neue Hoffnung. Hinter den eingestanzten Papierklappen verbargen sich keine Leckereien, vielmehr bunte Bildchen: ein Ball mit roten Streifen, ein lackiertes Holzpferd, eine brennende Kerze. So gab es jeden Morgen eine neue Bilderüberraschung, verbunden mit der Freude über die wachsende Anzahl der geöffneten Türen.

Während das gnomenhafte Martinsmänneken nur in der wuchernden Kinderfantasie lebendig wurde, war der Nikolaus mit seinem dunklen Ruprechtbegleiter heilig-ernste Realität. In respektablem Abstand saßen wir Kinder mit einer Mischung aus Angst, Spannung, Neugier und Erwartung hinter dem großen Küchentisch und betrachteten aufmerksam die Bewegungen des himmlischen Boten, wenn er umständlich in seinem goldenen Buch herumblätterte. Schließlich hielt er selbstzufrieden inne, blickte uns über die tief auf der Nase sitzende Hornbrille an, nickte bestätigend und begann mit seiner tiefen Bassstimme, die kleinen kindlichen Untaten des vergangenen Jahres vorzutragen. Er schüttelte dabei bedächtig sein weißhaariges Haupt, um sein Unverständnis über solcherart Sünden Ausdruck zu verleihen.

Flog dann über die Gesichter meiner beiden älteren Brüder ein zweifelndes Lächeln, eine dunkle Ahnung, dass es sich hier vielleicht um eine geschickte Inszenierung handeln könnte, ging ein Ruck durch die vermummte Ruprechtgestalt. Mit wütenden Rutenschlägen traf der schwarze Gottesknecht zunächst die Tischkante, kam dann den beiden Zweiflern gefährlich nahe bis, durch die gebieterische Handbewegung des heiligen Mannes, der bedrohliche Spuk mit einem unwilligen Brummen ein Ende nahm. Das Lächeln war erstorben, der Zweifel mit der Rute vertrieben. Nikolaus hatte seine Souveränität wiedererlangt. Schließlich verabschiedete sich der große Heilige versöhnlich mit einem Handschlag, während Ruprecht von der Tür her noch mit der Rute drohte. Ein heftiger Schrecken durchfuhr mich, als ich die beiden Kinderbeine entdeckte, die aus dem Sack ragten, den sich der willfährige Nikolauskumpan über die Schulter warf. Welcher Katastrophe war ich da entgangen!

Dann löste sich die Spannung, als die beiden ungleichen Himmelsboten wieder in die dunkle, kalte Nacht hinausgestapft waren. Umhüllt von der wohligen Wärme des Herdfeuers genossen wir die vielen Köstlichkeiten, die der weit gereiste Bischof uns in einem groben Leinensack hinterlassen hatte. „Ha, der hat mir keine Angst einjagen können!", tönte mit überlegener Miene und breitem Grinsen mein ältester Bruder. „Den Ruprecht kenne ich. Das ist die Schwester vom Nikolaus und wer das ist, weiß ich auch." Während ihn Mutters strafender Blick traf, blieb mir einstweilen die Einsicht in solche geheimnisvollen Andeutungen versagt.

Am Morgen des 14. Dezember stand neben meinem Frühstücksbrot der große weiße Teller mit den geschwungenen Rändern, gefüllt mit weihnachtlichem Gebäck. Besonders die Riesensterne, -herzen und -tannen ließen die Größe der Ausstechformen ahnen. Sie hatten unübersehbare Vorteile. Mutters Backarbeit für eine große Familie ging so schneller von der Hand und ich liebte dieses riesige Knabbergebäck. Stück für Stück konnte es mit den Zähnen bearbeitet werden. Dabei entstanden neue fantasievolle Restfiguren. Anlass dieses Plätzchenerlebnisses war mein Geburtstag. Solcherart Aufmerksamkeit war schon ungewöhnlich. Was mehr zählte als die Erinnerung an das Geburtstagsereignis, war der Namenstag. Er galt vorrangig als das jährliche Fest, das auf die Einmaligkeit der Person hinwies – nach katholischer Tradition jedenfalls.

Der Adventskranz war stets geschmückt mit breiten roten Schleifen und leuchtend roten Kerzen. Ihn stellte Mutter an den Sonntagnachmittagen auf den Küchentisch, um den sich die ganze Familie versammelte. Der Schein der brennenden Kerzen tauchte den halbdunklen Küchenraum in warmes Licht. Während wir die stillen Flammen betrachteten, stimmte Mutter die alten Adventslieder an. Dazu brauchten wir nicht ins Gesangbuch zu schauen. Wir kannten diese Lieder. Nicht immer verstanden wir den Inhalt, aber wir spürten im Klang und in den Worten die menschliche Sehnsucht nach der Heil bringenden Tat. Noch heute schmerzt es mich, wenn bereits viele Wochen vor Weihnachten die frohen Weihnachtslieder, verkommen zu süßlichen Konsumverstärkern, aus den Lautsprechern der Kaufhäuser plärren.

Der Heilige Abend war für mich die letzte große Geduldsprobe. Unendlich lang war der Weg in das erwartete Weihnachtsparadies gewesen, und nun musste noch die letzte Bewährung bestanden werden. Am frühen

Abend begann die ausgiebige Reinigungszeremonie in einer Zinkwanne warmen Wassers, die auf zwei zusammengeschobene Stühle gestellt worden war. Das spielte sich in der Küche ab, in der das Herdfeuer die nötige Wärme spendete. Zentralheizung und Badezimmer galten damals noch als Luxus. Mutter schrubbte energisch den wöchentlichen Schmutz aus allen Hautporen, wobei, trotz aller Vorsicht, beim Kopfwaschen ein Tropfen der mit Kernseife angereicherten Lauge in die Augen geriet. Der brennende Schmerz ließ erst nach, saß man, in ein Nachthemd gehüllt, den nassen Haarschopf in ein altes Windeltuch eingewickelt, zum Trocknen auf der Bank. In diesem Aufzug schließlich geleitete mich Mutter ins eisige Schlafzimmer packte mich unter einen Federbettenberg, benetzte die Fingerkuppen mit etwas Weihwasser aus der kleinen Schale, die neben der Tür an der Wand angebracht war – vorausgesetzt das Wasser war in dem kalten Raum nicht zu Eis erstarrt – segnete mich und wünschte mir gute Nacht mit der Bemerkung: „Nun schlaf schön und freu dich aufs Christkind." Welches Kind hätte da schlafen können? Zwischen der Sehnsucht und ihrer Erfüllung lag eine lange dunkle Nacht.

Erst am anderen Morgen – so war es in vielen kinderreichen Familien üblich – würde sich endlich die Tür zur guten Stube öffnen. Dieser Raum wurde immer zur Weihnachtszeit aus seinem Mauerblümchendasein aufgeweckt. Ansonsten unbeheizt, blitzblank gebohnert, war er ausgestattet mit einer Gläser gefüllten Vitrine, einem Buffetschrank mit edlem Goldrandgeschirr und dem Silberbesteck, einem Tisch mit Fransenhäkeldecke, gepolsterten Stühlen und geblümtem Sofa. Bald würde diese Stube glänzen im Kerzenlicht des mit Silberkugeln, Lametta und Engelshaar geschmückten Weihnachtsbaumes, darunter der offene Krippenstall mit der Stroh gefüllten Raufe und dem darin liegenden, von Mutter mit Leinenstreifen sorgsam umwickelten Jesuskind. Ein Hirtenfeuer brannte. Über die Moos bedeckte Ebene zogen die Hirten mit ihren Schafen. Ein über dem Eingang der brüchigen Tierbehausung schwebender Engel hatte gerade ein Schriftband mit dem „Gloria in excelsis Deo" entrollt. Zwei der Hirten hatten es besonders meinen älteren Brüdern angetan. Den Flötenspieler beanspruchte der Jüngere der beiden, während der Ältere den bevorzugte, der fürsorglich ein kleines Schaf auf seinen Schultern trug. Mit dem kahlköpfigen Alten, der demütig vor dem Gotteskind kniete, mochte ich mich nicht identifizieren. Die attraktiven Figuren hatten meine Brüder für sich vereinnahmt. Das fand ich ungerecht. Hellwach war ich. Die mollige Wärme unter dem prallen Federbett ließ mich nicht, wie sonst, sanft in den Schlaf gleiten. Zu angespannt waren Geist und Seele. Die vielen hoffnungsvollen Bilder wollten nicht enden.

Anfang Dezember wird es gewesen sein. Hinter der kleinen Schaufensterscheibe des Zigarrengeschäftes Schmücker bewegte sich im Kreis, wie von Zauberhand gesteuert, eine kleine Metalleisenbahn. Sie fuhr, gezogen von einer schwarzen Dampflok, an die drei rot-gelbe Waggons angehängt waren. Fasziniert von der anscheinend nie enden wollenden Fahrt, den Bewegungen des raffiniert ausgeklügelten Antriebs und den vielen rotierenden Rädern, starrte ich zeitverloren auf das Wunderwerk der Technik. „Kind, das ist einfach zu teuer. Versteh doch!", entgegnete meine Mutter, als ich ihr von meinen Besitzträumen erzählte. Gequält habe ich nicht weiter, aber mein Wunsch wurde von der verzweifelten Hoffnung genährt, mit Hilfe des Christkinds fände Mutter sicherlich einen Weg. Dieser letzte Gedanke lockte schließlich den Schlaf an, um mir in seiner freundlichen Umarmung die Nacht zu verkürzen.

Alles begann mit dem Gang zur Kirche und dem anschließenden Streuselkuchenfrühstück. Bereits am frühen Morgen hatte Vater den Ofen in der guten Stube angeheizt. Nun zündete Mutter die Weihnachtsbaumkerzen an und läutete das helle Glöckchen. Vielleicht war es die Scheu vor den überwältigenden Gefühlen, die uns erwarteten, dass wir Kinder uns gegenseitig ermunterten – „Geh du vor!" – und darum nur zögerlich über den langen Flur vorankamen, bis wir schließlich durch die weit geöffnete Tür in den festlich geschmückten Raum eintraten. Da standen wir, betrachteten ehrfurchtsvoll den Weihnachtsbaum im Glanz der brennenden Kerzen, deren Flämmchen im Spiegel der blank geputzten Silberkugeln auf- und abtanzten. Während die gebündelten Lamettastreifen glitzerten, versprühten einige in den Zweigen angebrachte Wunderkerzen einen gleißenden Sternenregen. Die Stalllaterne, deren kleine elektrische Glühbirne mit einem roten Stofffetzen umwickelt war, warf ihr gedämpftes Licht auf den heiligen Ort des so überraschenden Eingreifens Gottes in das Elend der Welt. Nach Augenblicken der stillen Bewunderung fiel mein erwartungsvoller Blick auf die bunt bemalten, mit Bonbons, Gebäck und einer Tafel Schokolade gefüllten Weihnachtsteller. Wer wem gehörte, erkannte jeder an den ihm traditionsgemäß zugeordneten Bildmotiven. Vielerlei gut gemeinte Gaben lagen, dicht gedrängt, auf dem mit einem weißen Tischtuch bedeckten Tisch. Vorrangig wurden wir mit den von Mutter als notwendig erachteten Kleiderutensilien bedacht.

Mutter Dohle mit ihren vier Kindern und dem Pflichtjahrmädchen (stehend hinter ihr) in der weihnachtlich geschmückten guten Stube, Januar 1943.

Ein Paar gestrickte Socken entdeckte ich, Taschentücher, Unterzeug, Buntstifte und Zeichenblock, aber eine Eisenbahn? Doch nein, sie konnte ja wegen der Größe auf dem Tisch gar keinen Platz gefunden haben. Allein, die Unsicherheit begann bei mir bereits zu nagen. Verstohlen schaute ich umher. Die Hoffnung zerbrach. Wie konnte da ein Kind Freude zeigen und Trauer spüren? Die weihnachtliche Wirklichkeit riss mich unsanft aus den vorweihnachtlichen Träumen. Niemand aber sollte diese Enttäuschung entdecken. Ob Mutter sie bemerkt hatte? Ich weiß es nicht. Jedenfalls sprach sie mich an: „Hast du schon unter deinen Socken nachgeschaut?" Tatsächlich, von den Rändern der Weihnachtsteller verdeckt und verborgen unter dicken Wollsocken kam ein kleines Kistchen zum Vorschein. Mit flinken Händen und klopfendem Herzen öffnete ich den festen Karton. Welcher Gegenstand mochte in dieser Schatzkiste liegen? Als ich die letzte Umhüllung wegschob, waren mit einem Schlag alle Traurigkeiten, Enttäuschungen und Hoffnungslosigkeiten in dieser Welt verschwunden. Sogar das Bild von der kleinen Modelleisenbahn hatte sich verflüchtigt.

In der Hand hielt ich ein kleines blau lackiertes Luxusauto mit Aufziehschlüssel und verstellbarer Vorderachse, verstellbar für Kreis- und Geradeausfahrten. Diese technische Kostbarkeit raste in einem weiten Bogen über den festen Linoleumbelag, verschwand unter dem Schrank und kam, zu meinem Erstaunen, immer wieder zum Vorschein. Ein Spiel ohne Langeweile. Abends lag der kleine Schatz auf meinem Nachttisch. Bevor ich einschlief, glitten meine Finger über das glatt polierte Buckelheck. Erst Jahre danach erfuhr ich, dass Mutter nur mit viel Mühe an dieses kleine Gefährt gelangt war. „Es gab damals eben nichts", meinte sie später.

Inzwischen ist es wohl ein Oldtimer geworden, mein kleines Weihnachtsauto, mit ein paar Dellen im Blech, verrosteter Feder und abgefahrenen Reifen. Ich muss es wissen, denn ich habe es gerade aus der Hand gelegt und wieder ins Regal gestellt.

Mein grün lackierter Schlitten

❄❄❄

Karin Ricker, Jahrgang 1945, wuchs als Einzelkind in Datteln auf. Heute lebt die Mutter von zwei Söhnen und Großmutter von zwei Enkelkindern in Dülmen.

Heute ist Heiligabend, wir schreiben das Jahr 1950. Der Himmel ist grau, und es schneit seit einigen Stunden dicke weiße Flocken. Ich gehe in den Schuppen, in der rechten Ecke steht mein Schlitten, aber nicht heute, er ist verschwunden. Wo ist mein Schlitten?

„Großvater hat daraus Brennholz für den Ofen gemacht", sagt Großmutter, „denn du weißt ja, zwei der schmalen Bretter waren am hinteren Ende abgebrochen und du hast dir deinen Mantel daran zerrissen." Ich schlucke, dann laufen Tränen über mein Gesicht. Ich laufe zum Ofen und suche nach den Resten meines Schlittens. Der Kohlekasten ist leer, lediglich unsere weiße Katze liegt auf der geöffneten Backofentür. Auf der Ofenplatte steht ein großer Bratentopf und verströmt einen wunderbaren Duft. Ich erschrecke und ein furchtbarer Gedanke geistert durch meinen Kopf. Es wird doch wohl nicht meine Berta darin sein! Ich renne zu dem kleinen Stall, in dem zwei Enten wohnen. Berta, meine Lieblingsente und Paula. Gott sei Dank, es ist nur Paula, die in unserem Kochtopf für den ersten Weihnachtstag liegt.

„Komm, wir gehen in den Garten und bauen einen Schneemann", sagt der Großvater, um mich abzulenken. „Eine alte Mohrrübe für die Nase habe ich auch noch." Ich gehe mit in den Garten und sehe in der Ferne schon die beleuchteten Schleusentore. Ein Nachbar kommt vorbei und sagt: „Wir haben schon wieder keinen Strom." – „Auch das noch", antwortet Großvater, „aber Gott sei Dank haben wir Kohlen im Keller." Nach getaner Arbeit sitze ich mit Großvater am Ofen in der Küche. Er auf seinem Stuhl an der linken Seite, ich rechts auf dem Stuhl meiner Großmutter.

Meine Mutter kommt völlig durchfroren herein. Sie hat nach dem Krieg eine Anstellung auf einem Bauernhof gefunden und bringt einige Lebensmittel mit. Sie räumt sie in den Schrank und geht dann müde die schmale Treppe hinauf in die erste Etage, in der sich die gute Stube befindet. Mein Vater befindet sich noch in russischer Gefangenschaft, ich kenne ihn gar nicht. Wenig später schallt mit dunklem Ton unsere Weihnachtsglocke durch das Haus. Meine Großmutter läutet den Heiligen Abend ein.

„Das Christkind war da", sagt Großvater, „komm, wir gehen nachsehen, was es uns gebracht hat." Ich renne die Treppe hinauf, wie immer ist die Tür weit geöffnet. Im Hintergrund steht der große Weihnachtsbaum mit den vielen bunten Kugeln, eingehüllt in eine Wolke aus Engelshaar. Rechts neben dem Weihnachtsbaum liegt die schon an einigen Stellen gestopfte, graue Wolldecke mit den langen Fransen und bedeckt die Weihnachtsgeschenke. Sie verdeckt in diesem Jahr einen verdächtig großen, länglichen Hügel. Auf der linken Seite steht, wie immer, unsere Weihnachtskrippe. Ich kann den Blick kaum abwenden, er wandert von rechts nach links, und mein Herz klopft wie wild.

Wir vier setzen uns an den Tisch und Großmutter sagt, wir wollen den Heiligen Abend mit dem Lied „Es ist ein Ros entsprungen" beginnen. Meine Mutter fügt hinzu: „Sing tüchtig mit Karin, dein Vater in Russland wird es hören und sich darüber freuen." Mir geht der Gedanke durch den Kopf, warum soll ich denn für jemanden singen, den ich überhaupt nicht kenne? Soll er doch in Russland bleiben! Mein Schlitten und meine Ente Berta sind viel wichtiger für mich.

Meine Mutter verteilt den Kartoffelsalat und dazu bekommt jeder einen eingelegten Salzhering. Der Fisch ist groß und fleischig. Er schmeckt mir köstlich, und im Backkasten schmoren auch schon die Bratäpfel für den späteren Abend. Nach dem Essen sagt Großmutter, genau wie in jedem Jahr: „Großvater hol mir die graue Decke, es ist noch etwas kühl im Raum, ich leg sie mir um die Schultern." Auf diesen Moment habe ich schon gewartet, denn dann sehe ich endlich, was unter der Decke liegt.

Mir stockt der Atem, da steht ein Schlitten, der sehr viel Ähnlichkeit mit meinem hat. Die zwei abgebrochenen Enden fehlen, aber dafür sind zwei etwas kürzer, glatt und rund und der neue Schlitten hat eine kräftig grüne Farbe. Auch eine schöne bunte Kordel zum Ziehen ist daran. Darauf liegt, warm in eine Decke eingehüllt, meine beinamputierte Puppe Hildegard. Sie war in der Puppenklinik, hat ein neues Bein bekommen und, genau wie in den Jahren vorher, ein neues Puppenkleid. Aber mein schönstes Weihnachtsgeschenk ist in diesem Jahr mein Schlitten. Ich ziehe meiner Puppe das neue Kleid an, Großvater stellt eine Flasche Eierlikör auf den Tisch, und meine Mutter holt eine Schale mit Spritzgebäck. In Abständen singen wir weitere Weihnachtslieder und essen unseren Bratapfel. Ich weiß ganz genau, wann es für mich Zeit wird, ins Bett zu gehen, nämlich dann, wenn Großvater, genau wie in jedem Jahr sagt: „Großmutter und ich gehen jetzt in die Christmette, um für das vergangene Jahr zu danken!".

Der hungrige Sänger

❄❄❄

Rainer Voß, Jahrgang 1943, ist mit einem Bruder in Münster aufgewachsen. Nach dem Krieg zog die Familie nach Lüdinghausen, wo Rainer Voß, Vater von zwei inzwischen erwachsenen Kindern, auch heute noch mit seiner Frau lebt.

„Mir ist gar nicht weihnachtlich zumute". Oft hört man diesen Ausspruch. Zwar machen die Schaufenster und Läden schon seit Wochen auf das Fest aufmerksam, Spekulatius gibt es bereits im September. Die festlich geschmückte Stadt und der Weihnachtsmarkt sollten uns eigentlich rechtzeitig einstimmen. Aber da ist alles andere, das gesamte Umfeld, das Weihnachtsstimmung, wenn überhaupt, erst spät aufkommen lässt.

Deutlich sehen kann man die Weihnachtsstimmung wohl nur an den Augen der Kinder. Sie ziehen Mütter und Väter vor die Geschäfte. Sie staunen auf dem Weihnachtsmarkt. Sie fahren mit blitzenden Augen Karussell und schmieren sich genüsslich den Zuckermantel des Apfels in Gesicht. Wenn ich das sehe, spüre ich ganz verstohlen auch ein Weihnachtsgefühl, und ich erinnere mich.

Als Kinder kamen wir im Dezember, wenn die Stever zugefroren war, erst um 5 Uhr vom Eis nach Hause. Rappelkalt, total geschafft, aber glücklich. Die Schlittschuhe in der Hand, die Einkochringe, die die Schlittschuhe hielten, über den Arm gestülpt. Mutter schimpfte ein wenig, weil es schon längst dunkel und wir überfällig waren. Aber es war nicht so ernst gemeint. In der Küche stand der alte Herd, die Platte glühte. Stühle wurden herangezogen. Einer durfte seine kalten Füße in die Backklappe stecken. Der andere wärmte sie an der emaillierten Außenwand. Das Licht blieb aus. Im Herd knisterte es und ein Tannenzweig auf der Herdplatte duftete weihnachtlich. Die Großmutter saß bei uns im Sessel und strickte. Dazu erzählte sie uns Geschichten. An eine erinnere ich mich gut:

Als euer Vater so klein war wie ihr, feierten wir auch Weihnachten. Aber es gab keine großen Geschenke. Dazu fehlte das Geld. Dennoch bekam jeder etwas. Ein Paar selbstgestrickte Socken, Handschuhe oder eine Mütze. Die schönsten Äpfel wurden bis Weihnachten verwahrt und dann, auf Hochglanz poliert, unter den Festbaum gelegt. Einige selbstgebackene Plätzchen und Nüsse lagen auch dort. Und der Baum, den gab es fast in allen Häusern auch damals schon, war prächtig geschmückt. Selbstgemachte Strohsterne und kleine Holzfiguren hingen daran. Auch einige Plätzchen hatte ich an den Baum gehängt. Am Ersten Weihnachtstag, morgens um 5 Uhr, ging die ganze Familie in die Christmette. Dann frühstückten wir gemeinsam. Die Kinder wurden ungeduldig. Um 8 Uhr ging euer Großvater ins Wohnzimmer und zündete die Kerzen an. Wir warteten vor der Tür auf sein Zeichen. Schnell stellten wir uns um den Weihnachtsbaum, staunten ihn an und waren glücklich. Aus den Augen der Kinder lachte die Weihnachtsfreude. Alle meine Kinder konnten gut singen, euer Opa auch. Nur leider ich nicht, erzählte die Großmutter. Aber ich hatte die alten Lieder so gern und bat meinen kleinen Chor immer wieder um ein neues Lied. Das muss einem meiner Jungs wohl zuviel geworden sein. Jedenfalls pirschte er sich langsam immer näher an den Baum. Ein Plätzchen hing jetzt genau über seinem Mund. Und als er beim Singen den Mund besonders weit aufmachen musste, stellte er sich auf die Zehen und schwupp, war das Plätzchen verschwunden. Die anderen waren so eifrig bei der Sache, dass sie dieses Kunststück gar nicht bemerkten. Und ich habe später schnell ein neues Plätzchen an den Baum gehängt!

Opas Geburtstag läutet das Weihnachtsfest ein

❄❄❄

Rudolf Knufinke ist 1939 in Gütersloh-Isselhorst geboren. Mit seinen zwei Geschwistern wuchs er auf einem kleinen Bauernhof auf. Auf dem Hof wohnten neben der Kernfamilie auch die Großeltern. Lange Jahre arbeitete Rudolf Knufinke als Pharmareferent im Außendienst. Heute lebt der Vorsitzende des Pferde-Stärken-Clubs e.V. mit seiner zweiten Frau auf dem elterlichen Hof in Isselhorst.

Einige Tage oder sogar Wochen vor dem Weihnachtsfest begann meine Mutter leckere Plätzchen zu backen. Es war sozusagen der Beginn der weihnachtlichen Zeit. Sie stellte in einer großen Schüssel Teig her, der dann auf dem Küchentisch noch weiter bearbeitet wurde. Dann streute sie den Küchentisch mit Mehl aus, und danach wurde der Teig mit einer Teigrolle zu einer großen Fläche ausgerollt.

Mit Blechformen durften wir Kinder dann die Plätzchen ausstechen. Es wurden daraus Nikoläuse, Schneemänner und verschiedene Tiere, die dann auf das Backblech gelegt und danach in der mit Holz geheizten Seppelfricke-Kochmaschine verschwanden. Vom Teig wurde natürlich zwischenzeitlich immer schon genascht, und Mutter warnte mit erhobenem Zeigefinger vor den eventuell danach eintretenden Magenschmerzen. Die Warnung wurde aber nicht so recht ernst genommen!

Gespannt saßen wir Kinder nach getaner Arbeit vor der Kochmaschine und konnten es nicht abwarten, dass die Plätzchen durch die Ofenhitze vom Rohzustand in den Esszustand verwandelt wurden.

Das ganze Haus roch an den Backtagen wie in einer Großbäckerei und nicht mehr so nach Kuh und Schwein wie sonst. Daran stellten wir untrüglich fest, dass es bald Weihnachten wurde. Zu jener Zeit freute man sich richtig auf das nahende Weihnachtsfest.

Es war irgendwie spannend, denn Vater, der sich an der Deele in einer Aufkammer (Upkamern) eine Werkstatt eingerichtet hatte, werkelte fast jeden Abend darin herum. Er klopfte, bohrte, schraubte, sägte mit der Laubsäge, und auf der Deele roch es in dieser Zeit nach frischer Farbe. Für uns Kinder war in der Vorweihnachtszeit das Betreten der kleinen Werkstatt verboten, und wir hatten Mühe, uns daran zu halten. Wir konnten uns nicht so recht vorstellen, was da hinter der Tür wohl vor sich ging, und es kam bei uns Kindern immer wieder die Frage auf, ob Vaters allabendliche Aktivitäten wohl etwas mit Weihnachten zu tun hatten? Spannung und Vorfreude wuchsen so von Tag zu Tag, je mehr es auf das Weihnachtsfest zuging.

In der Vorweihnachtswoche war bei uns immer ein „Großreinemachen" angesagt. Mein Großvater, Vater und Mutter sorgten in diesen Tagen dafür, dass die Deele und die Stallungen in einen blitzsauberen Zustand kamen. Sie nahmen sich einen Besen, der aus dünnen Zweigen selbst gebunden war und den man an einem langen Stiel befestigt hatte, um damit die Spinnengewebe und den Staub in der Deele zu beseitigen.

Bei gutem Wetter wurde vor Weihnachten noch die Deele unter Wasser gesetzt und mit einem Schrubber gesäubert, die Wasserpumpe am großen Spülbecken wurde geputzt und die Türen wurden abgewaschen. Dieses war die Angelegenheit unserer Mutter, und sie war nach dieser Tortur immer recht stolz, wenn alles im Glanz erstrahlte. So, meinte sie dann: „Nu kann de Besäuk kurmen!" – „Nun kann der Besuch kommen."

Vor Weihnachten erwartete man noch viel Besuch, denn unser Großvater hatte am 22. Dezember Geburtstag. Mit diesem Tag begann bei uns eigentlich schon das Weihnachtsfest.

Zum Geburtstag unseres Großvaters wurde im Wohnzimmer der Holz- und Kohleofen angeheizt, der an der Stirnseite des Zimmers mit einem großen Ofenrohr an den vorhandenen Schornstein angeschlossen war. Zwischendurch mussten immer wieder Holz oder Briketts nachgelegt werden, um die Wärme zu halten. Es gab keine Zentralheizung, die auf Knopfdruck in allen Räumen für wohlige Wärme sorgte, und so beheizte man das Wohnzimmer nur an Geburtstagen, Festtagen oder zu besonderen Familienfeiern.

Der Besuch, der zu Opas Geburtstag kam, wurde stets in dem dann warmen Wohnzimmer empfangen. An Großvaters Geburtstag erwartete man Vormittags schon den Pastor. Zur damaligen Zeit war es Pastor Wiehage, der dann mit seinem BMW Dixi vorgefahren kam. Es war für uns Kinder immer interessant, dieses schon damals historische Fahrzeug zu bewundern. Er wurde mit gutem Kaffee und teuren, extra für ihn angeschafften Zigarren versorgt. Eine Zigarre steckte er sich bei uns im Wohnzimmer sofort an, und mit seinen tiefen Zügen versetzte er in kurzer Zeit das ganze Zimmer und auch den Flur in einen schönen, angenehmen Duft. Pastor Wiehage las dann Verse aus der Bibel vor und unterhielt sich anschließend mit der Familie über Ereignisse aus der Gemeinde. Da sich Pastor Wiehage nebenher auch etwas als „Grundstücks- und Häusermakler" betätigte, konnte er unseren Eltern und Großeltern einiges Neues zu diesem, für die Dörfler interessanten Themengebiet berichten.

Nach seiner „Amtshandlung" bekam Pastor Wiehage von unserer Großmutter in seine vorsorglich mitgebrachte Aktentasche Butter, Schinken oder Wurst aus eigener Herstellung eingepackt. Auch einige von den teuren Zigarren verschwanden in seiner Jackentasche. Ob er uns dann, wenn er diese Gaben bei sich zu Hause aus den Taschen nahm, besonders in sein Gebet einschloss, blieb schließlich sein Geheimnis!

Nach dem Pastorbesuch am Vormittag stellte man für den zu erwartenden Nachmittagsbesuch im Wohnzimmer schon mal den großen Tisch in die Mitte des Zimmers, und dazu wurden viele Stühle gestellt, damit alle eingeladenen Gäste Platz fanden. Großmutter und Mutter hatten zwischenzeitlich in der Küche schon ein schönes Essen für den Abend zubereitet. Nachmittags kamen dann die Gäste zum Kaffeetrinken. Leckere Torten und Kuchen aus eigener Herstellung wurden aus dem Keller geholt und auf den mit schönen Sammeltassen und Tellern gedeckten Tisch gestellt. In der Küche wurde Kaffee gekocht, und alle Gäste nahmen am Tisch Platz. Für uns Kinder war meistens in der Küche der Kaffeetisch gedeckt.

Einige Gäste machten nach dem Kaffee eine Runde durch die Stallungen, um die Zeit bis zum Abendbrot zu überbrücken. Eine entsprechende „Duftnote" setzte sich in ihrer Kleidung fest, was aber niemanden störte.

Am Abend, wenn noch einige Gäste dazugekommen waren, saß man wieder in großer Runde am Wohnzimmertisch. Nachdem nun das Essen auf den Tisch gebracht war, sprach unser Vater vor dem Essen ein Gebet, und man wünschte sich guten Appetit.

Einige Verwandte hatten die Gabe, durch Loben der schönen dicken Sommerwurst aus eigener Schlachtung unsere Großmutter dazu zu bewegen, ihnen am Ende der Feier den Rest der Wurst einzupacken und mitzugeben. Wir saßen dann am nächsten Morgen am Frühstückstisch mit langen Gesichtern, und die schöne Sommerwurst war weg. Man kann sich vorstellen, dass wir diese Verwandten nicht besonders mochten!

Nach dem Geburtstag unseres Großvaters stand der ganze Wohnzimmerschrank voller Flaschen, die die Verwandten als Geschenk mitgebracht hatten. Im Laufe der Jahre nahmen Flaschen mit Pepsinwein, Doppelherz und Natursäften zu und unser Vater meinte, dass man daran erkennen könnte, dass Opa alt wird.

Nach diesem ereignisreichen Tag und den damit verbundenen Vorbereitungen konzentrierte man sich auf das anstehende Weihnachtsfest.

Am Tag vor Heiligabend holte mein Vater eine Tanne aus dem Garten oder aus der Tannenschonung von Holtkamp, die dann auf der Deele in den von Vater selbst hergestellten Weihnachtsbaumständer gestellt wurde. Nachdem der Baum dann im Wohnzimmer aufgestellt war, schmückten wir ihn mit Lametta, Äpfeln, selbstgebackenen Plätzchen und Kerzen. Von da an durften wir Kinder das Wohnzimmer nicht mehr betreten, denn angeblich war nun Christkindchen darin tätig!

An Heiligabend, so nach der „Kaffeezeit", war es dann endlich soweit: Wir Kinder mussten uns vor der Wohnzimmertür aufstellen und ein Weihnachtslied singen. War der Gesang dann gut gelungen, schloss unsere Mutter die Tür auf, und wir durften eintreten. Mit großen Kinderaugen betrachteten wir den erleuchteten Weihnachtsbaum und die darunter liegenden Geschenke. Zu der Zeit gab es natürlich noch keine Computerspiele oder MP3-Player, so wie es heute der Fall ist. Es waren die Spielsachen, die unser Vater in den vielen Abendstunden in den Vorweihnachtswochen in Handarbeit auf der Upkammer hergestellt hatte. So kann ich mich noch heute an einen Feuerwehrwagen mit Leiter, Wagen mit Esel, bunte Bauklötze oder Puppenwagen erinnern. Mutter hatte für uns noch Socken gestrickt oder Puppenzeug für die schon vorhandene Puppe gehäkelt, und für jeden hatte Christkindchen noch einen Teller mit kleinen Leckereien, Äpfeln und Nüssen bereitgestellt.

Nach der Bescherung gingen wir gemeinsam in die Kirche, in der ein Krippenspiel aufgeführt wurde, der Isselhorster Posaunenchor spielte Weihnachtslieder, und der Kirchenchor sang weihnachtliche Melodien. Mich hat immer der große beleuchtete Stern über dem Altar bei diesen Kirchenbesuchen besonders begeistert.

Zu Hause angekommen, gab es ein leckeres Essen, und anschließend spielten wir dann mit unseren Spielsachen, was uns sehr viel Freude gemacht hat.

Am Ersten Weihnachtstag ging es nach dem Melken und Füttern der Tiere erst zur Kirche, und danach gab es ein leckeres Weihnachtsessen mit Markklößchensuppe, Sauerbraten oder Rouladen, Gemüse und Kartoffeln. Als Nachtisch hatte unsere Mutter zu unserer Freude einen leckeren Schokoladenpudding aus Milch von den eigenen Kühen hergestellt, der im Nu verzehrt war.

Der Erste Weihnachtstag galt immer der Familie. Erst gingen wir morgens in die Kirche zum Kindergottesdienst. Unsere Tante Klara war zu der Zeit Kindergottesdienst-Helferin. Sie hatte die Aufgabe, den Kindern aus der Bibel Geschichten vorzulesen. Da war es schon Pflicht, an dem Feiertag in die Kirche zu gehen. Auch Pastor Wiehage registrierte genau, wer am Kindergottesdienst teilgenommen hatte und wer nicht. Auch er sang mit uns Lieder und las aus der Bibel vor.

Nach dem Mittagessen am Ersten Weihnachtsfeiertag war erst einmal Ruhe angesagt. Unsere Eltern legten auch an diesem Tag eine kleine, wohlverdiente Pause ein, und zur Kaffeezeit saß man dann wieder zusammen und aß leckere, natürlich selbstgebackene Torten. Denn damals kaufte noch keiner Kuchen oder Torten vom Bäcker. Zur damaligen Zeit sah der Bäcker Lütkemeyer, heute Bäckerei Glasenapp, seine Geschäftschance noch mehr darin, Brötchen, insbesondere Brot und für Beerdigungen Plattenkuchen zu backen. Torten und Kuchen wurden in den Familien von den Hausfrauen selbst gebacken, denn um die zu kaufen, dazu hatte man einfach nicht das erforderliche „Kleingeld".

Zu Beginn des Abends gingen unsere Eltern dann wieder an die Stallarbeit, denn das Vieh musste ja auch an den Feiertagen versorgt werden. Vater hatte im Vorfeld der Feiertage zwar schon einige Vorarbeit geleistet, indem er Stroh und Heu vom Boden geworfen und auch für die Schweine schon das Futter bereitgestellt hatte, nur das Melken konnte nicht schon für die Feiertage vorab erledigt werden.

Die Kühe warteten auch an Weihnachten morgens und abends immer pünktlich, dass sie uns ihre Milch liefern konnten. Eimer und anderes Melkgeschirr konnte nicht über die Feiertage stehen bleiben und wurde täglich gereinigt. Natürlich musste auch die Kochmaschine in der Küche mit Holz versorgt und angeheizt werden, denn ohne Feuer hatte man kein warmes Wasser und keine Wärme. Somit war auch an Sonn- und Feiertagen viel Arbeit zu verrichten.

Am Zweiten Weihnachtsfeiertag fuhren wir mit Pferd und Federwagen (Lakenwagen), in späteren Jahren dann mit unserem Opel P4 und danach mit unserem Lloyd 600 zu unseren Verwandten. Ich erinnere mich gern an diese Besuche, da an so einem Tag mehrere Kinder zusammenkamen, und wir konnten gemeinsam spielen. Wenn es gegen Abend dann wieder nach Hause gehen sollte, floss so manche Träne, denn wir waren natürlich zu diesem Zeitpunkt gerade mitten im schönsten Spiel des ganzen Tages!

Zu Hause angekommen, begannen unsere Eltern wieder mit der Stallarbeit. Ich glaube, die Arbeiten gingen ihnen dann schneller von der Hand als sonst, da es auf dem Verwandtenbesuch natürlich auch ein Schnäpschen oder auch einige Gläschen Wein gegeben hatte. Es war meistens die Zeit, dass der Wein aus eigenem Anbau im Keller zum edlen Tröpfchen gereift war, und zu diesem Anlass zur allgemeinen Probe unter Verwandten ausgeschenkt wurde. Da man kein Telefon hatte, wurden von den Erwachsenen auf so einem Verwandtenbesuch die nächsten Wiedersehen und Treffen abgesprochen. Es konnte aber auch sein, dass der Postbote zwischenzeitlich ein Kärtchen aus der Verwandtschaft brachte, mit der eine Einladung ausgesprochen wurde. Der Weihnachtsbaum blieb noch bis in das Neue Jahr im Wohnzimmer stehen, und die Kerzen wurden immer wieder zu unserer Freude angezündet.

Weihnachten in den Nachkriegsjahren, es war eine ganz andere Zeit als heute, aber die schönen Erinnerungen an diese besondere Zeit des Jahres bleiben für mich!

Nach der Flucht aus der „Zone"

❋❋❋

Eva Eggert, Jahrgang 1925, wurde in Cammin/Pommern geboren. 1944/45 wurde sie mit ihrer Familie vertrieben. Im Dezember 1952 flüchtete die Familie aus der DDR in die Bundesrepublik. Frau Eggert ist verheiratet und hat Kinder. Sie lebt heute in Lüdinghausen.

Im Dezember 1952 gelang uns die Flucht aus der Zone in die Freiheit. Glücklich betraten wir den Westsektor Berlins. Eine entfernte Verwandte, welche zu der Zeit in einer westdeutschen Stadt wohnte, stellte uns freundlicherweise für die Dauer des Notaufnahmeverfahrens ihre Wohnung zur Verfügung. Nur wenige Tage trennten uns noch vom Weihnachtsfest. Festliche Straßen, überfüllte Kaufhäuser, erwartungsvolle Gesichter – wohin man schaute, das gleiche Bild.

Nun kam der Heilige Abend. Nicht einmal eine Kerze erleuchtete unser Zimmer. Da klingelte es an der Tür. Zaghaft öffnete ich sie. Dort stand eine Flurnachbarin. Mit einem glücklichen Gesicht und allen guten Wünschen überreichte sie mir zwei bunte Teller für unsere beiden Kinder – zweieinhalb Jahre und acht Monate. Ich bedankte mich herzlich.

Etwa zehn Minuten später wurde wieder geschellt. Diesmal war es die nächste Flurnachbarin. Sie lud unsere ganze Familie zu sich in ihre Wohnung. Dort erwartete uns ein brennender Christbaum und ein voller Gabentisch. Wir erlebten eine richtige Weihnachtsbescherung. Die Tränen der Rührung konnten wir nicht verbergen. Fremde Menschen teilten mit uns ihre Weihnachtsfreude und ließen uns am Heiligen Abend unsere große Armut vergessen. Reich beschenkt und voller Dankbarkeit kehrten wir dann in unsere Wohnung zurück.

Die Erleichterung

❋❋❋

Klaus Luig, Jahrgang 1940, wuchs in Bad Waldliesborn auf, wo der Rektor a.D. auch heute lebt. Klaus Luig ist Vater von zwei Kindern und Großvater von zwei Enkeln.

Ein Weihnachtserlebnis der ganz besonderen Art hatte ich im Jahre 1952 als zwölfjähriger Messdiener. Wie damals weit verbreitet begann die sogenannte „Ucht" – eine Krippenfeier mit drei unmittelbar aufeinander folgenden Weihnachtsmessen – in der kleinen katholischen Pfarrkirche unseres Dörfchens – im südöstlichsten Zipfel des Bistums Münster gelegen – morgens um 5 Uhr in der Frühe am Ersten Weihnachtstag.

Bei der feierlichen Krippenfeier, die mit einem Rundgang des Pfarrers, der Messdiener und der zahlreichen Engelchen durch die Kirche begann, durfte ein Mädchen in seinem Erstkommunionkleid das Jesuskind in die Krippe legen. Daran schloss sich unter Mitwirkung des Kirchenchores das überaus festliche Weihnachts-Levitenamt an, natürlich wie damals üblich in lateinischer Sprache gesungen und mit einer längeren Predigt als an normalen Sonntagen. Alles was an Messdienern aufzubieten war, bevölkerte den kleinen Chorraum unserer Kirche. Alles was an Kerzen, Leuchtern und Strahlern vorhanden war, ließ unser Gotteshaus in hellstem Licht erstrahlen und die Temperatur mehr und mehr ansteigen, obwohl es draußen recht winterlich war. Ein Übriges bewirkte der Weihrauch, mit dem damals ohnehin großzügiger umgegangen wurde als heute und bei dem wir als Messdiener zudem die Möglichkeit hatten, in unbewachtem Augenblick noch einmal ordentlich nachzulegen.

Alles trug dazu bei, dass unser damaliger alter und schon kränklicher Pastor während des Zelebrierens der drei Weihnachtsmessen in den schweren Festtagsornaten mehr und mehr zu schwitzen begann. Von seiner Glatze stiegen bald richtige Schwaden zum Himmel empor, so als wollten sie dem Weihrauch entweder Konkurrenz oder alle Ehre machen. Zum Ende der dritten heiligen Messe zeigte der Zelebrant darüber hinaus noch eine uns sonst nicht bekannte eigenartige Unruhe, die sich in einem Hin- und Hertrippeln von einem Bein aufs andere äußerte.

Als schließlich nach etwa zweieinhalb Stunden das Ende der letzten heiligen Messe erreicht war, wartete unser Pastor nicht einmal das Ende des Schlussliedes ab, sondern er brach „Hals über Kopf" mit seinem Messdienertross in die Sakristei auf, wo er gerade noch Zeit hatte, seinen Kelch abzustellen. Dann stürzte er – noch bekleidet mit allen liturgischen Gewändern – zu einer Tür, die aus der Sakristei ins Freie führte. Neugierig wie wir waren, drängte sich die gesamte Messdienerschar hinter ihm her nach draußen. Und was sahen unsere ungläubigen Augen? Der arme Mann steuerte in der Finsternis den nächst gelegenen Baum an, riss Albe und Messgewand in die Höhe, um sich zu erleichtern, denn in unserer damaligen Kirche gab es keine Toilette.

Wenn wir uns damals als Messdiener natürlich lustig machten über das Verhalten unseres Pfarrers, umso besser kann ich heute – selbst ein alter Mann – verstehen, unter welcher Not er seinerzeit gelitten haben muss, zumal er hochgradig zuckerkrank war und mit Bluthochdruck zu kämpfen hatte. Ich fühle heute nach, wie er sich vor uns Messdienern geschämt haben muss, die wir ihm ungeniert und feixend beim Verrichten seiner Notdurft zusahen.

Es ist keine typische Weihnachtsgeschichte, die ich hier geschildert habe, aber die erzählte Begebenheit im Jahre 1952 ist und bleibt für mich bis auf den heutigen Tag untrennbar mit Weihnachten verbunden, gibt aber auch jedes Jahr zu Weihnachten wieder Gelegenheit, diesem guten, inzwischen längst verstorbenen Pfarrer Abbitte zu tun.

Unser schönster Christbaum

❄❄❄

Gerda Kordt, Jahrgang 1937, wuchs mit zwei Geschwistern in Breslau auf. Nach dem Krieg verschlug es die Familie zunächst nach Sachsen, dann nach Bremen, bevor sie sich in Dortmund niederließ. Gerda Kordt ist Mutter eines erwachsenen Sohnes und Großmutter einer Enkeltochter. Sie lebt heute in Dortmund

Es ist der 24. Dezember 1953. Meine Eltern, meine Geschwister und ich wohnten damals noch in Bremen. Soweit ich zurückdenken kann, war es immer die Aufgabe meines Vaters, für den Christbaum zu sorgen. Nur in diesem Jahr war es anders. Er kam erst gegen 14 Uhr mit dem Zug von Dortmund, denn dort hatte er seit einem Jahr wieder eine Anstellung bei der Bundesbahn. Von 1927 bis Kriegsende war er bei der Reichsbahn und nun sehr froh über die Wiedereinstellung.

Aber nun zu diesem Heiligen Abend: Meine Mutter sagte zu meinem Vater, er solle doch bitte den Baum in den Ständer einpassen, damit er geschmückt werden könne. Erst sagte mein Vater: „Ja." Dann ging er auf die Suche, fand nirgends einen Baum. Ratlos stand er in der Gegend und fragte: „Ja, wo ist er denn?" Meine Mutter, etwas ungehalten: „Na, da, wo du ihn hingestellt hast." „Ich? Ich habe keinen gekauft", war die Antwort.

„Ich auch nicht", sagte meine Mutter und rief nach mir, der Ältesten. „Gerda, hast du einen Baum gekauft und wo steht er?" Sie fragte, in der Hoffnung, ich wäre auf die grandiose Idee gekommen. Aber ich mit meinen 16 Jahren hatte andere Dinge im Kopf, als den Kauf eines Baumes. Jetzt war guter Rat teuer. Heiligabend und kein Baum!

Ich schnappte meinen Bruder, Hans-Joachim, damals zehn Jahre alt, und wir zogen los. Ein paar Straßen von uns entfernt, war ein Lebensmittelgeschäft, und ich war mir sicher, dort Christbäume gesehen zu haben. Die Freude war groß, es standen noch zwei einsame Bäume vor dem Schaufenster. Der eine war für unsere Begriffe etwas zu klein und zu dünn, so entschlossen wir uns, den größeren zu kaufen. Für 50 Pfennige waren wir stolze Besitzer eines Christbaumes.

Ich, die größere von uns beiden, schnappte den Stamm, und mein Bruder trug die Spitze. Solange wir auf der Straße waren, fiel uns an dem Baum nichts auf. Die ersten Schwierigkeiten ergaben sich, als wir durch die Haustür wollten. Der Durchgang erwies sich als zu eng, und wir mussten den zweiten Flügel auch noch öffnen. Mit unserem nicht ganz kleinen Baum mussten wir nun in das Souterrain. Hier waren der Abstellraum, die Küche und die Waschküche, und unser Vater wartete schon mit Ungeduld. Mein Bruder, der Baum und ich quälten uns die Wendeltreppe hinunter. Es wurde eng! Unser Baum erwies sich als etwas störrisch, und wir zogen nach Leibeskräften. Mein Vater stand mit Axt und Christbaumhalter am Fuß der Treppe, und in seinem unverkennbaren Breslauer Dialekt sagte er: „Mensch, Lerge, woas bringt ihr doa oan? Das is ja ne Kirchentanne!"

Nachdem sich mein Vater von dem ersten Schrecken erholt hatte, ging er ans Werk. Er sägte unten den Stamm bestimmt 80 Zentimeter ab. Er versuchte ihn aufzustellen. Er war zu groß! Mein Vater wurde leicht ungeduldig und sägte oben etwa einen Meter ab. Hätten wir den Baum, so wie er jetzt war, oben ins Wohnzimmer gestellt, wären die Hälfte der Möbel im Weg gewesen. Nun stutzte mein Vater rundherum die Äste. Der Reisighaufen wurde immer größer. Bei genauer Betrachtung hatte der Baum die Figur einer in der Taille geschnürten Dame, denn in der Mitte des Baumes war kein einziges Ästchen. Mein Vater bohrte Löcher in den Stamm und verpasste dem Baum die nötige Fülle in der Mitte. Das Ganze ging natürlich nicht ohne Schimpfen ab.

Mein Bruder und ich schmückten anschließend das Kunstwerk mit Lametta, Kugeln, Kerzen, Plätzchen und Zuckerwerk. Weil uns unsere Mutter kannte, mussten wir dabei recht laut Weihnachtslieder singen, damit wir nicht in Versuchung kamen zu naschen. Von der Küche her roch es nach Sauerkraut, und dazu gab es am Heiligen Abend helle und dunkle Bratwurst, Kartoffeln sowie die dazu gehörige Tunke.

Trotz der vielen Aufregungen und Anstrengungen ist es ein schöner Baum geworden. Als am Ersten Feiertag Besuch kam, staunte jeder über unseren „schönen, vollen Christbaum". In den späteren Jahren, wenn wieder die Zeit kam, dass ein Weihnachtsbaum gekauft werden sollte, hieß es immer: „Aber nicht wieder eine Kirchentanne!"

Meine Dreschmaschine

❄❄❄

Wilhelm Struckmeier, Jahrgang 1948, lebt in Hüllhorst-Oberbauerschaft.

Wir schrieben das Jahr 1953, ich war gerade fünf Jahre alt geworden. Es war Ende November, und an den Fenstern waren die ersten Eisblumen zu sehen. An so einem kalten Novembertag fragte meine Mutter mich, was das Christkind mir eigentlich zu Weihnachten bringen sollte.

„Eine Dreschmaschine", sagte ich spontan. Plastikspielzeug, muss man sagen, gab es zu dieser Zeit noch nicht so. Mein Vater setzte sich daher an seine Hobelbank und baute mir einen Holztrecker, eine funktionierende Dreschmaschine und einen Anhänger aus Holz.

Nun freute ich mich natürlich unwahrscheinlich auf das Weihnachtsfest. Bescherung gab es bei uns immer am Heiligen Abend. Würde das Christkind mir wohl so eine Dreschmaschine bringen? Ich konnte den Heiligen Abend kaum erwarten. Im Radio sangen sie „O du Fröhliche". Oma, Opa,

Die wiedergefundene Dreschmaschine, die einen Ehrenplatz im Hause Struckmeier einnimmt.

Mutter, Vater und ich saßen bei Kartoffelsalat und Bockwürstchen. Doch dann stand mein Opa auf. „Ich muss noch gerade in den Stall und den Kühen Heu geben", sagte er und ging.

Meine Spannung wurde immer größer. Doch dann läutete ein Glöcklein auf unserer Deele. Mein Opa kam in die Küche und sagte: „Ich hab gerade das Christkind weggehen sehen!"

Nun gingen wir alle in die gute Stube, und da stand ein wunderschöner, leuchtender Weihnachtsbaum und unter dem Gabentisch meine gewünschte Dreschmaschine.

Jahre vergingen. Die Dreschmaschine war verlorengegangen. 1973 jedoch, bei Umbauarbeiten, rief mich mein später geborener Bruder an. Er hatte meine alte Dreschmaschine auf einem Zwischenboden in unserem Elternhaus wiedergefunden. Seit 1973 hat sie nun einen Ehrenplatz in meinem Haus gefunden. Ich bin jetzt am 18. Dezember 59 Jahre alt geworden.

Der Mann, der ein Engel war

❄❄❄

Ingrid Gensberger stammt aus einer Flüchtlingsfamilie, die von Ostpreußen aus nach Westfalen gekommen ist. Sie wurde als jüngstes von drei Kindern am Weihnachtstag 1949 geboren und wohnt heute in Steinhagen.

Wenn Weihnachten naht, denke ich immer wieder an das Fest 1954 zurück. Dieses ist in meinem Gedächtnis verankert. Unsere Familie fand nach der Vertreibung aus Ostpreußen in Hiltrup (jetzt Münster) eine neue Heimat. Nachdem mein Vater im Frühjahr 1949 aus der sibirischen Gefangenschaft heimkehrte, wurde ich am 25. Dezember 1949 geboren.

Unsere Familie (Vater, Mutter, meine Schwestern, zehn und fünf Jahre alt, und ich als Neugeborenes) teilte sich eine Zweizimmerwohnung mit einer anderen Familie. Meine Eltern suchten also händeringend eine größere Bleibe.

Im März 1950 konnten wir endlich eine 45 Quadratmeter große Wohnung in der ersten Etage eines Zweifamilienhauses beziehen, die aus einer Wohnküche mit Waschbecken (Spülstein), einem kleinen Wohnzimmer und zwei winzigen Schlafzimmern bestand. Die Wohnung war nicht abgeschlossen, wie man es heute kennt, sondern man ging durch eine Hintertür und den Flur eine Holztreppe hinauf und hatte dann zur rechten Hand die Küchentür und geradeaus die Schlafzimmertür im Blick. Kam jemand zu Besuch, so klopfte er an die Küchentür. Eine Toilette gehörte natürlich auch zu der Wohnung. Diese befand sich im Erdgeschoss in einem Anbau, war unbeheizt und wurde mit der Familie des Hauswirtes (ebenfalls fünf Personen) gemeinsam benutzt. Ein Badezimmer besaßen wir nicht. Dazu wurde am Samstag die Küche mit einer Decke abgeteilt. Auf dem Kohleherd erhitzte unsere Mutter das Wasser und brachte es in einer kleinen Zinkwanne auf die passende Temperatur. So wurden wir Kinder der Reihe nach gebadet und anschließend ins Bett verfrachtet. Danach „badeten" die Eltern.

Unser Vater kam krank aus der Gefangenschaft zurück. Infolge einer Kopfverletzung litt er unter starken Kopfschmerzen und zeitweise unter epileptischen Anfällen. Außerdem hatte er in einem Gasangriff einen Lungenschaden erlitten, und durch einen Bauchschuss war seine Leberfunktion beeinträchtigt. Er durfte deswegen nicht mehr arbeiten. Trotzdem betreute er für einige Zeit im benachbarten Kloster mit daran angeschlossenem Krankenhaus die Heizanlage. Das Geld reichte für eine fünfköpfige Familie einfach nicht aus; von 200 D-Mark mussten allein 50 D-Mark für die Miete (ohne Nebenkosten) bezahlt werden. Deshalb wurden wir Kinder abends oft ins Krankenhaus zu den Nonnen geschickt, die uns mit Essensresten versorgten: Angebissene Brote wurden einfach abgeschnitten. So spürten wir Kinder, dass wir arm waren und unsere Eltern darunter sehr litten.

Als 1954 das Weihnachtsfest nahte, wussten meine Eltern nicht, woher sie das Geld für Geschenke nehmen sollten. An einen Festtagsbraten war schon gar nicht zu denken.

Am Abend vor dem 24. Dezember saßen wir Kinder mit unseren Eltern in der Küche. Ich hörte Schritte auf der Treppe, und schon klopfte jemand an die Tür. Ein junger Mann trat ein. Er war hochgewachsen, hatte blondes Haar und blaue Augen. Er trug einen großen Korb, den er auf den Tisch stellte. „Mit lieben Grüßen vom Christkind", sagte er. „Aber – bei wem können wir uns bedanken?", stammelte unsere Mutter. „Danken Sie dem lieben Gott", sagte der Mann lächelnd und ging. Nach einer Schrecksekunde lief unsere Mutter hinaus. Sie wollte dem Mann folgen, um sich bei ihm nochmals zu bedanken. Doch draußen war weit und breit niemand zu sehen. Autos fuhren zu der Zeit selten, und es war auch kein Motorgeräusch zu vernehmen. Ich wusste mit meinen fünf Jahren die Erklärung: „Das war bestimmt ein Engel!" Der junge Mann wurde in unserem Dorf tatsächlich nie wieder gesehen.

Als meine Eltern den Inhalt des Korbes anschauten, waren sie voller Freude. Neben einem Huhn (frisch geschlachtet und gerupft) gab es Eier, Honig, Marmelade, Wurst und Butter, Obst und Möhren und einen Kohlkopf. Das wurde ein himmlisches Fest! Der kleine Weihnachtsbaum war für uns Kinder das schönste Geschenk. Dazu konnten wir uns richtig satt essen. Zuerst gab es eine Hühnersuppe und danach gebratenes Huhn mit Kartoffeln und Gemüse. Wir dankten dem Christkind, wir dankten dem lieben Gott, der uns auf so wunderbare Weise beschenkt hatte. Bis heute denke ich zu Weihnachten an diesen Mann zurück, der für mich ein Engel war.

Ein herrlicher Duft

❄❄❄

Paula Großerhode, Jahrgang 1945, stammt aus Oelde-Menninghausen und wuchs auf dem elterlichen Bauernhof auf. Sie absolvierte eine Ausbildung als Textilverkäuferin in Oelde. Nach einer Berufszeit in Gütersloh heiratete sie und wurde Hausfrau und Mutter. Sie lebt heute in Ennigerloh und hat drei erwachsene Kinder.

Weihnachten hatte für mich als Kind immer einen ganz besonderen Duft. In unserem Haus und in der Kirche roch es anders als in der übrigen Zeit im Jahr. Ich wohnte auf einem kleinen Bauernhof – meine Eltern und sechs Kinder. Jeder von uns stellte am Heiligabend im Wohnzimmer einen Teller auf voller Erwartung, was es wohl dieses Mal Schönes gab. Der Ofen war noch schön warm. Dann gingen nach und nach alle ins Bett, nur mein ältester Bruder schlief manchmal mit dem Hund hinter dem Ofen ein, aber niemals am Heiligen Abend. Drei Kinder schliefen in einem Zimmer, am liebsten alle in einem Bett. Das war auch gut so, denn es war sehr kalt im Zimmer, so dass sich an den Fensterscheiben wunderschöne Eisblumen bildeten. Aber drei Kinder in einem Bett, das war schön warm!

Am nächsten Morgen konnten wir die Zeit kaum abwarten, also schauten wir abwechselnd durch eine kleine Öffnung neben dem Ofenrohr, denn das ging vom Wohnzimmer aus durch unseren Schlafraum und weiter in den Kamin. Sehen konnten wir nicht viel, aber – da war er – der schöne Geruch. Es duftete herrlich nach Apfelsinen und Gebäck. Nur ein Mal im Jahr gab es Apfelsinen – zu Weihnachten. Wir gingen ins Wohnzimmer. Mal sehen, was es sonst noch gab. Wir waren neugierig und etwas aufgeregt. Ach ja, handgestrickte Strümpfe und Handschuhe. Für meinen Vater hatte ich in der Schule einen Schal gestrickt. Patentmuster. Für die kleineren Geschwister gab es Bauklötze. Auch Äpfel, Nüsse, Plätzchen, Apfelsinen und Schokolade lagen auf jedem Teller. Das war unsere Bescherung.

Dann wurde es aber Zeit für die Kirche. Meine Eltern hatten die Kühe schon gemolken, danach ging ich mit meiner Mutter in die drei Kilometer entfernte Kapelle. Das war morgens um 7 Uhr, denn die Messe begann um 7.30 Uhr. Wir nahmen jeweils unseren Muff mit, denn es war eisig kalt. Frühstücken durften wir nicht, denn wir mussten nüchtern bleiben, da wir zur Kommunion gehen wollten. Eine Woche vor Weihnachten mussten bereits alle beichten, das war vielleicht ein Andrang! Vor dem Beichtstuhl bildeten sich lange Schlangen, und es ging immer abwechselnd rechts oder links in den Beichtstuhl. Ich war immer etwas aufgeregt. Meine Sünden hatte ich auswendig gelernt, ich habe immer das Gleiche gebeichtet, aber irgendwie passte das auch immer.

Wir betraten die Kapelle und saßen stets in der gleichen Bank. Neben mir saß auch immer die gleiche Bäuerin, sie hatte sogar ein Namensschild auf der Bank wegen der Bankmiete. Aber heute, an Weihnachten, hatte sie ihren Pelzmantel an, und der roch schrecklich nach Mottenpulver. Kurze Zeit später lief ihre Nase und als sie das Taschentuch herausnahm, roch es nach 4711. Diese Gerüche habe ich nie vergessen.

Die Messe dauerte über eine Stunde und wurde teilweise in lateinischer Sprache gehalten. Meine Eltern sprachen plattdeutsch, das haben wir Kinder natürlich auch alle gelernt. Ich habe eine dörfliche Volksschule besucht und dort nie ein Wort Latein gelernt, trotzdem kann ich mich noch an viele Wörter erinnern. Zum Beispiel: Dominus vobiscum, Et cum spirito tuo, Oremus, Per omnia saecula saecolaorum oder das Tantum ergo. Wenn man mich jedoch nach der deutschen Übersetzung fragt – ich weiß es immer noch nicht. Plötzlich gab es einen Knall in der Kirche, da war jemand zusammengebrochen. Nicht alle Leute überstanden die Messen, denn sie waren alle nüchtern, die Kirche war voll besetzt, und die Luft war schlecht. Als wir wieder zu Hause ankamen, gingen mein Vater und meine Geschwister zur Kirche, um 9.30 Uhr begann das Hochamt. Das war sehr feierlich, und die Luft in der Kirche war stark mit Weihrauch durchzogen. Auch zu dieser Messe ging man nüchtern, wenn man zur Kommunion wollte. Deshalb kippten auch während des Hochamtes einige Gläubige um, die wurden dann herausgetragen.

Meine Mutter und ich kümmerten uns währenddessen um das Mittagessen. Weihnachten gab es immer einen Braten, den hatte meine Mutter Anfang Dezember beim Schlachten angebraten und dann eingekocht. Jetzt kam er in den Topf. Und da war er wieder – der weihnachtliche Duft! Er zog durchs ganze Haus, es roch so lecker! Dazu gab es Rotkohl aus unserem Garten und Kartoffeln, die wir Kinder im Herbst aufgesammelt hatten. Zum Nachtisch gab es Vanillepudding mit Himbeersoße. Alles roch gut und schmeckte lecker.

Am späten Nachmittag wurden die Kerzen am Tannenbaum angezündet und Weihnachtslieder gesungen. Das war nicht immer perfekt, die Brüder im Stimmbruch, die anderen Geschwister zu klein. Aber mitgesungen haben trotzdem alle. Manchmal nahm mein Vater die Ziehharmonika, und dann klappte es wunderbar. Auf diese Weise haben wir alle Weihnachtslieder auswendig gelernt. Am Sonntag darauf kamen die Nachbarn zu Besuch. Es gab Plätzchen, und es wurden wieder Weihnachtslieder gesungen. Das wiederholte sich an den darauffolgenden Sonntagen bei sämtlichen Nachbarn bis Lichtmess am 2. Februar. Wir Kinder waren immer dabei.

Dann nadelte die Tanne so stark, dass fast alle Nadeln unter dem Baum lagen. Also wurden alle Zweige kleingeschnitten und im Ofen verbrannt. Da war er dann noch ein letztes Mal – der herrliche Weihnachtsduft! Die Plätzchen waren inzwischen auch alle aufgegessen!

Emmy, meine wunderschöne Puppe

❄❄❄

Margot Rischar, Jahrgang 1949, ist als mittlere von drei Töchtern in Borghorst geboren und aufgewachsen. Die gelernte Großhandelskauffrau arbeitete lange Jahre in einem Architekturbüro und später (1995-2005) in der Geschäftsstelle der Westfälischen Nachrichten. Die Mutter von zwei Kindern ist heute Rentnerin. Sie lebt in Steinfurt-Borghorst.

Ganz besonders gern erinnere ich mich an ein Weihnachtsfest im Jahre 1957, damals zählte ich acht Lenze. In der Vorweihnachtszeit war es Tradition, sonntags nach dem Nachmittagskaffee einen Spaziergang durch die Stadt zu machen. Vor unserem Spielwarengeschäft hielten wir uns dann auch länger auf als sonst. Hier gab es so viele schöne Sachen, die man sich alle gern gewünscht hätte. Plötzlich entdeckte ich eine wunderschöne, große Puppe. Diese fand ich super, denn ich hatte keine eigene Puppe. Meine Puppe (49 Zentimeter groß) hatte ich samt dem Namen Ruth von meiner sieben Jahre älteren Schwester geerbt, wie alle meine Spielsachen. Mein Wunsch stand fest, diese tolle Puppe sollte es sein und nichts anderes. Meine Eltern nahmen dies zur Kenntnis, meinten aber sofort, mein Wunsch sei zu teuer. Sie kostete nämlich stolze 78 Mark, diesen hohen Preis konnte ich damals noch nicht einordnen. Mit Ruth war ich nämlich nicht gerade zimperlich umgegangen. Ich hatte ihr leider die Nase und ein paar Finger abgebissen. Ich denke mal, aus Wut und Verzweiflung, denn ich hatte bis dato noch nie ein eigenes Spielzeug bekommen. Also konnte ich wirklich gut eine neue Puppe gebrauchen.

Am nächsten Adventssonntag ging es wieder durch die Stadt. Ich lief schon vor, um noch mehr Zeit bei „meiner Puppe" zu verbringen. Meine Nase drückte ich an der Schaufensterscheibe platt und hatte nur Augen für diese tolle Puppe. Nur zögerlich konnte ich mich von ihr trennen. Im Geiste fuhr ich sie schon ganz stolz in meinem ebenfalls geerbten Puppenwagen spazieren. Auch die neidischen Blicke der anderen Puppenmuttis konnte ich mir schon genau vorstellen. Einen Namen hatte ich mir auch bereits ausgesucht, „Emmy" sollte sie heißen.

Der dritte Adventssonntag führte wieder in die Stadt. Mit einem Kribbeln im Bauch näherte ich mich dem Schaufenster. Ach nein, mir stiegen die Tränen in die Augen, „meine Emmy" war nicht mehr da. Jetzt konnte ich es nicht mehr verbergen, die Tränen flossen in Strömen. Ich war bitter enttäuscht. Mama und Papa versuchten mich zu beruhigen. Es gäbe noch so viel schöne Puppen, ich solle doch noch mal in Ruhe schauen, welche mir denn auch wohl gefiele. Aber für mich brach eine kleine Puppenwelt zusammen. Ich wollte auch gar nicht mehr, dass das Christkind Heiligabend überhaupt noch zu uns kommt. Aber am 24. Dezember hatte ich meine Meinung geändert, fieberte der Bescherung entgegen und war dann trotzdem so aufgeregt wie in jedem Jahr. Gegen 18 Uhr wurde in der Küche zu Abend gegessen. Ich bekam keinen Happen runter. Mir wurde gedroht, wenn ich nicht esse, würde das Christkind nicht zu uns kommen. Aber das wollte ich nun doch nicht und versuchte eisern, mir etwas runterzuwürgen. Denn irgendwie war ich jetzt doch gespannt, was ich denn wohl geschenkt bekam. Als meine Eltern bemerkten, dass ich zu würgen begann und kreidebleich abzog, erlaubten sie mir, nicht mehr weiter zu essen.

Dann war es endlich soweit: Das Christkind kam! Ein Glöckchen im Flur klingelte, ich wusste, jetzt ist „es" in unserem Wohnzimmer. Meine Eltern hatten mich auch gewarnt, wenn ich die Küche verlasse oder durchs Schlüsselloch schaue und das Christkind sehen würde, käme es nie mehr wieder ins Haus. Als nun wieder das Glöckchen ertönte und die Haustür ziemlich laut zugezogen wurde, gingen meine Eltern herüber und öffneten die Tür des geheimnisvollen Zimmers. Meine Schwester und ich folgten neugierig. Ein herrlicher Tannenduft erfüllte unsere gute Stube, die nur zu Weihnachten, Ostern, Namenstag (Geburtstage feierten wir damals nicht, weil wir katholisch waren) oder zu ganz besonderen Anlässen benutzt wurde. Die echten Kerzen am Weihnachtsbaum hatte das Christkind angezündet. Die lange Wartezeit war nun „Gott sei Dank" beendet. Ich sah aber keine Puppe. Mein Herz klopfte sehr heftig. Also: keine Puppe! Die Tränen waren schon wieder im Anmarsch. Ich lief suchend durchs Zimmer und da, im Sessel, saß „meine" Emmy. Ich war überglücklich. Sie war die Schönste auf der ganzen Welt, nagelneu und wirklich nur für mich. Diese echte Schildkrötpuppe mit einer stolzen Größe von 70 Zentimetern trug ein wunderschönes rosa Kleidchen, einen weißen Petticoat, eine Unterhose mit Spitze, Söckchen und tolle weiße Schühchen. Ich hatte meine Emmy. Ich nahm die wunderbare Puppe in meine Arme, und plötzlich stellte ich freudig überrascht fest: Emmy konnte sogar „Mama" sagen, wenn man sie vor und rückwärts bewegte. Ich war das glücklichste Kind auf Erden. Allerdings konnte ich Emmy nicht mit ins Bett nehmen, da ich noch im Kinderbett schlief, und dort war leider für Emmy kein Platz mehr. Aber sie musste wenigstens mit ins Schlafzimmer. Ich setzte sie auf meinen Stuhl, und so konnte ich sie wenigstens anschauen. Dieses Weihnachtsfest war für mich das schönste und spannendste in meiner Kindheit.

Übrigens erzählte meine Mutter mir später, dass die Anziehsachen meiner Emmy von unserer Nachbarin „Tante Lisbeth" genäht wurden. Sie hatte übrigens auch jedes Jahr das Christkind für uns gespielt, solange wir daran glaubten. Weil ich mich noch genau daran erinnere, wie feierlich und spannend das jedes Mal war, haben wir dieses Ritual auch nachher bei unseren Kindern sowie unseren zwei Enkelkindern weitergeführt. Übrigens: Emmy wohnt immer noch bei uns und sitzt nach wie vor in ihrem heute bereits nostalgischen Puppenwagen. Sie ist auch nicht angebissen. Ich bin ganz fürsorglich mit ihr umgegangen und liebte sie heiß und innig. Ihre erste selbst genähte Kleidung gibt es nebst modernen schönen Sachen auch heute noch. Allerdings war Emmy, auf die ich auch heute noch ganz stolz bin, vorsichtshalber während der Zeit, als unsere zwei Söhne klein waren, bei meinen Eltern. Sicher ist sicher!

Der schönste aller Weihnachtsbäume

❄❄❄

Rita Maria Kiepe, geb. Reiling, Jahrgang 1953, ist als ältestes von fünf Kindern in Lette-Dorf aufgewachsen. Die Gymnastiklehrerin und Mutter von zwei Söhnen lebt heute in Wülfrath.

Es war im Dezember 1958 – an einem kalten Wintertag kurz vor Weihnachten. Meine Mutter und ich hatten in der Stadt Coesfeld verschiedenste Einkäufe getätigt. Zum Aufwärmen ging es noch kurz zu „Herlitzius" (Fachgeschäft für Solinger Stahlwaren) hinein, deren Besitzerin eine gute Bekannte meiner Mutter war. Im Innenhof dieses Geschäftes stand das Fahrrad meiner Mutter. Sie hing links und rechts eine volle Einkaufstasche an den Lenker, und dann hieß es für mich „ab auf den Gepäckträger". Mit einer Hand hielt meine Mutter das Rad, mit der anderen drückte sie ein Sofakissen auf den Gepäckträger und ich nahm darauf Platz. Zuvor hatte ich noch so kleine Stege ausgeklappt, worauf ich die Füßchen stellen konnte.

Ich war fünf Jahre alt und bereits Besitzerin eines tollen Dreirades, aber die Strecke nach Coesfeld und zurück war nur „hintendrauf" zu bewältigen, so sagten die Erwachsenen. So fuhren wir los – die uns bekannte Strecke Coesfeld-Lette. Allerdings muss ich hinzufügen: In den fünfziger Jahren glich die Straße 474 eher einer Landstraße und natürlich ohne Rad- und ohne Fußweg. Die Autos sausten dicht an uns vorbei!

Inzwischen war es dunkel geworden und sehr, sehr kalt. Ganz dicht drückte ich mich an den Wollmantel meiner Mutter. Ich spürte, wie sie sich beim Fahren anstrengen musste, da uns ein eiskalter Wind entgegenblies. Wenn wir doch nur schon zu Hause wären! Ich verfiel ins Träumen. Ja, wovon träumt ein fünfjähriges Mädchen in rabenschwarzer Nacht, so kurz vor Weihnachten? Wie von Ferne hörte ich ab und zu meine Mutter schimpfen, wenn wieder ein großer Lastwagen so nah an uns vorbeigesaust war und uns fast, samt Fahrrad, umgeschmissen hätte. Aber ich hatte vollstes Vertrauen in die Fahrkünste meiner Mutter, denn meistens hatte sie vorne ja auch noch meinen kleinen Bruder auf dem Rad.

Plötzlich ein Ruck, und Mutter sprang vom Rad, fast wäre ich von meinem Sitz gefallen. Vorsichtig kletterte ich runter. „Oje, oje, da liegt was quer auf der Straße", hörte ich meine Mutter rufen. Vorsichtig ging ich etwas vor, um besser sehen zu können. Ich traute meinen Augen kaum: „Mama, ein Weihnachtsbaum, ein richtiger, großer, schöner Weihnachtsbaum. Den hat das Christkind für uns dahin gelegt!" Schnell guckte ich die Gegend ab und blickte zum Himmel – hatte ich nicht gerade noch was gesehen, etwas gehört? Meine Mutter stand noch immer still da mit dem Rad in der Hand, während ich versuchte, mit aller Kraft, den Baum ganz an den Rand zu ziehen. „Der Weihnachtsbaum ist für uns, den nehmen wir mit!" Bis heute weiß ich nicht mehr, wie wir zwei es geschafft haben, diese etwa zwei Meter große Edeltanne auf Mutters Fahrrad zu hieven. Irgendwie ist es uns gelungen. Mehrmals versuchte ich, mich oben auf den Baum zu setzen, das gelang allerdings nicht. So wies mich meine Mutter an, hinter dem Rad herzulaufen. „Schön an den Zweigen festhalten, damit ich dich nicht verliere!" Und sie wiederum griff durch die Zweige an den Lenker - und so schoben wir los, fast fünf Kilometer. Aber ich wollte die kalten Hände und Füße nicht wahrhaben. Ich war überglücklich und fest davon überzeugt, dass das Christkind den Baum genau für uns dahingelegt hatte – und das gab mir die Kraft, den weiten Weg hintern Rad meiner Mutter her zu tippeln.

Zu Hause angekommen, wurden wir schon längst erwartet und ungehalten begrüßt, aber das war mir egal, hatte ich doch fast noch das Christkind gesehen und vor allem den schönsten aller Weihnachtsbäume nach Hause gebracht!

Mein wunderschönes Fahrrad

❆❆❆

Gabriele Hölzl, Jahrgang 1945, ist in Meiningen geboren und in Berlin und Osnabrück aufgewachsen. Die Mutter von Zwillingen, lebt heute in Ibbenbüren, wo sie als Lehrerin arbeitet.

Das Fahrrad hatte ich im Sommer bereits entdeckt. Es stand grausilbrig leuchtend im Schaufenster eines Fahrradgeschäftes in der Nähe unseres Hauses. Das Rad stand direkt hinter der großen, stets von Kinderhänden befingerten Glasscheibe. Was für ein tolles Fahrrad! Modern, Sportlenker, schmaler Sattel, Gangschaltung. Ein Rad für mich! Bisher benutzte ich immer das alte Hollandrad meiner Großmutter. Das war schwarz und schwer und hässlich. Dabei war ich doch schon dreizehn Jahre alt und hatte immer noch kein eigenes Fahrrad. Zu dieser Zeit war ich nicht das einzige Kind, welches sich ein Rad mit anderen Familienangehörigen teilen musste.

Von diesem Tage an bereicherten meine Fingerabdrücke diese Fensterscheibe, denn täglich besuchte ich „mein" Fahrrad. Da mein Geburtstag gerade vorbei war, wollte ich es mir zu Weihnachten wünschen. Eine andere Möglichkeit gab es damals nicht. Meine Mutter kaufte das Rad, hielt die Aktion aber geheim. Das Rad blieb weiterhin hinter der Scheibe. Als ich in den nächsten Wochen meine Mutter immer intensiver mit dem Radwunsch nervte, platzte ihr eines Tages der Kragen: „Kein Wort mehr über das Rad!" Es gab kein Wort mehr, kein Flehen, keine Bitten, keine Fragen. Zwischen heimlicher Hoffnung und trauriger Resignation durchlebte ich den Herbst und die ersten Winterwochen bis Weihnachten. Das Rad stand im Laden. Immer noch.

Meine Mutter und ich wohnten in der oberen Etage eines kleinen Hauses, die Großeltern in der unteren. So konnte meine Mutter problemlos als Ärztin arbeiten, da meine Großmutter sich um mich kümmerte. Für das häusliche Weihnachten war meine Großmutter verantwortlich. Mein Großvater und ich waren nur für den Weihnachtsbaum zuständig. In diesem Jahr hatte es – ausnahmsweise – keinen Ärger um den Baum gegeben. Meine Großmutter hatte die Fichte lange und kritisch beäugt und für schön befunden. Am Vorabend vor Weihnachten hatten wir den Baum geschmückt.

Heiligabend: Keiner, nicht mal mein Großvater, durfte das Wohnzimmer betreten. Nach dem Kirchgang zogen Großvater, Mutter und ich nach oben. Unser Tag der Hausmusik war angesagt. Meine Mutter setzte sich an das Klavier, Opi saß etwas entfernt im Sessel, ich saß zuerst neben meiner Mutter. Wir spielten zwei, drei leichte Weihnachtslieder vierhändig. Auch in diesem Jahr klappte das Spiel nicht sehr gut. Mein Großvater, der genau so unmusikalisch wie ich war, merkte die Fehler nicht, auch, weil er lauthals mitsang.

Unten bereitete die Großmutter die Bescherung vor. Hier wurde noch ein selbstgestrickter Pullover drapiert, dort die gestickte Tischdecke ausgebreitet. Omi verbesserte mit Inbrunst und Liebe die Anordnung. Das Geschenk von Tante Elfriede konnte etwas weiter nach hinten gelegt werden, ihre Enkelin würde es nicht würdigen. In diesem Jahr stand das Fahrrad – mein Fahrrad – neben dem Weihnachtsbaum.

Oben waren wir bei den bekannteren Weihnachtsliedern angekommen. Ich stand nun neben meiner Mutter und sang laut und fröhlich und falsch. Meine Mutter begleitete Opis und meinen Gesang am Klavier. Die ersten Strophen kannten wir alle auswendig, die letzten nicht richtig, manche gar nicht. Dadurch gerieten die Refrains und neue Strophen mal durcheinander. Omi war fast fertig. Sie hatte alle Geschenke zu ihrer Zufriedenheit arrangiert. Oben spielten wir das letzte Lied, „Stille Nacht, Heilige Nacht". Wir hatten uns zum Crescendo gesteigert, wetteiferten stimmlich und am Klavier um den ersten Platz. Omi zündete unten die Kerzen am Baum an.

Zweite Strophe: Beim Anzünden der letzten Kerze kippte das Fahrrad plötzlich in den Weihnachtsbaum. Omi fing gerade noch das Rad und den kippenden Baum mit zwei Händen auf, beide weit von sich gestreckt. Dritte Strophe: Omi rief um Hilfe, erst laut, dann schreiend laut. Wir waren lauter. Wir hatten uns zu einem furiosen Schlussakkord in Rage gesungen und gespielt, obgleich im Notenheft ein Legato vermerkt war, wo sogar ein Piano angebracht gewesen wäre: „Da uns schlägt die rettende Stund' ...".

Genau in diesem Moment hörte meine Mutter die Schreie. Sie ahnte die Zusammenhänge, rannte die Treppe hinunter und rettete meine Großmutter vor der totalen Verzweiflung und uns vor einem Zimmerbrand. Opi und ich hatten noch den lauten Schall des Liedes in den Ohren. Wir wunderten uns ein wenig.

Gerettet, nicht durch das Schlagen der Stunde, wie im Lied angekündigt, sondern durch das beherzte und ruhige Agieren der beiden Frauen. Etwas später ertönte das Bescherungsglöckchen. Mein Großvater schritt und ich hüpfte die Treppe hinab. Wir betraten das Wohnzimmer. Ich sah weder, dass meine Großmutter sehr blass aussah, noch, dass einige Geschenke etwas durcheinander lagen, noch, dass nicht alle Kerzen am Baum brannten, ich sah nur – mein wunderschönes Fahrrad!

Der Weihnachtsmann war schon da!

❋❋❋

Annegret Spilker, Jahrgang 1954, ist in Lübbecke geboren. In einer vierköpfigen Familie wuchs sie in Hille auf, wo sie auch heute noch lebt. Frau Annegret Spilker ist Sozialarbeiterin. Sie ist verwitwet, hat zwei erwachsene Kinder und ein Pflegekind.

Mit Weihnachten verbinde ich eine schöne Zeit, die unbeschwerte Kindheit in einem alten Fachwerkhaus, wo Mensch und Tier friedlich beieinander lebten. Meine Schwester und ich hatten damals das Schlafzimmer, oder, besser gesagt, die Schlafkammer, direkt neben der Pferdebox und den Stallungen. Mein Vater war Landwirt, und das Leben von den geringen Mitteln, die auf dem kleinen Betrieb erwirtschaftet werden konnten, war schwer. Wir hatten nicht viel Geld, aber es war ein wesentlich angenehmeres Leben als heute, wo ich in geordneten Verhältnissen lebe. Das verbinde ich auch heute noch mit Weihnachten.

Ich denke an eines dieser Weihnachtsfeste, es muss 1958/59 gewesen sein. Meine Mutter hatte mir erzählt, dass in wenigen Tagen der Weihnachtsmann mit seinen Gaben zum Fest kommt. Wie immer freuten wir – meine Schwester und ich – uns sehr auf den Heiligen Abend. Doch nun passierte meiner Mutter ein Malheur. Sie ging ins Schlafzimmer und suchte etwas im Wäscheschrank. Bei dem Durchwühlen fielen der Teddybär und die Puppe auf den Boden. Der Teddybär brummte, und die Puppe sprach: „Mama, Mama". Das hatte ich gehört, und meine Mutter hatte alle Mühe, mich vom Schlafzimmer fern zu halten. „Mama, der Weihnachtsmann war schon da!", rief ich, denn ich hatte mir eine Puppe und meine Schwester sich einen Teddybär gewünscht. Ich hatte die Stimmen gehört, immer und immer wieder erzählte ich es.

Während der nächsten Tage war das Schlafzimmer meiner Eltern abgeschlossen, das stellte ich bei meinen Versuchen, dort nachzuschauen, fest. Oft fragte ich meine Mutter, ob sich der Weihnachtsmann darin eingeschlossen habe, aber ich erhielt immer nur zur Antwort: „Der Weihnachtsmann wird nicht mehr wiederkommen, wenn du nicht artig bist." Ich war sehr neugierig, denn ich wusste, dass da irgendetwas nicht stimmte. Täglich schaute ich mehrmals durch das Schlüsselloch, aber ich konnte leider nichts Auffälliges entdecken.

Endlich war Heiligabend, der Tag, an dem es die Bescherung gab. Wir gingen zunächst in die Kirche, und nach der Rückkehr mussten wir Kinder das Wohnzimmer verlassen, weil irgendwann der Weihnachtsmann kam, so wurde es uns erzählt. Die Tür öffnete sich, und vor uns stand ein hell erleuchteter, geschmückter Tannenbaum mit den Weihnachtstellern und den Geschenken darunter. Es war ein wunderschöner Moment, an den ich auch heute noch gern zurückdenke und bei dem für mich die Zeit ein wenig stehen geblieben ist. Noch heute habe ich keine elektrischen Kerzen, sondern verwende Wachskerzen, um den Tannenbaum zu schmücken.

Doch nun zurück zur ursprünglichen Weihnachtsgeschichte: Die Feier konnte nun beginnen. Wir sangen Weihnachtslieder, hörten Weihnachtsgeschichten und knabberten genüsslich von unseren Tellern. Noch immer gab es keine Geschenke, denn zunächst wurde noch miteinander gegessen, und erst zu später Stunde kam es zum Höhepunkt, der Bescherung. Schnell öffnete ich mein Geschenk, und es war, wie erwartet, eine Puppe, und meine Schwester erhielt den Teddybären. Mutter erklärte uns nun, dass der Weihnachtsmann in diesem Jahr schon eher gekommen sei. Doch ich war skeptisch, denn wie konnte es sein, dass der vielbeschäftigte Mann zu uns einige Wochen eher gekommen war. Dieses Erlebnis war für mich der Beginn, an der Geschichte vom Weihnachtsmann zu zweifeln. Aber dennoch dauerte es einige Jahre, bis ich den Kindheitstraum, die Geschichte vom Weihnachtsmann, endgültig aufgab. Es war doch zu schön, dieses Geheimnis jedes Jahr zu Weihnachten wieder zu hören und mitzuerleben.

Das Weihnachtszimmer

❄❄❄

Ursel Heinz, Jahrgang 1943, ist evangelische Pfarrerin, jetzt im Ruhestand, und lebt heute in Herten.

Wir besaßen eine „Gute Stube". Das ganze Jahr über führte sie ein belangloses, um nicht zu sagen „unnützes" Dasein, war meistens sogar verschlossen. Nur an Sonntagnachmittagen, wenn Besuch kam, wurde sie geöffnet. Und die Besucher saßen dann steif mit geradem Rücken um den Tisch und tranken ernsthaft ihren Kaffee, und man sah ihnen an, wie viel lieber sie gemütlich auf den bequemen Küchenstühlen um den Küchentisch gesessen hätten oder – im Sommer – auf der Bank in der Laube. Aber das ging natürlich nicht, denn wenn man eine gute Stube besaß, war man es seinen Gästen schuldig, sie darin zu bewirten.

Einzig um die Weihnachtszeit entfaltete die Gute Stube ein geschäftiges und wichtiges Leben. Sie hieß dann „Das Weihnachtszimmer". Nicht, dass sie nicht auch in diesen Tagen verschlossen gewesen wäre. Sie war sogar noch hermetischer abgeschlossen als in der übrigen Zeit des Jahres. Aber hinter den verschlossenen Türen bereitete sich, wie Geräusche und Lichtschein anzeigten, Wichtiges vor. In der Guten Stube stand ein kleiner gusseiserner Ofen, und das Klappen und Bangen der Ofentür, das Rütteln des Rostes und das Schieben des Aschekastens bewiesen, dass er für weitere Benutzung gereinigt und befüllt wurde. Schließlich verschwanden große Kästen mit Holz und Kohle in dem Zimmer, das nun „Das Weihnachtszimmer" hieß. Und als gar ein Baum hineingeschleppt wurde, war klar, dass es auf die wunderbare Begebenheit zuging, welche „Die Bescherung" genannt wurde.

Die verheißungsvolle Unruhe in der Guten Stube ging einher mit gesteigerter Geschäftigkeit in der Küche. Aus der waren schon seit Wochen appetitliche Gerüche gedrungen. Nicht, dass wir mehr als Gerüche mitbekommen hätten, vielleicht mal ein Plätzchen „zum Probieren". Aber kaum waren die Köstlichkeiten ausgepackt, waren sie auch schon wieder verschwunden. Ich vermutete: im großen Schrank im Weihnachtszimmer, das wohl deswegen so fest verschlossen war, um all die Leckereien zu behüten. In den Tagen vor Weihnachten steigerte sich die Unruhe im Weihnachtszimmer. Der Ofen schickte seine Wärme durch die Ritzen. Sägegeräusche, unterdrückte Stimmen und Lichtschein bis tief in die Nacht zeigten an, dass der Baum aufgestellt und geschmückt wurde.

Und dann, endlich, nach einem endlosen Tag und einem noch endloseren Nachmittag war es so weit. Das Glöckchen klingelte und „Die Bescherung" begann. Ich durfte in das Weihnachtszimmer eintreten. Eine Woge von Duft und Licht empfing mich. Ich tauchte ein in Licht. So empfand ich es, und wenn ich mir später einmal das himmlische Paradies vorstellen sollte, so erschien es mir wie das Weihnachtszimmer meiner Kindheit. Am liebsten wäre ich ja gleich zu meinen Geschenken gestürzt, aber das durfte ich nicht. Auch „Die Bescherung" hatte Ritual und ihre Ordnung. Die Weihnachtsgeschichte musste gelesen, ein Gedicht von mir aufgesagt und gemeinsam ein Lied gesungen werden. Und dann wurde erst einmal gegessen. Aber so viel hatte ich schon mit einem Blick mitbekommen, dass da auf dem Tisch neben den „Bunten Tellern" meine Puppe Grete saß – in wiederhergestellter Gesundheit und in einem neuen Kleid. Ein paar Wochen vor Weihnachten hatte sie zum Puppendoktor fahren müssen. Diese Kur hatte ich eingesehen, denn ein Arm hing der armen Grete baumelnd herab, und auch ihre rosige Gesichtsfarbe hatte sie verloren. Jetzt winkte sie wieder mit beiden Armen, hatte rosige Wangen und freute sich über ein neues Kleid und neue Schuhe. Aber noch durfte ich sie nicht in die Arme schließen, denn zunächst wurde gegessen, diesmal allerdings in der Küche, da ja der Tisch im Weihnachtszimmer mit den Geschenken und Bunten Tellern belegt war. Da sich alle auf das Naschen von den „Bunten Tellern" freuten, war es am Weihnachtsabend nicht so streng mit dem Aufessen von Braten, Kartoffeln und Gemüse. Die Portionen, die auf dem Teller landeten, waren deutlich kleiner, um noch Platz zu lassen für Plätzchen und Schokolade. Nach dem Essen stürzte nicht nur ich in das Weihnachtszimmer, auch die Erwachsenen waren begierig zu sehen, was ihnen das „Christkind" gebracht hatte und – es war die Zeit nach dem Krieg – welche Süßigkeiten auf ihren bunten Tellern lagen. Das Christkind hatte gewusst, dass meine Muter einen Pullover und ich eine Mütze brauchte. Meinem Großvater hatte es eine Pfeife gebracht, die er nach Aussage meiner Großmutter keineswegs brauchte. Indessen konnte meine Großmutter den Kochtopf, den sie fand, wohl gebrauchen, schien aber, nach ihrem Gesichtsausdruck zu schließen, diese Gabe des Christkinds nicht sehr hoch zu schätzen. Ich hatte meine Puppe Grete im Arm.

Sie freute sich genauso wie ich, dass wir wieder zusammen waren, und so gingen wir gemeinsam schlafen.

Am nächsten Morgen schlich ich mich, noch bevor die Erwachsenen aufgestanden waren, mit Grete ins Weihnachtszimmer. Sie sollte den Geruch riechen, und ich wollte sehen, ob noch alles vorhanden war. Ich wollte mir den Weihnachtsbaum in Ruhe anschauen – die Kerzen, die Eiszapfen aus Glas, die glänzenden Kugeln, den Behang von Lametta und Engelshaar. Ich fand auch das Glöckchen, das zur Bescherung geläutet hatte. Es zu schütteln wagte ich nicht, schließlich wollte ich niemanden aufwecken. So habe ich es nur meiner Puppe Grete gezeigt.

Ich habe mich noch manchmal, auch später, als der Weihnachtsbaum schon abgeräumt war, in die Gute Stube geschlichen, die nun wieder „Gute Stube" hieß, wann immer ich während des Jahres den Raum offen fand. Ich habe in den Ecken geschnuppert und gesucht ob, verborgen in den Winkeln, noch etwas von dem Weihnachtsgeruch vorhanden war. Und richtig! Wenn ich genau hinspürte, konnte ich den Weihnachtsgeruch auch lange nach Weihnachten noch in diesem Zimmer riechen. Er war da, er haftete, und dieser Geruch war es, der die Gute Stube davor bewahrte, ein langweiliger und unnützer Raum zu werden: Sie wartete wieder auf Weihnachten.

Die weihnachtliche Zerreißprobe

❄❄❄

Käthe Röhrig, Jahrgang 1935, wuchs mit vier Geschwistern im rheinländischen Hersel auf und lebt heute in Erwitte-Merklinghausen.

Zum Weihnachtsfest hatten sich die Kinder einen Schallplattenapparat gewünscht. Die Eltern kamen den Wünschen der Kinder nach. So fiel dann die Wahl, unter der Fülle der Angebote, auf einen 35 mal 35 mal 13 Zentimeter, in braunes Kunstleder gebundenen, tragbaren Markenapparat. Er sah wirklich aus wie ein kleines Reiseköfferchen. Platzsparend, leicht und bequem zu tragen. Einfach handlich, wie man so sagt. Für alle Familienmitglieder geeignet. Gleichzeitig auch die passenden Platten dazu: den Söhnen die Songs der Beatles, den Eltern Julia Migenes' festliches Weihnachtskonzert.

Alles war super verpackt, der Plattenspieler im Originalkarton, nicht mehr kontrolliert. Die Platten mit Schleifen versehen, hübsch in Geschenkpapier gebunden. Dann kam der Heilige Abend. Alles war gerichtet, der Karton unter dem Tannenbaum versteckt, die Platten waren den Weihnachtstellern zugeordnet. Nun fand die Bescherung statt. Die Kinder hielten ihre Beatlesplatten in der Hand und suchten nach dem Schallplattenapparat dazu. Ganz überrascht waren sie über das kleine Köfferchen. Das sollte ein Plattenspieler sein?

Erwartungsvoll stellte sich die Familie um den dunklen Kasten. Spannend klappte der Vater den Deckel hoch und legte erst einmal Mutters Weihnachtskonzert auf. Vorsichtig hob er den Seitenarm mit der Nadel an und legte ihn auf die Platte. Alle horchten hin! Nur, was ist das? Es rührte und bewegte sich nichts. „Dann lass mich mal sehen", meinte der älteste Sohn, schaute nach dem Elektrokabel und dem Stecker. Wieder zurück den Nadelarm, dann wieder auf die Platte gelegt, aber es bewegte sich nichts und es kam kein Laut heraus.

„Du musst doch erst einmal laut stellen!", bemerkte der Bruder nervös. Wieder am Knopf gedreht, bis es nicht mehr ging. Die Platte drehte sich nicht und gab auch keinen Ton von sich. „Irgendetwas machen wir nicht richtig, aber was?", meinte der Vater fragend. Die Gebrauchsanweisung wurde hervorgekramt, alles nach Vorschrift gehandhabt. So oft man es auch wiederholte, trotz der genauen Anleitung, es tat sich nichts. Der Kasten blieb stumm wie ein Fisch.

„Er ist defekt!", äußerte deprimiert der Jüngste. „Er tut es nicht und es kommt auch keine Musik heraus", und legte seine Platte an die Seite. Die Mutter besänftigte: „Wozu haben wir ein Radio? Wenn sie auch keine Beatlesmusik spielen, so werden wir heute Abend klangvolle Weihnachtslieder hören. Das ist doch Heiligabend sehr schön. Wir werden den Schallplattenapparat reklamieren!" Hilflos standen alle um den Koffer herum, fingerten hier hin und da hin. Er kam nicht in Gang. Unschlüssig klappte der Vater den Deckel zu. „Ich weiß keinen Rat, die Mutter hat recht, wir werden ihn reklamieren!" So wurde das Weihnachtsgeschenk wieder verpackt, die Quittung gesucht und der Apparat weggestellt. Ja, erst war es etwas traurig und deprimierend, als dann aber doch die alten Weihnachtslieder aus dem Radio erklangen, war die Enttäuschung überwunden.

Nach den Feiertagen fuhren die Eltern mit dem Schallplattenapparat in die Stadt. Der Verkäufer starrte sie entgeistert an und sagte: „Was, der soll defekt sein? So ein tolles Markengerät? Dann wollen wir mal nachsehen". Er hakte den Deckel auf, steckte den Stecker in die Netzdose, legte eine Platte auf, nahm den Nadelarm, senkte ihn auf die Platte, und so erklang: „O du fröhliche". Ja, was hatten wir denn falsch gemacht? Der Verkäufer erklärte: „Schauen Sie aufmerksam zu. Diesen Arm müssen sie beim Absenken leicht über den Widerstand drücken. Sie müssen es spüren, dann dreht sich die Platte. Probieren Sie es selbst!" Ja, so war es. Am Abend saß die ganze Familie beisammen, sie hörte Julia Miguenes festliches Weihnachtskonzert bei brennendem Kerzenschein am Tannenbaum. Danach lauschten die Kinder den Songs der Beatles und vergaßen darüber die weihnachtliche Zerreißprobe am Heiligen Abend.

Die neue Steghose

❄❄❄

Maria Merschkötter, Jahrgang 1954, ist in Laer geboren und lebt dort heute noch. Ihr Vater stammt aus Schlesien, so dass eine Vielzahl westfälischer und schlesischer Bräuche in ihrer Familie bekannt waren. Sie hat zwei erwachsene Töchter und arbeitet als Verkäuferin.

Meine Kindheitserinnerungen gehen dahin zurück, dass ich im Winter in einem maßgeschneiderten Mäntelchen, braun-kariert, in einem Korbstühlchen vor dem Haus posieren durfte. Das „maßgeschneidert" bezieht sich natürlich auf die Tatsache, dass aus alter Kleidung neue geschneidert wurde. Die Winter waren richtige Winter, es gab Eisblumen an den Fenstern. Im Backofen des Kohleherds schmorten die Bratäpfel vor sich hin, neben ihnen lagen kleine Kieselsteine, die abends im Bett die Wärmflasche ersetzten.

Wenn wir im Winter unsere Plunderhosen zum Spielen anziehen mussten, heute würde man Jogginghose dazu sagen, ging es los. Schlittschuhe schabten über die Eisflächen. Große Schneemänner mit Kohleaugen, Rübennase und Blechtopf als Hut schauten uns zu. Unter der Eisfläche lagen die Äste gefroren. Sie waren wie Figuren anzuschauen. Schlinderbahnen wurden im Garten angelegt, nicht immer zur Freude der Eltern. Wenn es abends ins Haus ging, wurden die gestrickten Handschuhe, an denen der Schnee klebte, die Hosen und Socken am Herdgriff oder an den Stangen, die am großen Ofenrohr befestigt waren, getrocknet. Auch Holzschuhe gab es für uns Kinder, da der Holzschuhmacher bei uns nebenan wohnte. Heute ist dort ein Holzschuhmuseum. Zu meiner Familie gehörten auch meine kleine Schwester und die Oma. Der Advent rückte näher. Es wurde irgendwie anders in den Zimmern im Haus. Der Adventskalender, der jedes Jahr gebügelt weggelegt wurde – er sah aus wie ein großes Schnitzbild – hing wieder an der Wand. Im Dämmerlicht setzte sich Oma in ihren großen Lehnstuhl. Dann nahm ich vorsichtig die Hornklammern aus ihrem weißen langen Haar und kämmte es. Sie sang Weihnachtslieder oder betete den Rosenkranz.

Heiligabend kam näher. Wir Kinder waren aufgeregt. Würden die Wünsche in Erfüllung gehen? Zunächst wurde am Abend gebetet und das Haus eingesegnet, bis hin zu den kleinen Stallungen, wo das Vieh stand. Am Heiligen Abend gab es Kartoffelsalat mit Heißwürstchen und warme Tomatensoße: Lecker! Für das gute Essen am ersten und zweiten Weihnachtstag war im Herbst geschlachtet worden. Mama hatte Tage vor Weihnachten mit Kochen und Backen verbracht. Nun war es endlich so weit: Wir durften ins Wohnzimmer, das Christkind war dagewesen. Plötzlich tauchten unsere Puppen wieder auf. Sie hatten alle neue Kleider bekommen. Komisch: Die Puppenstube hatte die gleiche Tapete wie bei uns in der Küche! Die Freude war groß. In der Ecke strahlte hoch auf dem Tisch der Weihnachtsbaum. Unter ihm war alles mit Moos ausgelegt, wo die selbst gebaute Krippe stand. Zur Ucht hatte Oma unsere Strickstrümpfe und Leibchen am Ofen vorgewärmt, später gab es ja Strumpfhosen.

Einige schöne Kinderjahre liegen zurück. Jetzt gab es Hosen für die Mädchen. Die berühmte Latex-Hose oder auch „Steghose". Ein sehnlicher Wunsch von mir. Er ging in Erfüllung. Aber das Grauen nahm seinen Lauf, als ich am zweiten Weihnachtstag zu schnell aus der Bücherei lief und hinfiel. Beide Knie durch! Laut schreiend vor Angst und Schrecken kam ich zu Hause an. Es war, wie es war. Eine gute Schneiderin flickte die Hose, und ich konnte sie noch tragen.

„Josef, lieber Josef mein"

❄❄❄

Annegret Hollenhorst, Jahrgang 1950, stammt aus Gütersloh, wo sie auf einem Bauernhof mit vier Geschwistern aufwuchs. Die gelernte Fremdsprachenkorrespondentin ist Mutter dreier Kinder und lebt in Gütersloh.

In meiner Kindheit, in den Fünfzigern und Anfang der Sechziger Jahre, gab es keinen Weihnachtsmann. Zu uns kam das Christkind. Meine Eltern bewirtschafteten einen kleinen Bauernhof in Avenwedde (heute Ortsteil von Gütersloh), auf dem ich mit vier Geschwistern, unserer Oma und einer Tante aufwuchs. Es gab viel Arbeit, wenig Geld, und vom Weihnachtsrummel war damals kaum etwas zu spüren. Der Advent war eine erwartungsfrohe, aufregende Zeit, die für uns Kinder sogar mit einer Art freiwilligem Verzicht begann. Am Samstag vor dem ersten Advent ging meine Mutter in den Keller, holte ein großes Einmachglas und stellte es auf die Anrichte in der Küche. Das Glas war eine stumme Aufforderung. Vier Wochen lang würden wir Kinder den ohnehin raren Süßigkeiten entsagen, die eigentlich nur aus den Bonbons bestanden, die wir beim Einkauf im Lebensmittelgeschäft hin und wieder als Zugabe bekamen. Dass alle Bonbons ins Einmachglas wanderten, war Ehrensache, schließlich wurde der „Opferstock" am Ende der Adventszeit geschlachtet, und wir wetteiferten heldenmütig um unser Durchhaltevermögen.

Am Samstag vor dem ersten Adventssonntag, und keinen Tag eher, wurde die „gute Stube" geschmückt. An normalen Tagen fand das häusliche Zusammenleben ausschließlich in der Küche statt. Die gute Stube blieb den Sonn- und Feiertagen vorbehalten. Die Adventsdekoration bestand aus einem von meiner Mutter selbst gebundenen Kranz aus Tannengrün, bestückt mit vier dicken, roten Kerzen. Dieser schlichte Kranz verströmte einen wunderbaren, würzigen Duft. Das Ausblasen der Kerzen bereitete uns Kindern stets großes Vergnügen, obwohl es manchmal um die Reihenfolge Streit gab, schließlich waren wir Kinder in der Überzahl.

Ähnlich verhielt es sich beim Öffnen der Kläppchen des Adventskalenders, der als zweites Schmuckstück die Wand über der großen Bank in der Küche zierte. Es gab für fünf Kinder nur einen einzigen Kalender, ein Prachtstück an Schönheit und Verheißung. Die Fensterchen waren nicht etwa, wie heute üblich, mit Schokolade bestückt, was ihre Faszination aber keineswegs schmälerte. Allein die Offenbarung der bunten Bildchen übte eine enorme Anziehungskraft auf uns aus, die dem Öffnen einer Wundertüte gleichkam. Der Glückspilz unter uns durfte das letzte, größte und schönste Fensterchen öffnen und beim Anblick des Jesuskindes in der Krippe in ehrfürchtige Erwartung versinken. Wie wir es geschafft haben, ohne größere Streitigkeiten dabei vorzugehen, ist mir allerdings heute ein Rätsel.

Mit jedem Tag wuchs die Vorfreude auf das große Fest, und die Vorbereitungen waren bald in vollem Gange. Einen großen Teil der Zeit nahm das Plätzchenbacken in Anspruch. Schließlich waren wir eine neunköpfige Familie, und gekauftes Gebäck war teuer. Mutter knetete den Teig für Spritzgebäck, einen riesigen, glänzenden Laib, ich höre noch das klatschende Geräusch, wenn sie den großen Batzen zwischen den bemehlten Händen auf die ebenfalls mit Mehl bestäubte Tischplatte warf, bis er die richtige Konsistenz hatte. Für die weiteren Arbeitsgänge waren wir Kinder zuständig. Mit den Worten: „Dass ihr euch nicht den Magen verderbt!", stellte meine Mutter die Teigschüssel auf den Tisch. Mein Bruder Bruno hatte die Oberaufsicht. Mit erstaunlicher, nie erlahmender Kraft und Ausdauer drehte er die Kurbel des Fleischwolfes, der am Küchentisch festgeschraubt war. Im Wechsel nahmen wir übrigen Kinder den Teig, der wie eine lange Wurst aus der Öffnung kam, in Empfang, schnitten ihn in passende Stücke und legten ihn, von Bruno kritisch beäugt, in angemessenen Abständen auf die Backbleche. Es waren unzählige Bleche, wie mir schien, und es gab verschiedene Teigformen: Stern, Nordseewellen oder Eisenbahnschienen. Nordseewellen mochte ich am liebsten, aber schließlich hatte Bruno das Kommando und genoss die ihm aufgetragene Autorität, indem er uns auf die Finger klopfte, wenn wir zu viel Teig naschten. Natürlich war das Backen nicht an einem Tag zu bewältigen. Sobald die Plätzchen abgekühlt waren, und die ersten großen Schüsseln aus allen Nähten platzten, schleppte Bruno eine der großen Milchkannen von der Deele in die Küche. Hier war das Backwerk kühl und gut verschlossen aufbewahrt, ihr enormes Fassungsvermögen wurde der riesigen Menge gerecht, und das so zweckentfremdete landwirtschaftliche Gefäß kam zu neuen Ehren.

Den Höhepunkt der Backkunst stellte aber Mutters selbstgefertigtes Knusperhäuschen dar. Dazu wurden sieben Lebkuchenplatten benötigt, vier Wände, der Boden und zwei für das Dach, die mit weißem Zuckerguss zusammen geklebt wurden. Fenster, Türen und Dachpfannen wurden mit buntem Zuckerguss aufgespritzt, die Wände mit Herzchen und Weihnachtssternen verziert. Etwas Schöneres gab es auf der ganzen Welt nicht, das war so sicher wie das Amen in der Kirche!

Auf dem Rückweg von der Schule nahmen wir oft einen Umweg über die Hauptstraße in Kauf, um uns am Fenster des Haushalts- und Spielwarengeschäftes Teutrine die Nasen platt zu drücken. Meine Brüder bestaunten die elektrische Märklin-Eisenbahn, welche jedes Jahr zur Weihnachtszeit ihre Runden im Schaufenster drehte, während wir Mädchen sehnsüchtig die wunderschönen Puppen mit richtigen Haaren und Schlafaugen, die Wiegenbettchen und Puppenstuben betrachteten. Wohl, um uns allzu große Enttäuschungen zu ersparen, hatte meine Mutter uns eingeschärft, beim Schreiben des Wunschzettels nicht maßlos zu sein, auch das Christkind könne nicht alles liefern – aber Träume waren ja nicht verboten.

In den letzten Tagen vor Weihnachten war die gute Stube bereits abgeschlossen, und wir Kinder wurden besonders früh zu Bett geschickt. Dieses hatte seinen guten Grund. Gekauftes Spielzeug war teuer, manches für den Geldbeutel meiner Eltern unerschwinglich. Deshalb musste selbst Hand angelegt werden. Da wir – zumindest die jüngeren – Kinder tatsächlich noch an das Christkind glaubten, wie es so schön hieß, sollten wir nichts mitbekommen vom Surren der Nähmaschine, Häkeln und Stricken, vom Werkeln an der selbst gebastelten Puppenstube. Es waren anstrengende Tage für die Erwachsenen, vor allem für meine Mutter, die in aller Herrgottsfrühe aufstehen musste, um die Kühe zu melken, denn pünktlich um sechs Uhr musste die Milch für den Abtransport zur Molkerei an der Straße stehen, auch am Wochenende.

Da die Bescherung bei uns erst am Ersten Weihnachtstag stattfand, wurden am Heiligen Abend die letzten Handreichungen gemacht. Mutter und Tante bereiteten gemeinsam das Weihnachtsessen vor: Rindfleischsuppe, Schweinebraten aus eigener Schlachtung, Kartoffeln und Gemüse aus eigener Ernte. Nur der Wackelpudding, rot und grün, mit Vanillesoße, kam aus dem Päckchen. Vater stellte eine Futterkrippe auf den Hof, die wir Kinder eifrig mit Heu füllten. Schließlich hatte der Schimmel, welcher den Schlitten mit den Geschenken zog, einen weiten Weg zu bewältigen und brauchte ordentliches Futter. Die leere Krippe am Weihnachtsmorgen war ein sicherer Beweis für seinen Hunger und seine Existenz.

Obwohl an Schlaf nicht zu denken war, wurden wir früh zu Bett geschickt. Spätestens um elf Uhr würden wir uns zu Fuß auf den Weg zur Mitternachtsmesse machen. Meist musste die Mutter uns dann doch wecken, schlaftrunken stiegen wir in die bereitgelegte Kleidung und versammelten uns im Hof. Im Schein der Taschenlampen, die uns den Weg über das spärlich beleuchtete „Kirchpättken" wiesen, stiegen kleine Atemwölkchen in die frostige Winternacht. Wenn der Himmel sternenklar war, suchten wir den hellsten Stern am Firmament. Das musste dann ja wohl der Stern von Bethlehem sein? Oftmals hatte es geschneit, und das Knirschen des Schnees unter den dicken Winterstiefeln verlieh der geheimnisvollen Atmosphäre dieser Nacht einen besonderen Zauber. Die Kirche war stets bis auf den letzten Sitzplatz und darüber hinaus gefüllt, unsere Wege trennten sich: Das linke Mittel- und Seitenschiff war den Frauen, die rechte Hälfte den Männern vorbehalten. Niemals wurde eine Ausnahme gemacht! Trotz der vielen Kinder herrschte eine feierliche Stille, die höchstenfalls durch leises Räuspern und das Klappern der Absätze getrübt wurde. Dann, um Punkt zwölf Uhr, das Einsetzen der Orgel! Herbei, o ihr Gläubigen, fröhlich triumphieret! Die tiefe Freude, die ich beim Jubelklang der Orgel empfand, ist noch heute in meinem Bewusstsein verankert. Der Altar wurde von vier hohen, kerzengeschmückten Tannen umrahmt, vor dem rechten Seitenaltar stand die wunderschöne Krippe. Ein unvergessliches Erlebnis. Unsere besondere Aufmerksamkeit weckte stets das Negerlein mit dem Schatzkästchen am Fuß der Krippe. Wenn man eine Münze in das Kästchen warf (manchmal gab Mutter uns einen Fünfziger), nickte es dankend mit dem Kopf und verlieh uns ein Gefühl von Zufriedenheit, dass auch die armen Kinder in Afrika ein wenig an Weihnachten teilhaben durften.

Nach der Rückkehr schlichen wir auf Zehenspitzen an der Weihnachtsstube vorbei, um das Christkind nicht bei der Arbeit zu stören. Mutter kochte Kaffee und Kakao, dann hieß es nochmals ausharren und versuchen, bis zum Morgen Schlaf zu finden.

Endlich Weihnachten! Endlich Bescherung!

Die Weihnachtsstube strahlte einen unglaublichen Zauber aus, die Wachskerzen am Tannenbaum waren schon angezündet. Ein wunderbarer Duft hing im Zimmer. Wir hielten vor Ergriffenheit fast den Atem an. Neben dem Weihnachtsbaum bot sich uns ein stimmungsvolles Bild, eine weihnachtliche, fast biblische Landschaft dar. Meine Mutter verstand es in unnachahmlicher Weise, die Krippe mit einfachen Mitteln zu gestalten. Wir hatten keine Figuren aus dem Erzgebirge, keinen gekauften Stall, alles war mit Gräsern und Zweigen improvisiert. Auf den (mit Hilfe eines kunstvoll drapierten Velourstuches) moosbewachsenen Hängen, die sich hinter der Krippe erhoben, weideten Schäfchen, Felsen und Steine umschlossen einen kleinen See, der aus einer Spiegelscherbe bestand. Die Geschenke waren oft unverpackt, meine Puppe war beim Doktor gewesen und mit einem neuen Kleidungsstück ausgestattet, manchmal hatte das Christkind sogar eine neue Puppe gebracht, eine Wiege, ein Buch, die lang ersehnten Rollschuhe. Mutter ließ uns Zeit, die Gaben zu bestaunen, dann stimmte sie ein Weihnachtslied an. Mit ihrer warmen Altstimme und dem schier unerschöpflichen Vorrat an Liedern vermochte sie uns immer wieder zu fesseln. Ein Lied hatte es mir besonders angetan, vor allem, wenn mein Vater, der auch Josef hieß, den zweiten Teil übernahm:

„Auf dem Berge, da wehet der Wind, da wiegt die Maria ihr Kind. Sie wiegt es mit ihrer schlohweißen Hand, sie braucht dazu kein Wiegenband. ‚Ach Josef, lieber Josef mein, ach, hilf mir wiegen mein Kindelein'."

Und Josef antwortete: „Wie soll ich dir denn dein Kindlein wiegen, ich kann ja kaum selber den Finger biegen! Schumschei..." Ja, so sang er, der Josef, das waren seine Worte. Und immer regte sich damals ein Widerspruch, fast ein leiser Groll in mir. Von Emanzipation wusste ich noch nichts, aber wieso konnte Josef Marias Kindlein nicht wiegen, schließlich war er doch ein heiliger Mann? Und waren nicht auch Marias Hände kalt und halb erfroren, weshalb sie den Beistand ihres Mannes brauchte?

All das ist viele Jahre her. Heute findet in unserer Familie die Bescherung schon am Heiligen Abend statt, zwei meiner Kinder sind erwachsen, es gibt Fondue und teure Geschenke. Nach dem Essen fahren die Großen in die Stadt, zum Turmblasen am Gymnasium, mein Mann und ich gehen zur Messe um zehn Uhr. Ein schönes Fest, noch immer. Manchmal singen wir ein Weihnachtslied. Mein Lieblingslied, trotz allem, ist wie damals: „Auf dem Berge, da wehet der Wind". Und was den zaudernden Josef betrifft, der Marias Kindlein nicht wiegen mag – schließlich sind auch Heilige nur Menschen! Ich habe ihm verziehen!

Eine Märklin-Eisenbahn als höchstes Kinder-Glück

❄❄❄

Klaus Schäffer, Jahrgang 1953, stammt aus Warendorf, wo er mit zwei Geschwistern aufwuchs. Dort ist er heute auch als Hausarzt tätig.

Das Weihnachten meiner Kindheit folgte immer den gleichen Ritualen. Und gerade dies ist gut an Ritualen: Sie wiederholen sich und schaffen somit Vertrauen auf das kommende oder auch zu erwartende Fest am Jahresende. Jedes dieser für mich als kleiner Junge einzig wunderbaren Weihnachten war Jahr für Jahr ein gigantischer Gipfel der Glücksgefühle.

Weihnachten war, auch wenn ich wusste, dass es nicht ausfallen konnte, wie ein großes Geheimnis. Eins von denen, die man schwor niemals zu verraten, und letztlich passierte es dann doch: Unser familiäres Weihnachtsgeheimnis begann kurz nach Nikolaus. Eines Morgens plötzlich war der Kabuff meiner Mutter verschlossen und der daran anschließende Wintergarten auch. Kabuff, dieses Wort findet man eigentlich nicht in unserer münsterländischen Umgangssprache, die ja zumindest in meiner Heimatstadt Warendorf aus Platt, Masematte, Hochdeutsch wie auch aus den unterschiedlichsten Dialekten der Kriegsvertriebenen zusammengesetzt war. Der oder das Kabuff war nichts anderes als ein kleines Durchgangszimmer, welches unser Wohnzimmer mit dem besagten Wintergarten verband. Dass es jetzt ernst wurde mit Weihnachten, erkannten wir Kinder auch an den heruntergelassenen Rollläden. Das heißt, diese beiden Zimmer waren stockdunkel. „Das Christkind ist da!", pflegte meine ansonsten sehr energische Mutter in jetzt würdevoll flüsterndem Tonfall zu sagen. Für uns Kinder Mahnung zugleich, ab jetzt brav und artig zu sein. Natürlich konnten wir es uns nicht verkneifen, von Zeit zu Zeit auch mal durch das Schlüsselloch zu schauen. Wohlgemerkt, wenn Mutter nicht zu Hause war. Abends, wenn wir schon im Nachtpolter waren und wir noch das Sandmännchen im großen Grundig-Radio hören durften, dann klingelte es manchmal ganz leise hinter der verschlossenen Tür. Uns fiel ein Stein vom Herzen, dass das Christkind doch noch da und nicht fortgeflogen war, weil wir uns mal wieder gezankt hatten. Zuweilen haben eben gute Vorsätze nur eine Halbwertzeit von wenigen Stunden.

Wir Kinder, das waren meine beiden Schwestern und ich. Eine drüber und die andere drunter. Ich war die goldene Mitte. Aus erzieherischen Gründen, damit wir gut, fromm, artig, brav und hilfreich heranwuchsen, hatte meine Mutter eine leere Holzkrippe aufgestellt, in die wir, wenn wir artig waren, ein Strohhälmchen legen durften, damit das Christkind, wenn es dann käme, nicht so hart liegend empfangen wurde in dieser kalten Jahreszeit auf Erden. Ich fand dieses Vorweihnachtsspiel eigentlich blöd, zumal meine Schwester über mir, wenn sie es nicht gut meinte mit ihrem Bruder, die passende Gelegenheit beim Schopfe nahm und die wenigen meiner mühevoll mit Artigsein verdienten Strohhalme wieder aus der Krippe entfernte. Die Nachmittage vor Weihnachten waren nach Erledigung der Schulaufgaben damit ausgefüllt, dass wir unsere von Mutter ausgesuchten Gedichte für den heiligen Abend auswendig lernten wie auch die zahlreichen Weihnachtslieder mit Blockflöten rauf- und runterpiepen mussten. Unsere Mutter begleitete uns Kinder dann am Klavier, jubilierend mit schöner Stimme. So öffneten sich immer mehr Kläppchen an unserem Adventskalender, und schon war Heiligabend.

Unauslöschlich in meiner Erinnerung bleibt Heiligabend 1960. Zwar waren auch dieses Mal die Rituale die gleichen, jedoch die Geschenke nicht. Zumindest nicht das eine. Wer es, wie ich, bekam, der war ein König, unendlich reich und unendlich glücklich zugleich. Selten, dass sich beides immer miteinander verbindet und verträgt. Doch jetzt, an Weihnachten 1960, war es so. Und dieses Glücksgefühl wiederholte sich seither nie mehr, zumindest nicht, was meinen kaum erfüllbaren Wunsch anging. Es war ein Vermögen. Wie oft hatte ich mir die Nase platt gedrückt an unserem, das heißt an meinem Spielwarenladen in der Stadt. Hinter der kalten Glasscheibe schnaufte sie dahin, tschtschtschtsch...dufftedufftedufte: Eine Dampflok von Märklin, pechschwarz mit roten Rädern und Licht. Schnaubend sauste sie dahin, hinter sich einen grünen Waggon 2. Klasse, einen roten Speisewaggon, einen blauen Waggon 1. Klasse mit Schlafwagen. Unentwegt sauste sie dahin, die Märklinlok, wie ein schwarzer Drachen, durch Täler und Hügel. An diesem Heiligabend 1960 stand diese Märklineisenbahn nun vor mir auf einer grünen Platte. Mein Vater hatte den Schienenkranz schon aufmontiert, ebenso Trafo und den Bahnhof. Unsere Verwandtschaft, die Jahr für Jahr zu Heiligabend bei uns residierte, begleitete staunend den Stapellauf meiner pechschwarzen Märklin-Lok. Meine Schwester über mir bekam eine wunderschöne Puppenstube, selbst gefertigt von Onkel Kurt in mühevoller Kleinarbeit. Mit elektrischem Strom aus der Steckdose per Flachbatterie und unübertroffen durch die funktionierende Klospülung, wenn man vorher Wasser oben in den Spülkasten gefüllt hatte. Meine Schwester unter mir bekam eine echte Schildkrötpuppe, die heulte, wenn man sie kopfüber legte. Unser Ur-Opa erhielt, wie schon seit Jahren, diverse Kisten herrlicher Zigarren und eine Flasche Asbach Uralt. Oma ebenfalls wie all die Jahre einige Schmuckpackungen mit Tosca Parfum, Seife und „Ottekolonje", Kölnisch Wasser, sowie Taschentücher mit Spitze. Onkel Kurt bekam seinen warmen Schal, Pantoffeln und eine Kerze, manchmal auch Mentholzigaretten. Meine Mutter musste sich jedes Jahr freuen über ein Schmuckgeschenk von unserem Vater, was sie aber entsprechend unser aller Erwartungen gar nicht mochte. Und, na ja, Papa, so recht kann ich mich gar nicht mehr erinnern, was er denn, so regelmäßig den Ritualen in unserer Familie folgend, zu Weihnachten geschenkt bekam. Aber er hatte ja uns alle und war Familienoberhaupt. Und das war doch wohl mehr als ein sich wiederholendes Weihnachtsgeschenk. Papa wusste es zu schätzen.

Das besonders leuchtende, ja strahlende Weihnachtsfest

❋❋❋

Paul Geuking, Jahrgang 1951, wurde in Coesfeld geboren, wo er mit vier Geschwistern aufwuchs. Der Bauingenieur und Architekt ist verheiratet und hat fünf Kinder. Er lebt heute, nach Zwischenstationen in Dresden und Berlin, wieder in Coesfeld.

Also, es begann vier Tage vor Weihnachten, im Jahre 1963, in Coesfeld – nahe Münster. Meine Eltern – weder arm noch reich – lebten dort in einem kleinen Einfamilienhaus auf der Wilhelmstraße. Kurz vor Weihnachten war nun die Zeit, einen Tannenbaum zu besorgen. Vater hatte für den Baum einen Erlaubnisschein vom Büro des Fürsten zu Varlar besorgt, und so fuhren wir heute mit dem Auto, einem kleinen VW, in die Coesfelder Heide, um den für uns richtigen Baum zu holen. In einem kleinen Waldstück, nahe der Hasenkapelle, fanden wir endlich den für uns passenden Baum. Eine edle Tanne, etwa zwei Meter hoch, von kräftigem Grün und sehr grade gewachsen. Die wurde abgesägt, ins Auto gepackt, und dann ging es heimwärts. Zu Hause angekommen, wurde der Baum angespitzt mit dem Beil, in den Ständer gestellt und dann auf einem besonderen Tisch im Wohnzimmer aufgestellt.

Darunter wurde eine kleine Krippe – der Stall zu Bethlehem mit Strohdach – arrangiert. Vom Stall aus führte ein gelber Sandweg fort zu einem kleinen Brunnen mit einem Feuerchen. Es bestand aus rotem Papier mit einem Lämpchen darunter. Der Weg wurde beidseitig gesäumt von grünen Wiesen. Dies war vor Tagen schon im Wald besorgtes grünes, weiches Moos. In der Krippe lag dann später das Jesuskind, daneben standen Maria und Josef und Ochse und Esel. Josef hielt eine Laterne in der Hand, die Licht gab. Alle Figuren natürlich aus Steingut oder Gips und toll bunt bemalt, besonders Kleider, Röcke und Wams. Ähnlich sahen auch die Hirten und Schafe und der Hund am Feuer aus. Eine farbenfrohe, idyllische, bunte Szene hier auf unserer „Krippe" unter dem Tannenbaum.

Nun kam der Baum an die Reihe. Der Ständer wurde mit Wasser gefüllt, dann folgten die 25 Kerzen – natürlich echte Wachskerzen –, und dann die silbernen Kugeln – wunderbar verteilt – dann ein silberner, großer Stern oben in der Mitte. Als das alles schön arrangiert war, folgte noch etwas Besonderes: Eine Art weißer, durchsichtiger Wattestoff über dem ganzen Baum. Bei uns hieß das Gewebe „Engelshaar", weil es glänzte und hell leuchtete. Nun war alles fertig, wir waren sehr zufrieden. Meine Eltern, meine Geschwister und ich. Es konnte Weihnachten werden, und das kam jetzt auch mit Riesenschritten. Wir Kinder fieberten dem Fest entgegen, was würde das Christkind wohl bringen?

Bei uns war es üblich, morgens um 5 Uhr in die Frühmesse in die „Ucht" zu gehen. Eine besonders feierliche Weihnachtsmesse mit schönen Weihnachtsliedern, klangvoller Orgel, der Priester im Hochamtsgewand, rotgekleideten Messdienern und vielen Kerzen. Bei der Stimmung wurden die Herzen der Menschen froh und weit, nur die Kinder waren unruhig. Endlich: Nach Gloria und Schluss-Segen ging's heim. Zu Hause sollte inzwischen das Christkind gewesen sein. Wir Kinder und Mutter sollten mal kurz in der Küche warten. Vater ging ins Wohnzimmer, um nachzuschauen. Kurz darauf hörten wir ein Glöcklein bimmeln. Da kam er auch schon und strahlte. Das Christkind war schon da.

Wir alle stürmten ins Wohnzimmer, voran die Kinder, voller Erwartung und ungestüm. Ja, das war eine Pracht! Der Baum mit den echten Kerzen, dem glänzenden Lametta, dem leuchtenden Engelshaar, und in der Krippe und am Herdfeuer brannten Laternen. Unterm Baum lagen etwas versteckt auch noch Päckchen. Ob wohl eines für mich dabei war? Und was wohl? Wir Kinder mussten uns aber noch ein klein wenig gedulden. Vater holte seine Gitarre und stimmte Weihnachtslieder an. Beim dritten Lied – ich glaube es war „Stille Nacht, Heilige Nacht" – rief meine Schwester plötzlich: „Feuer, Feuer, es brennt!" Da hatte sich durch eine Kerze offensichtlich das Engelshaar entzündet. Ruckzuck stand der ganze Baum in Flammen und leuchtete und loderte taghell. So hell und grell, das hatte ich noch nie gesehen. Mein großer Bruder holte schnellstens drei oder vier Eimer Wasser und löschte alles. Eine schöne Sauerei. Leider musste alles mit viel Mühe später gereinigt werden.

War es nun ein leuchtendes, strahlendes Weihnachtsfest, das uns heute noch erwartete, oder war Weihnachten für dieses Jahr schon ins Wasser gefallen? Wir alle machten das Beste daraus. Es gab ja auch noch einige nette Geschenke, und so wurde das strahlende Weihnachten weiter gefeiert. Es war nicht ins Wasser gefallen!

Der selbstgemachte Weihnachtsbaum und ein weinender Gast

❄❄❄

Brigitte Michusch, Jahrgang 1953, wuchs als jüngstes von vier Kindern in Wietersheim bei Petershagen auf und wohnt heute in Petershagen-Frille.

Vielleicht war ich damals zehn Jahre alt. Das muss dann 1963 gewesen sein. Wir wohnten auf dem Lande, in dem Dorf Wietersheim bei Petershagen, in einem typischen Siedlungshaus, das nach dem Krieg errichtet wurde, im ersten Stock zur Miete. Ich glaube, die Wohnung hatte keine 70 Quadratmeter. Sie war aufgeteilt in Elternschlafzimmer, Wohnzimmer, ein Kinderzimmer, das ich mit meinem Bruder teilte, eine Küche und ein winziges Bad – allerdings schon mit fest eingebauter Badewanne. Für das Warmwasser gab es einen Ofen mit integriertem Wasserboiler. Für das benötigte Badewasser musste der Ofen jedes Mal extra angeheizt werden. Unter diesen Wohnverhältnissen war es gut, dass zwei meiner Geschwister bereits ausgezogen waren.

In diesem Jahr sollte es ein besonderer Heiligabend werden: Ein Gast wurde erwartet. Leider konnte mein ältester Bruder mit seiner Familie nicht zu uns kommen, weil er zu der Zeit schon in Bayern wohnte. Trotz des Autos, einer Arabella, die er damals schon besaß, war so eine Fahrt bis Norddeutschland immer noch ein Abenteuer.

Meine Schwester und mein Schwager brachten den Gast mit. Sie fragten zuvor meine Eltern, ob sie einen Kameraden, mit dem sich mein Schwager gerade bei der Bundeswehr angefreundet hatte, zu uns einladen dürften. Der Freund hatte keine Angehörigen und kannte keine Weihnachtsfeier im Familienkreis. An Heiligabend liefen unsere Vorbereitungen wie immer. Mein Vater setzte die Fichte in den Ständer, betrachtete sie von allen Seiten und setzte da und dort, wo eine kahle Stelle war, mit Hilfe eines Bohrers einen zusätzlichen Ast ein. Das sollte Jahrzehnte später noch zu Irritationen führen. So hatten wir immer für wenig Geld einen sehr schönen

Weihnachtsbaum, den mein Vater und ich immer in gleicher Art mit dem auf dem Dachboden aufbewahrten Schmuck dekorierten.

Meine Mutter kochte, wie üblich, das Huhn für die Suppe und briet den Braten an. Gemüse als Beilage oder Obst als Nachtisch standen in Einmachgläsern – wie der Ostwestfale sagt – im Keller. Diese Vorräte stammten vom Sommer oder Herbst aus eigener Produktion, nämlich von dem für wenig Geld gepachteten Stück Schulland des Dorfes. Dieses Festessen gab es aber erst am Ersten und Zweiten Weihnachtstag. Heiligabend kam immer Kartoffelsalat mit Würstchen auf den Tisch, weil das nebenbei schnell herzustellen war. Nach dem Baumschmücken konnte ich dabei schon tüchtig mithelfen. So konnte meine Mutter am frühen Abend mit in die Kirche gehen. Die Kirche war zwei Kilometer entfernt im Nachbarort. Wir nahmen die Räder oder gingen, wenn Schnee lag, zu Fuß, da meine Eltern kein Auto besaßen.

Nach dem Kirchgang wurde gegessen. Dann folgte endlich die Bescherung. Alle sieben Personen drängelten sich im kleinen Wohnzimmer um den Baum. Das Licht wurde gelöscht und die Kerzen wurden angezündet. Meine Eltern bekamen immer die üblichen Geschenke, über die man sich damals noch richtig freute: Schlips, Wein, 4711 Kölnisch Wasser, Socken, Hemd, Bücher, Nippes. Ich freute mich über Kleidung, Bücher, Barbiepuppe, Brettspiele und meinen bunten Teller. Ich weiß nicht mehr, was ich in diesem Jahr bekam. Es wurde in der Erinnerung unwichtig. Viel wichtiger war unser Gast, der junge Mann, der schon die ganze Zeit recht still war. Meine Mutter hatte für ihn ein Paar Socken und eine Tafel Schokolade gekauft. Als er sein Geschenk auspackte, konnte er die Tränen, mit denen er wohl schon die ganze Zeit kämpfte, nicht mehr zurückhalten. Mir war das dreifach peinlich. Erstens fand ich das Geschenk ein wenig bescheiden und hatte den Verdacht, er würde vielleicht deshalb weinen, weil er von uns allen das Wenigste bekam. Zweitens wurde bei uns zu Hause nicht geweint. Drittens kämpfte ich jetzt vor Mitgefühl mit den Tränen.

Einen Augenblick, der mir wie eine Ewigkeit erschien, herrschte Stille. Im Nachhinein glaube ich, alle anderen hatten vor Rührung, dass ein Mensch sich über die gemeinsame Feier so freuen konnte, auch mit den Tränen zu kämpfen und jedem – auch mir, mit meinen zehn Jahren – wurde bewusst, wie gut wir es hatten. Der Zauber vom Heiligen Abend breitete sich aus und erfüllte unser kleines Wohnzimmer – Weihnachten pur!

Nachtrag: Später hatten wir ein eigenes Haus. Mein Sohn war eineinhalb Jahre alt, schon sehr verständig und konnte recht gut sprechen. Mein Vater fällte eine Fichte aus unserem Garten – sie sollte als Weihnachtsbaum dienen. Mit kritischem Blick erkannte er gleich: Da ließe sich noch etwas verbessern. Mein kleiner Sohn sah ihm zu, wie er wieder kunstgerecht einige Zweige einsetzte. Später saßen wir beim Essen am Fenster. Benjamin zeigte in den Garten auf eine Fichte: „Da – Tannebaum – hat Opa demacht!"

Mein traurigstes Weihnachtsfest

❉❉❉

Erika Löbbe, Jahrgang 1936, erlernte den Beruf der ländlichen Hauswirtschafterin und heiratete dann 1959 auf einen Bauernhof im Kreis Gütersloh. Die Mutter zweier Söhne und Großmutter von fünf Enkelkindern lebt in Bad Salzuflen.

Das traurigste Weihnachtsfest, das ich erlebt habe, war 1963. Im Jahre 1959 habe ich auf einen Bauernhof in den heutigen Kreis Gütersloh geheiratet. Anfang 1962 erkrankte mein Mann an einer akuten Leukämie. Nach sechs Wochen Krankenhausaufenthalt verstarb er mit nur 35 Jahren. Mein Sohn war gerade ein Jahr alt geworden. Meine Schwiegereltern, der Haushalt, unsere Tiere und der Acker, alle verlangten nach meiner tatkräftigen Hilfe.

Die Tage danach waren mit Leid und großer Trauer ausgefüllt. Mein Schlaf war von großen Sorgen und Nachdenken gestört. Ich lag wach, blickte zu den Sternen hinauf und fragte mich: „Wofür lebe ich eigentlich?" Dankbar sah ich zu dem Bettchen hin, in dem Dieter schlief. Er hatte noch keine Sorgen. Immer wieder konnte er mir neue Freude bereiten. Seine leuchtenden Augen, die ersten Schritte allein und seine Unbekümmertheit gaben mir immer wieder neuen Mut durchzuhalten. Gerade jetzt, wo er mich brauchte, war ich die Alleinverdienerin, denn ich erhielt keinerlei Unterhalt. Ich dachte, auch mit Dieter werde ich eine Zukunft haben. Es warten noch viele Arbeiten und Pflichten auf mich.

Morgens um 5.30 Uhr war die Nacht vorbei, und ich musste schnell in den Stall. Noch ein Blick aus dem Fenster über die Felder. Der Mond schien, und alles war schneebedeckt. Trotz meines Herzwehs kam Frieden über mich. Ich hatte einen Menschen verloren, den ich geliebt hatte, und solange wir zusammen gelebt haben, hatte ich ihm wohl keine Sorgen bereitet. Nachdem ich die Kühe gemolken und den Herd in der Küche angezündet hatte, brachte ich schnell die Milchkannen zur zwei Kilometer entfernten Sammelstelle den Hang hinunter. Als ich zurückfuhr, hatte ich wieder einen Blick für die Natur und sah, wie die Morgendämmerung anbrach. Der Anblick des schönen Bauernhofes, der sich so gut in das Tal einfügte, war wunderschön. Ich war unendlich traurig, dass sein Erbe jetzt gestorben war. Noch nie hatte ich das Alleinsein so bedrückend empfunden, es bewegten mich so viele Gedanken. Erst jetzt wurde mir klar, wie schön das Leben bisher verlaufen war, und wie wir es als selbstverständlich betrachtet haben.

Bis jetzt hatte ich mich noch nicht im Leben unterkriegen lassen. Immer wieder sagte ich mir, dass ich vorsichtig sein und mir auch manches gefallen lassen müsse. Wenn dieses mein Schicksal war, so wollte ich versuchen, es zu ertragen. Ich habe das Erbe von den Großvätern weiterzugeben und werde mein Möglichstes tun. Ich dachte nur immer: „Ich muss es schaffen. Aufgeben kann jeder, hier ist Durchhalten wichtiger."

Allmählich lernte ich, vieles zu vergessen, und begann wieder an den Sinn meines Lebens zu glauben. Ich musste lernen, mit den neuen Lebensanforderungen fertig zu werden. Es musste ohne meinen Mann weitergehen, und ich habe mir Mühe gegeben, dass ich es schaffte. Mir wurde bewusst, wie reich ich war, dass ich mich noch gesund fühlte. Die Wochen gingen dahin, und die Ernte begann zu reifen. Während der Erntezeit bestellte ich zum ersten Mal einen Mähdrescher, der in ein paar Stunden mit der Ernte fertig war. Nach einigen Monaten wurde mir klar, dass ich den Hof auf die Dauer nicht allein bewirtschaften konnte. Die Arbeiten waren zu anstrengend für eine Frau.

An Weihnachten werde ich die traurigen Gesichter meiner Schwiegereltern nicht vergessen. Nur Dieter schaute mit leuchtenden Augen in den Kerzenschein. Er konnte sich an den kleinen Spielsachen erfreuen.

Nach langen Monaten der Trauer und Stille mit schmerzlichen Erinnerungen wuchs heimlich ein Gefühl der Hoffnung. Ich merkte immer mehr, dass der Mittelpunkt meiner Familie fehlte. Vielleicht finde ich jemanden, der mir tragen hilft. Ich dachte, wenn ich einen Kameraden mit Liebe zur Natur und Landwirtschaft finde, dann wäre mein Leben nicht so hoffnungslos. Nichts anderes wünschte ich mir, als wieder eine ganze Familie zu haben und würde dann alles vergessen, was mich traurig macht. Eine gute Nachricht brachte mir neuen Mut. Zum Glück hatte ich einen lieben und verständnisvollen Menschen gefunden, der Mitgefühl zeigte. Bald begann ich, wieder zu hoffen, und glaubte sehr, dass nun alle Probleme gelöst seien und der Hof meinem Sohn erhalten bleiben würde. Doch bald kamen große unüberwindliche Meinungsverschiedenheiten zwischen mir und meinen Schwiegereltern auf. Lieblose und ungerechtfertigte Vorwürfe haben mich sehr belastet. Ein Zusammenleben wurde bald unerträglich. Diese Strapazen nahmen mir alle Kraft und den Lebensmut.

Die nachfolgenden Wochen waren voller Angst und Sorge um unsere Zukunft. Ich war verzagt und zutiefst enttäuscht. Kein Schmerz hätte mich so zu Boden drücken können wie diese Verworrenheit, als wäre es ein böser Traum gewesen. Immer habe ich versucht, es allen recht zu machen und stand dazwischen. Bald hatte ich nur noch den einzigen Wunsch, in Ruhe und Frieden leben zu dürfen. Plötzlich fiel ich so unglücklich, dass auch noch mein rechter Arm brach. Ich wusste bald nicht mehr, wie es weitergehen sollte und fühlte mich an der Grenze des Belastbaren. Diese Situation hatte ich noch nie erlebt. Nach durchwachten Nächten wachte ich morgens erschöpft auf. Ich musste stark sein. Unser Haushalt und die Tiere wollten versorgt sein. Ich konnte nur noch schweigen, es fehlten mir die Worte, und ich hatte keine Kraft mehr, mich von diesen vielen Sorgen und Problemen befreien zu können. Es wurde mir immer klarer, dass ich hier keine Heimat mehr haben werde. Dieses drückte mich nieder wie eine unsichtbare Last. Es war letztlich zu einem Nichtertragen gekommen, aber die anfallenden Arbeiten mussten täglich erledigt werden. Wir hatten nur eine Küche. Durch den Krieg war ich geübt, Anstrengungen zu ertragen, aber dieses Leben war für mich noch viel schlimmer.

Schließlich beschlossen mein Mann und ich schweren Herzens, im Dezember 1963 unsere Sachen zu packen. Es war geschafft und das Schlimmste überstanden. Dann sind wir mit Dieter fortgefahren. Unser Auto rollte mit uns in eine neue Freiheit. Eine große Last war von mir gesunken. Die Unterdrückung war aufgehoben. Es war ein Gefühl der Befreiung und Wehmut zugleich. Hatte ich mich doch immer mit allen Kräften für den Hof eingesetzt, und jetzt alles hinter mir zu lassen, was erfüllte und beschwerte, fiel mir schwer. Die letzten Schranken waren gefallen. Eine ungewisse Zukunft stand uns bevor. Wo werden wir eine Möglichkeit finden, unser gemeinsames Leben aufzubauen? So hatte ich mir mein Leben nicht vorgestellt, als ich einmal davon träumte, Bäuerin zu werden. Nur die Liebe zu meinem verständnisvollen zweiten Mann und meinem damals dreijährigen Sohn Dieter halfen mir, diese Lebenskrise zu überwinden.

1963 war für uns das traurigste Weihnachtsfest, das ich je erlebt habe. Wir hatten keine eigene Wohnung, mein Mann hatte keine Arbeitsstelle und kein Einkommen. Für mich waren es die traurigsten Weihnachtstage, an die ich mich erinnern kann. Wir hatten nur den einzigen Wunsch, ein eigenes Heim für unsere Familie zu finden. Im Januar ist unser zweiter Sohn geboren.

Bis heute habe ich nicht verlernt, meine alte Heimat zu lieben. Es wird mir immer wieder schwer, wenn ich an diese Zeiten zurückdenke. Heute weiß ich, dass ein schweres Schicksal neues intensives Leben werden kann. Die Lebenszeit ist zu kostbar, als dass man Erfreuliches versäumen darf. 1984 ist auch mein zweiter Mann an Krebs gestorben. Der Tod hat liebe Menschen von meiner Seite genommen. Jetzt muss ich allein fertig werden. Gute Ratschläge und Trost helfen nicht viel, jeder muss allein hindurch. Die Verluste waren zugleich eine Erleichterung, als die schweren Krankheiten überwunden waren. Jetzt musste sich mein Lebensmut erweisen. Ich werde mich bemühen, mein Schicksal zu tragen.

Es sind nun schon 25 Jahre vergangen. Mein Leben allein ist mir so selbstverständlich geworden. Meine Söhne rufen die Erinnerungen an meine Männer wieder wach. Jetzt habe ich viel Freude an meinen fünf Enkelkindern. Ich bin dankbar und zufrieden, bis jetzt meinen Weg gefunden zu haben, wenn er auch anstrengend war. Nach mehreren Umzügen wohne ich mit meinem jüngsten Sohn und seiner Familie in unserem eigenen Heim in Bad Salzuflen. Ich fühle mich angenommen und sehe mit Vertrauen der Zukunft entgegen.

Ein lebendiges Kind in der Krippe

❋❋❋

Mechthild Nolting, geborene Kintrup, ist gebürtige Münsteranerin, Jahrgang 1932. Nach dem Besuch der Schule lernte sie den Beruf der Fotolaborantin und arbeitete von 1958 bis 2000 mit ihrem Mann, einem gelernten Fotografen, im eigenen Fotogeschäft in Dülmen. Seit 2000 lebt Mechthild Nolting wieder in Münster. Sie hat vier erwachsene Söhne.

Es ist dies besondere Ereignis, das fest in meinem Gedächtnis verankert ist. Unser Sohn Arno wurde am Dienstag, dem 15. Dezember 1964, in der Universitäts-Frauenklinik in Münster geboren und am 19. Dezember in der Kapelle des Klinikums vom damaligen Herrn Kaplan Schoppa getauft. Ich befand mich auf der Wöchnerinnen-Station der Frauenklinik und bereitete mich gedanklich auf meine Entlassung vor. Was ich nicht wusste, war, dass für dieses Jahr im großen Hörsaal des Hauses eine Weihnachtsfeier vorbereitet wurde. Zu der Feier gehörte ein neugeborenes, männliches und getauftes Kind. Das traf nun alles auf mein Baby zu. Ich war dennoch ganz erstaunt, als der Herr Professor mich fragte, ob man Arno als Jesuskind in die Krippe legen dürfe. Nach einigem Zögern und Rücksprache mit meinem Mann gab ich dann meine Einwilligung. Diese Weihnachtsfeier im großen Hörsaal des Krankenhauses wurde für mich zu einem unvergesslichen Erlebnis.

Ich kannte den normalen Klinikalltag, wo Ärzte und Schwestern mit hoher Verantwortung und großem Können ihren Patientinnen helfen, gesunde Kinder auf die Welt zu bringen. Und nun diese Feier: Ein sonst nüchterner Hörsaal, mit allen Gerätschaften ausgestattet, die zu so einem Lehrbetrieb und Studium dazugehören. Der Saal war geschmückt mit riesigen Tannenbäumen, bestückt mit echten Kerzen, durchtönt von Orchester und Chor des Klinikums. Festlich gekleidete Ärzte und Schwestern – und ganz klein unter den hohen Tannenbäumen lag mein Kind in einer Krippe auf Stroh, und alle bestaunten das Jesuskind, das manchmal die Augen öffnete und in das Kerzenlicht schaute. Es herrschte eine Feierlichkeit, die ich nicht beschreiben kann.

Arno Nolting, geboren 1964, als Kind in der Krippe bei der Weihnachtsfeier in der Frauenklinik.

Ich saß in der ersten Reihe, da nahm der Herr Professor meine Hand und sagte leise zu mir: Selbst nach so vielen Berufsjahren sei das Wunder der Geburt niemals Routine. Dann sprach der Pfarrer es aus in seiner Weihnachtsgeschichte: Ja, bringen wir dem Kind in Bethlehem wenigstens die Anbetung und einfache Liebe der Hirten entgegen, werden wir dem göttlichen Kind ähnlich, demütig und rein, und erstreben wir jenen Frieden, welches das Gotteskind allen bringt, die eines guten Willens sind. Mit dem Lied „Stille Nacht, Heilige Nacht" klang diese anrührende und besinnliche Feier aus, die für eine kurze Zeit den Alltag vergessen ließ und das Kind in der Krippe in den Mittelpunkt stellte.

2009 ist mein Sohn Arno 45 Jahre alt geworden. Er ist verheiratet, Vater von zwei Kindern und als Wissenschaftler in der Forschung tätig.

Unser bunter Weihnachtsbaum

❄❄❄

Ursula Gies, Jahrgang 1956, wuchs in einer fünfköpfigen Familie auf. Sie lebt heute in Münster, ist verheiratet und Mutter eines Sohnes und einer Tochter.

Mitte der 60er Jahre wurde in unserer Familie immer ein besonders schönes Weihnachtsfest gefeiert. Für uns Kinder war es der Höhepunkt des Jahres. Wir waren drei Kinder, und zu diesem Zeitpunkt die einzigen Enkel einer verwitweten Großmutter. Meine Mutter hatte drei Schwestern, von denen zwei verheiratet waren, die aber keine Kinder hatten. Das war für uns Geschwister natürlich herrlich, da wir von allen Seiten Geschenke bekamen.

Der Heiligabend fing damit an, dass am Nachmittag mein Vater den Weihnachtsbaum aufstellte und ihn mit uns Kindern schmückte. Dazu gehörte auch ein wundervoller Rauschgoldengel, den mein Vater selber hergestellt hatte. Er hatte einen Kopf aus Wachs und war aus Goldpapier gefertigt. Er trug wundervolle weiße Flügel. Jedes Kind hatte einen Glasvogel, den es am Baum anbringen konnte. Es war immer eine tolle Stimmung an diesem Nachmittag. Wunderbare, bunte Kugeln, selbstgemachte Goldpapierketten, Strohsterne und zum Schluss das Lametta. Dieses wurde in einzelnen Fäden einzigartig auf dem Baum dekoriert, aber nur von unserem Vater.

Am Abend kam unser Onkel mit dem Auto zu uns und holte uns ab. Wir selber besaßen kein Auto. Es gab auch kein Telefon. Die wenigsten Menschen in unserem Umkreis besaßen eines. Wir fuhren zur Großmutter, und alles traf sich erst einmal in der großen Küche. Wenn alle Verwandten da waren, durften wir ins Wohnzimmer. Es war unterteilt, und der hintere Bereich, wo der Gabentisch stand, war immer abgedunkelt. Meine Tante, eine Lehrerin, hatte den Weihnachtsbaum nur mit selbstgefertigten Strohsternen und silbernen Kugeln dekoriert. Das war zu unserem bunten Baum zu Hause immer ein krasser Gegensatz. Wir Kinder fanden ihn immer etwas trostlos. Der Heilige Abend begann mit mindestens drei Weihnachtsliedern und den dazugehörigen Strophen. Das war eine so wunderbare Stimmung, die man heute leider nicht mehr erlebt. Die Wachskerzen an dem Baum leuchteten das Wohnzimmer aus, und nach dem Singen wurde ein frohes Fest gewünscht.

An einem Weihnachtsabend hatte meine Tante, die zu diesem Zeitpunkt Lehrerin im Allgäu war, eine Schallplatte mitgebracht. Es war eine Weihnachtsgeschichte von Karl Heinrich Waggerl. Diese sonore Stimme, die uns die Geschichte der Heiligen Familie erzählte, ist noch heute für mich Ausdruck eines heilen Familienlebens. Alle, auch die Erwachsenen, hörten aufmerksam und still diesem Erzähler zu. Doch dann ging es zur Bescherung. Es war für uns Kinder ein langer Abend. Unser Onkel brachte uns später wieder heim. Meine Schwester und ich hatten eine volle Tüte mit Weihnachtssüßigkeiten neben unseren Betten stehen. Wenn diese nicht schnell genug gegessen waren, wurden sie entweder steinhart oder weich. Es gab keine Plastikdosen für Kekse. Spekulatius wurden brüchig, Lebkuchen steinhart, und Printen konnten nur noch im Kakao wieder weich gestippt werden. Es waren damals wirklich nur Kekse, Äpfel, eine Apfelsine und eine Tafel Schokolade auf dem Teller – und natürlich Nüsse.

Wir waren so aufgedreht am Abend, dass wir kaum einschlafen konnten, zumal an diesem Abend ein großes Unglück geschehen war. Als wir nach Hause kamen, lag unser wunderbarer Weihnachtsbaum auf der Erde. Er hatte sich durch die Wärme im Wohnzimmer im Ständer gelockert und war umgekippt. Etliche Kugeln waren zerbrochen, einige Glasvögel auch. Wir waren doch sehr traurig, als wir ins Bett mussten. Wie wohl der Baum am Weihnachtsmorgen aussehen würde?

Erster Weihnachtstag: Unsere Mutter kommt ins Kinderzimmer, und wir dürfen ins Wohnzimmer. Als erstes sehen wir einen hellerleuchteten Weihnachtsbaum. Diesen hatten unsere Eltern in der Nacht noch einmal wunderbar zurechtgemacht. Das war eine große Freude. Doch wir sahen keine Geschenke, denn wir waren noch nicht in der Kirche gewesen. Meine Mutter, meine Schwester und ich fuhren mit dem Fahrrad zur Kirche. Vater und unser kleiner Bruder blieben zu Hause. Nach dem Gottesdienst gab es erst einmal Frühstück, denn man ging nüchtern in die Kirche, um die heilige Kommunion zu empfangen. Danach wurde das große weiße Bettlaken vom Gabentisch genommen, und endlich hatte man Gelegenheit, seine Geschenke zu bestaunen.

Natürlich bekamen unsere Eltern selbstgemachte Geschenke. Mutter erhielt sorgfältig gestickte Nadelkissen oder gehäkelte Topflappen. Es gab ein oder zwei Geschenke für jeden. In diesem Jahr erhielt ich eine Kinderpost und eine Kinder-Sparkasse mit echtem Tresor. Ich war total glücklich. Meine Schwester hatte eine Zither bekommen. Sie liebte Musikinstrumente. Doch der Höhepunkt für mich war der Weihnachtsteller. Mutter hatte ihn mit vielen Süßigkeiten bestückt. Es gab wunderbare Bonbons, die es nur zu Weihnachten gab und sonst das ganze Jahr über nicht. Jeder bekam eine Tafel Schokolade, die, die er am liebsten mochte. Ich bekam immer Zartbitter. Herrlich! Es gab das Jahr über immer nur recht wenig Süßigkeiten. Ab und an mal einen kleinen Lutscher oder aber Sonntags selbstgebackenen Kuchen. Vom Taschengeld konnte man sich vielleicht mal einige Schokoküsse kaufen.

Nach der Bescherung sangen wir viele Weihnachtslieder, und meine Mutter animierte uns immer wieder, mit der Blockflöte die Lieder mitzuspielen. Einige gelangen auch recht gut. Wie gesagt, nur einige!

Heute habe ich selber zwei erwachsene Kinder. Doch es gibt auch bei uns einige Traditionen: einen total bunten Weihnachtsbaum, eine besondere Süßigkeit (nur Weihnachten und zum Geburtstag), die Oma ist seit über dreißig Jahren immer am Heiligen Abend bei uns. Ich hoffe, so wird es noch etliche Jahre weitergehen.

Warten, warten und nochmals warten

✻✻✻

Maria Conlan, geborene Moritz, Jahrgang 1959, stammt aus Lünen, wo sie mit zwei Geschwistern aufwuchs. Die Mutter zweier Kinder arbeitet als Sekretärin in Münster und wohnt auch dort.

Weihnachten beginnt mit einem großen „W" für warten, warten, warten hoch drei. Das ist meine stärkste und erste Erinnerung an die Weihnachtszeit in den 60er Jahren. Die Eltern waren beide den Vormittag über schwer beschäftigt in der familieneigenen Drogerie, die Tante in der Küche, obwohl es mittags nur ein dünnes Süppchen gab, ist doch Heiligabend offizieller kirchlicher Fastentag in der katholischen Kirche. Warten aufs Christkind, so hieß auch das Radio-Kinderfunkprogramm, später das Spezialprogramm im Fernsehen. Warten, das Wort im Titel passt haargenau für den Heiligabend-Dauerzustand für uns drei Kinder. So lange das Kinderprogramm noch lief, war es ja erträglich, da war das wie etwas ganz Normales, was wohl alle Kinder anging, nicht nur in unserer Familie, doch war das Programm zu Ende, begannen hier die Zweifel bei uns: Alle warteten wohl, aber alle nicht so lange wie in unserer Familie, das war ein Ausnahmezustand. Nur bei uns dauerte die Warterei an diesem Tag ewig.

Waren die Eltern am frühen Nachmittag endlich müde vom Geschäft zu Hause, verschnauften sie nur kurz, dann gingen sie zur Kirche zum Beichten – und wir warteten weiter, warteten, warteten, warteten. Überall ringsum in den anderen Häusern gingen nach und nach die festlichen Lichter in den Fenstern an, überall wurden glänzende und glitzernde Weihnachtsbäume sichtbar, und wir warteten weiter und schauten neidisch durchs Fenster. Bescherung: Das war das magische Wort – und dass das Christkind kommt. Das kleine Glöckchen verkündete irgendwann spät am Nachmittag, wohl fast schon früher Abend, dass die heiß ersehnte Stunde gekommen war. Das Christkind war da gewesen, alles bereit: Christbaum geschmückt, Geschenke gebracht, und wir konnten mit strahlenden Augen das Wohnzimmer betreten, wo gleich der Baum vorn in der Ecke bereitstand; mit herrlichen Kugeln und viel Lametta geschmückt, dazu echte Kerzen – damals nur echte Kerzen, erst Jahre später kamen künstliche dazu.

Zuerst wurden Lieder gesungen, die Augen staunend auf den glitzernden, geschmückten Baum gerichtet, die Pakete lagen bereit zum Auspacken, von der Verwandtschaft geschickt. Später kamen dann – vor dem Geschenkeauspacken – die Gedichte hinzu oder die Blockflötenlieder. „O du fröhliche", „Stille Nacht", „Ihr Kinderlein kommet". Das war Standard. Dann endlich: Geschenke auspacken und damit spielen. Endlich! Die ganze Warterei hatte zum Ziel geführt.

Zum Essen gab es schlesische Weißwurst mit Sauerkraut, Weißbrot und zerlassener, brauner Butter. Doch daran erinnere ich mich in den frühen Jahren nicht wirklich, weil es ganz unwichtig war. Ich weiß auch nicht mehr, wann ich selber anfing, Geschenke zu basteln oder zu kaufen. Was im Kopf blieb als erste einschneidende Weihnachtserinnerung ist „Am Anfang war das Warten", und das war das eigentlich Besondere von Heiligabend.

Weihnachten ist ein Gefühl

❄❄❄

Maria Kessing, Jahrgang 1960, ist als ältestes von drei Kindern auf einem Bauernhof in der Bauerschaft Brockhausen bei Ahlen aufgewachsen. Als Redakteurin und Redaktionsleiterin beim Ahlener Tageblatt/Die Glocke ist sie ihrer Heimat rings um Ahlen ein Leben lang treu geblieben.

Heimat, sagt der Sänger Herbert Grönemeyer, ist kein Ort, Heimat ist ein Gefühl. Auch Weihnachten ist ein Gefühl, eine tiefe, alle Jahre wiederkehrende Sehnsucht nach Frieden, Geborgenheit und Heimat. Deshalb kann man über Weihnachten am besten zur Weihnachtszeit schreiben, wenn die Erinnerungen an die Kindheit lebendig werden.

Meine kleine heile Welt befand sich vor den Toren der Stadt Ahlen in der Bauerschaft Brockhausen, wo ich, geboren im Jahr 1960, auf einem Bauernhof zwischen Pferden, Kühen, Schweinen und anderen Tieren aufwuchs. Nur 500 Meter entfernt von unserem Hof, auf dem ich mit zwei jüngeren Geschwistern und einer Cousine aufwuchs, stand die alte Volksschule. Es machte keinen Unterschied, ob wir über die unbefestigten Feldwege oder querfeldein zum Unterricht gingen, den Lederranzen an dem die Schiefertafel baumelte, auf dem Rücken: Die Scholle klebte immer an unseren Schuhen. Die Stadt war weit weg. Erst nach der Auflösung der sogenannten Zwergschulen Ende der 1960er Jahre, als die Straßen durch die Flurbereinigung ausgebaut wurden und die Schulbusse rollten, mussten wir Bauerschaftskinder zur Schule in die Stadt. Ich glaube, es war das erste Mal, dass ich Heimweh bekam, das mich mein ganzes Leben begleiten sollte. Heimweh nach der Weite des Landes, dem Gesang der Vögel, den rauschenden Bächen, in denen wir unsere Füße badeten und Stichlinge fingen. Wie waren sehr erfinderisch beim Spielen, denn Spielsachen gab es so gut wie gar nicht. Aus dem Rad einer alten Bockkarre, das regelmäßig mit Wagenschmiere eingefettet wurde, bauten uns die Erwachsenen ein Karussell.

Einmal im Jahr kam eine Schneiderin ins Haus, die allen Kindern eine neue Sonntags-Ausgeh-Garnitur schneiderte, hübsche Kleidchen mit weißen Kragen, zu denen man weiße Kniestrümpfe und schwarze Lackschuhe trug. Die neuen Sachen wurden meistens zu Geburts- und Namenstagen der Großeltern ausgeführt. Es war selbstverständlich, dass wir schon als Kinder auf dem Hof anpacken mussten. Wir halfen bei der Kartoffellese und genossen den Duft in der Schweineküche, wo in einem großen beheizten Bottich die Feldfrüchte gekocht wurden. Dieser Duft steigt mir heute noch in der Nase hoch, wenn ich durch die ehemalige Schweineküche gehe, in der es heute allerdings nur nach Gülle riecht. Es sind aber auch die anderen Geräusche und Gerüche, die sich mir eingeprägt haben. Der Duft des frisch gemähten Heus, auf dem die Kühe friedlich kauten. Schweine, die sich wohl im Schlamm suhlten, und Hühner, die auf der Stange saßen und gackerten. Es war ein Leben, bestimmt vom Rhythmus der Jahreszeiten, das Mensch und Tier führten. Ein Leben, das sich tief in mein Innerstes eingeprägt hat und das ich hier so ausführlich beschreibe, weil Weihnachten der Höhepunkt des Jahres war, an dem sich der Kreis schloss.

Die Arbeit auf den Feldern ruhte, die Tiere standen im Stall, und die Menschen saßen hinter dem warmen Ofen und erzählten sich Geschichten, oft von früher und auch vom Krieg, der noch gar nicht lange zurücklag. Es gab in den ersten Jahren keinen Fernseher, aber eine Großmutter, die uns Märchen vorlas, und eine Tante, die sich um uns kümmerte, wenn Vater und Mutter im Stall ihrer Arbeit nachgingen.

Wenn es auf Weihnachten zuging, saßen wir in der Stube und bastelten aus Stroh und Goldpapier Sterne für die Tanne, die Vater in unserem Wald schlug. Es war eine besinnliche Zeit, die Natur hielt Winterschlaf, und Schnee bedeckte Wald und Flur. Wir liebten den Schnee und spannten unsere Dalmatiner-Hündin vor unseren Schlitten und drehten unsere Runden. Das Neueste erfuhren wir vom Briefträger, der meistens mittags mit seinem Fahrrad kam und sich am Kaminfeuer und mit einem Schnaps aufwärmte.

Heiligabend fand immer im „besten Zimmer" statt, das nur zu besonderen Anlässen benutzt wurde. Als ich größer wurde, war es meine Aufgabe, den Weihnachtsbaum mit echten Bienenwachskerzen zu schmücken und die Krippe aufzubauen. Es war und ist auch heute noch für mich das Schönste an Weihnachten, die Geschichte von der Geburt Jesu anhand der alten Figuren in Szene zu setzen. Die Figuren haben im Laufe der Jahre sehr gelitten, einzelne Teile müssen inzwischen mit der Heißluftpistole angeklebt werden. Aber die Krippe hat nichts von ihrem Zauber verloren. Wie auch das Weihnachtsfest. Keiner durfte vor dem Klingeln des Glöckchens die gute Stube betreten. Die Türschlösser wurden mit Papier ausgestopft, damit meine neugierigen Geschwister nicht schon vor der Bescherung einen Blick auf die Geschenke tun konnten. Jedes Kind bekam ein Teil zu Weihnachten, mal war es ein Schaukelpferd, ein Kaufladen, ein Plattenspieler oder ein Fahrrad. Und nicht zu vergessen die bunten Teller zu Weihnachten mit den selbst gebackenen Plätzchen und Apfelsinen. Wann gab es schon sonst Südfrüchte?

Weihnachten wurde aber auch der Schinken aus dem Pökelfass geholt und angeschnitten. Und es gab die eingemachten Früchte aus dem Vorratskeller und die Wurst aus der Hausschlachterei kam auf den Tisch.

Unvergessene Weihnachten: Es begab sich vor langer, langer Zeit in einem Kinderzimmer auf einem Bauernhof in Brockhausen. Hinter der für die Erwachsenen verschlossenen Tür wurde eifrig für den großen Auftritt am Weihnachtsfest geprobt. Maria, die Älteste auf dem Hof Kessing, hatte die Idee zu einem Krippenspiel. Und so wurden die beiden jüngeren Geschwister Elfriede und Friedhelm samt Cousine Mechthild verdonnert, mitzumachen. „Maria gab den Ton an, wir wurden richtig gedrillt", erinnert sich Elfriede, die sich darüber ärgerte, dass sie den Josef spielen sollte. Denn lieber wäre sie der Engel gewesen. Der durfte nämlich Mamas Hochzeitskleid anziehen. Doch in das passte am besten die große Schwester Maria. In weiteren Rollen: Cousine Mechthild als Maria und Bruder Friedhelm als Hirte. Und die Jesuskind-Frage wurde ganz pragmatisch gelöst: Eine große Puppe wurde in eine mit Heu ausgelegte Fußschaukel gelegt, die eine Krippe sein sollte. Vor der Premiere am prasselnden Kaminfeuer in der großen Bauerndiele hatten alle mächtig Lampenfieber. Doch das legte sich bald. Keiner fiel aus der Rolle, und zum Schluss gab es viel Beifall von Eltern, Oma und Tante. Mein Weihnachten lebt weiter, in meinen Erinnerungen und in der alle Jahre wiederkehrenden Erwartung an diese fröhliche und gnadenbringende Zeit, diese stille und heilige Nacht. Weihnachten bleibt für mich das Fest der Sehnsucht, an dem Gott Mensch wird irgendwo in einem Stall. In Bethlehem oder Brockhausen.

Mein schönstes Weihnachtsgeschenk

❄❄❄

Susanne Slomka, Jahrgang 1961, stammt aus Bielefeld. Sie ist verheiratet und wohnt in Halle/Westfalen. Die ausgebildete Poesiepädagogin arbeitet als Floristin.

Weihnachten – ein Fest der Freude, der Liebe und Geborgenheit. Weihnachten meiner Kindheit bedeutete für mich eine aufregende Zeit. Schon während der Adventszeit steigerte sich langsam unsere erwartungsvolle Vorfreude, die wir mit Plätzchenbacken, Basteln und diversen Weihnachtsaufführungen krönten.

Aber in besonderer Erinnerung ist mir ein Heiliger Abend, als ich fünf Jahre alt war. Seit Tagen war das Haus auf Hochglanz geputzt, der Tannenbaum besorgt und das Essen vorbereitet worden. Die Stunden des Tages zogen sich endlos hin. Meine ältere Schwester und ich hatten uns auf das große Sofa in unserer Wohnküche zurückgezogen. An normalen Tagen war das Sofa mein Schiff, so breit war es, wenn es sich wiegte und schaukelte. Aber dieser Tag war kein normaler Tag. Monika, meine Schwester, und ich flüsterten zusammen über die Geschenke, die wir unseren Eltern geben wollten. Meine jüngere Schwester war noch ein Baby. Wir sahen hin und wieder in ihre Wiege. Aber der Heilige Abend kümmerte unsere Schwester noch nicht, sie schlief friedlich. Monika las mir die Weihnachtsgeschichte vor. Aber unsere Gedanken schweiften immer wieder zum Wohnzimmer, aus dem wir Stimmen und Geräusche hörten. In das angrenzende Zimmer durften wir nicht. Seit Tagen waren die Türen verschlossen. Nein, es war uns nicht erlaubt, uns in seiner Nähe aufhalten. „Wenn das Christkind kommt", sagte Mama, und in meine freudige Erwartung mischte sich auch eine leise Furcht. Unsere Eltern gingen im Bescherungszimmer ein und aus, flüsterten miteinander. Später flocht meine Mutter mir noch einmal meine Zöpfe, weil ich den ganzen Tag einfach nicht still sitzen konnte.

Dann war es so weit. Ein Glöckchen bimmelte. Das Christkind war da gewesen. Zeit der Bescherung. Schnell sah ich noch einmal zum Fenster, um vielleicht doch wenigstens einen seiner Flügel zu sehen. Monika und ich stürmten ins Zimmer. Und da stand sie. Im Schein der vielen brennenden

Kerzen hatte sie vom ersten Augenblick an etwas Atemberaubendes. Eine Puppenwiege! Ein dunkelblauer Bezug mit kleinen rosa Rosen umspannte den weißen Korb, der auf einem ebenso weißen Gestell mit vier Rädern stand. Das Schönste war der Himmel, in gleicher Art wie der Volant, spitzenbesetzt, verwehrte er den Blick ins Innere. Der Wagen war so groß, dass ich bequem hineinschauen konnte. So etwas Schönes hatte ich noch nie gesehen. So etwas hatte ich mir auch gar nicht gewünscht. Und doch war die Wiege die Vollkommenheit meiner Träume. Was um mich herum geschah, nahm ich gar nicht wahr. Denn das war ja noch nicht alles. In der Wiege, zwischen einer rosa Bettgarnitur, lag eine Puppe, die mich anlächelte. Von diesem Augenblick an versank ich in meinem Spiel. Sicher wurde es noch ein schönes Weihnachtsfest. Was weiter geschah, weiß ich nicht mehr. Aber den Puppenwagen im Glanz der Kerzen vergesse ich nie.

Das Fest im Engadiner Hof

❄❄❄

Renate Rave-Schneider wurde 1951 in Hamburg geboren, bestand 1971 in Recklinghausen das Abitur und kam im Verlauf ihres Studiums 1978 über Freiburg nach Münster, wo sie heute noch lebt. Seit 1994 betätigt sich die Mutter zweier Kinder als Autorin, Literaturveranstalterin, Gedächtnistrainerin und Nachhilfelehrerin.

Mein lieber Bruder, erinnerst Du Dich? Als unsere Eltern ihre Koffer packten, wir unsere Klamotten, Skier aufs Auto, und aufbrachen Richtung Engadin? 39 Jahre ist das jetzt her, und die Erinnerung verklärt das Erlebte nochmals.

Bad Scuol-Tarasp-Vulpera am Inn im Unterengadin hatte ein Arztkollege meinem Vater empfohlen: Dort würde Rätoromanisch gesprochen, dort gebe es ein romantisches Kirchlein und ein bildhübsches Dörfchen mit eigenwillig bemalten Häusern, Schneegarantie zu Weihnachten sowieso, das Hotel Engadiner Hof bürge für Qualität. Und wir trafen ein: einen Tag vor dem Heiligen Abend, schritten durch die großzügige Hotelhalle, deren Eingang von zwei riesigen Tannen flankiert wurde, nahmen Billardraum und Barraum in Augenschein, unsere Zimmer mit hölzernen Balkonen, auf denen sich auch schon mal ein hungriger Raubvogel niederließ, und flanierten auf den Korridoren mit Schaukästen von Juwelieren und Modegeschäften, in denen manches Firlefänzchen zu finden war.

Dann kam der Heilige Abend, immer mehr Gäste trafen ein, das Hotel füllte sich, eine Band schloss Instrumente im Speisesaal an, eine Bühne wurde aufgebaut. Wie das duftete: Nach frischem Schnee, Kaminfeuer, Pferden und Tannengrün draußen im Hotelpark, nach Zigarren, Eau de toilette und Spezereien drinnen.

Mutter stellte auf dem Hotelzimmer schnell noch die Krippenfiguren und das Jesuskind in Position unter einer Vase mit Tannenzweigen, dann wurde geduscht, gebadet, festliche Kleidung angelegt, denn um 19 Uhr fand das festliche Galadiner im Speisesaal statt. Wir alle saßen an weiß eingedeckten Tischen unter den großen Rundbogenfenstern mit Blick auf die

Bühne, auf der die Band sich einstimmte. Dann gab es einen Aperitif zum Auftakt, und zwei blondgelockte Töchter von amerikanischen Gästen, Daisy und Cindy, vorwitzige, etwas frühreife Mädchen in roten Samtkleidern, griffen zu den Mikrofonen und stimmten an: Jingle Bells! Das Auditorium war begeistert und applaudierte großzügig. Und während Hummersuppe, Wildpastete und andere Gaumenfreuden genossen wurden, sangen die Mädels unter dem Tannenbaum, von der Band begleitet, noch weitere Songs: „White Christmas", „Holy Night", natürlich mit drei Strophen auf Deutsch, das hatten sie gelernt. Es funkelte und glitzerte draußen, durch die Fenster sahen wir Mond und Sterne und Eiskristalle, und wir freuten uns auf das, was vor uns lag: Ski, Apres-Ski und Silvester. Das war Weihnachten 1969 mal anders – im Engadin!

Fensterklopfen am Heiligen Abend

❄❄❄

Margret Geßmann, geboren 1965 in Holthausen, ist Bäuerin, Hausfrau und Mutter von zwei Kindern. Sie lebt seit 1988 auf einem Bauernhof in Bösensell.

Weihnachten verlief zwischen den Jahren meiner Geburt in den 60er Jahren bis in die 80er Jahre in einem festen Ritual. Wir Kinder, meine vier Geschwister und ich, durften stets am 22. oder 23. Dezember mit dem Vater den Weihnachtsbaum im Wald bei Holthausen aussuchen und schlagen. Der Baum wurde feierlich im Wohnzimmer, dem besten Zimmer im Haus, aufgestellt. Die Mutter hatte dabei stets Kommentare abzugeben, ob der Baum zu groß, zu klein oder zu ausladend war. In den ersten Jahren hieß es, der Baum werde kurz vor dem Heiligen Abend vom Christkind geschmückt. Mein kleiner Bruder und ich wollten es aber stets ganz genau wissen. Deshalb hielten wir kurz vor dem Heiligen Abend Wache auf der Treppe vor dem Zimmer. Wir wollten sicher gehen, dass auch wirklich das Christkind den Baum schmückte und die Geschenke bereitlegte. Mutter und der ältere Bruder wussten davon und verhielten sich so geschickt, dass wir nicht merkten, dass sie es waren, die für die guten Gaben sorgten. Mutter stieg, nachdem mein Bruder die Rolllade von außen hochgeschoben hatte, ins Zimmer ein, schmückte den Baum und legte die Geschenke für die Bescherung bereit.

Am Heiligen Abend hatten wir zur Ablenkung vom Bescherungsstress einige Hausaufgaben zu erledigen: Staub putzen, Staub saugen, den Vogelkäfig reinigen und natürlich das Festmahl mit vorbereiten. Die Fernsehsendung „Wir warten aufs Christkind" half ebenfalls dabei, die Wartezeit zu verkürzen. Nach dem Duschen gingen wir abends zur Weihnachtsmesse um 18.30 Uhr in die Holthausener Pfarrkirche, wo wir Mädchen im Chor sangen. Die Jungen mussten Messe dienen. Dann ging's nach Hause. Zum Essen am Heiligen Abend gehörte bei uns traditionsgemäß eine Rindfleischsuppe. Dann gab es warme Brötchen mit Bratenaufschnitt. Außerdem Kartoffelsalat. Nach dem Abendbrot wurde dann gemeinsam das Haus eingesegnet. Vater ging mit einem Kind, Kerze und Weihwasser durchs Haus und segnete jedes Zimmer und die Außengebäude. Wir besaßen eine kleine Scheune, in der wir ein Schwein, einen Haushund und etliche Kaninchen hatten. In dieser Zeit saßen Mutter und wir übrigen Kinder im Alltags-Wohnzimmer. Wir beteten den Rosenkranz und die Lauretanische Litanei. Die Segnung und die Gebete sollten uns im Laufe des Jahres vor Gewitter und sonstigem Unheil wie Krankheiten und Unfällen bewahren. Als der Vater dann gegen 20 Uhr zurückkam, war Bescherungszeit. Mutter ging in das gute Wohnzimmer um nachzuschauen, ob denn das Christkind schon da gewesen sei. Dabei entzündete sie auch die Wachskerzen und elektrische Kerzen am zimmerdeckenhohen Baum. Dann wurde geklingelt: Das Christkind hatte uns also schon besucht. Zunächst wurde vor dem Weihnachtsbaum gesungen. Die Kinderaugen glänzten vor der Pracht des geschmückten Baumes, zumal wir den Baum in seiner ganzen Pracht zuvor ja noch nicht gesehen hatten. Später, als wir nicht mehr an das Christkind glaubten, durften wir den Baum übrigens selber schmücken. Wir sangen stets bis zu drei Weihnachtslieder, vor allem „O Tannenbaum" und „Am Weihnachtsbaume die Lichter brennen".

Endlich war Bescherung. Wir packten dann die Geschenke aus. Jedes Kind hatte einen eigenen Sessel, auf dem seine Geschenke lagen. Auf dem Tisch standen zusätzlich für jedes Kind Teller mit süßen Gaben. Alles natürlich auf den Geschmack des Kindes abgestimmt. Mein schönstes Geschenk war ein grüngelber Wellensittich, den ich ungefähr mit zwölf Jahren bekam. Dieses Geschenk bekam ich wirklich alleine. In den Jahren zuvor erhielten meine Schwester und ich häufig identische Gaben, wie zum Beispiel Puppen oder eine Puppenwiege, damit wir uns nicht stritten. Gemütlich saßen wir dann vor oder unter dem Weihnachtsbaum und spielten die Spiele, die wir als Geschenk bekommen hatten.

Gegen 22.30 Uhr klopfte es dann lautstark ans Fenster. Unsere Nachbarin kam vorbei und meldete eine Kalbgeburt. Mein Vater musste fast jedes Jahr am Heiligen Abend bei der Nachbarin und ihrer Tochter helfen. Diese besaßen zwei Kühe, und fast jedes Jahr am Heiligen Abend kam dort ein Kälbchen zur Welt. Wir haben jedes Jahr darauf gewartet, dass es am späten Heiligen Abend an der Fensterscheibe klopfte. Für uns Kinder war das nicht so schön, weil der Vater weggehen musste.

Am Ersten Weihnachtstag wurden Oma und Opa in Laer besucht. Dort fand gewissermaßen eine zweite kleine Bescherung statt. Als Oma und Opa dann tot waren, kam mein Schwager zu uns, also wurde der Erste Weihnachtstag bei uns zu Hause gefeiert. Suppe und Rindfleisch mit Zwiebelsoße gehörten immer zum Festtagsmenü.

Am zweiten Feiertag gingen wir zwei jüngeren Kinder häufig mit unserem Vater nach der Messe in die Gastwirtschaft Daßmann. Dieser Frühschoppen ist auch als „Stephanus steinigen" bekannt. Von unserem Schwager angestiftet, machten wir Kinder uns einen Spaß daraus, den Gästen kleine Steine in die Jackentasche zu stecken, ohne dass sie dies bemerkten. Wenn sie es nicht bemerkten und wir sie auf die Steinchen hinwiesen, bekamen wir zur Belohnung ein kleines Glas „Regina", diese wunderhübsch rote Brause. Unser Vater arbeitete als Fliesenleger viel im Jahr. Aber zwischen den Jahren hatte er stets frei. So blieb viel Zeit, mit ihm zu spielen.

Die Tradition mit der Einsegnung des Hauses am Heiligen Abend habe ich nach meiner Heirat nach Bösensell mitgenommen, wo wir dieses Ritual noch heute praktizieren. Bevor die Bescherung ist, werden erst unsere Kühe und Kälber versorgt. Nach dem Essen am Heiligen Abend wird dann das Haus eingesegnet. Ein Kind geht mit bei der Segnung. Das andere Kind betet zunächst mit Mutter und Oma. Dann darf es die Weihnachtsgeschichte aus der Kinderbibel vorlesen. Und dann ist auch bei uns Bescherung. In den Gottesdienst gehen wir stets gemeinsam am ersten Feiertag, damit der Heilige Abend im familiären Kreis nicht unterbrochen wird.

Übrigens: Wir haben heute rund 35 Kühe im Stall. Aber es ist in den vergangenen 20 Jahren erst ein einziges Mal passiert, dass ausgerechnet am Heiligen Abend ein Kälbchen geboren wurde.

Hauseinsegnung

❄❄❄

Annegret Skupin, Jahrgang 1952, stammt aus Buldern. Sie wuchs auf dem Lande in einer Großfamilie mit elf Personen, bestehend aus Eltern, drei Tanten, vier Schwestern und einem Bruder, dem späteren Hoferben, auf. Heute lebt sie mit ihrem Mann in Dülmen, arbeitet als Arzthelferin und ist Mutter einer Tochter.

„Lasst uns schnell essen, sonst ist der Abend zu kurz", treibt Mama uns an. Wie in den vergangenen zwei Jahren steht überbackener Toast mit Schinken und Ananas auf unserem Speiseplan. Ja, wir sind in den 70er Jahren angelangt, die „moderne Küche" hat auch bei uns Einzug gehalten. Nach dem eiligen Essen, zur Feier des Abends im Alltagswohnzimmer, wird noch eiliger gespült. Darin sind Tante Martha und Tante Litti Weltmeister. Dann werden die nächsten Vorbereitungen für ein würdiges Weihnachtsfest getroffen. Wir Mädchen ziehen unsere langen, feinen Kleider an, die Damen dagegen ziehen ihre Rosenkränze zwar nicht an, aber hervor.

Alsdann wird gebetet was das Zeug hält, ein Rosenkranz nach dem anderen, eine Litanei nach der anderen. Für uns Jugendliche ist das nicht so „jovel". Was mir von damals in Erinnerung bleibt, ist, dass Tante Mia in ihrer Andacht die Augen so fest zudrückt, dass sie ganz viele kleine Fältchen hat und wir uns gegenseitig anstoßen und lachen. Ein Tadel ist uns sicher. Beim Beten lacht man nicht!

Was ich aber eigentlich erzählen will – wir Kinder haben auch die Möglichkeit, uns Papa anzuschließen, der, während Mama und die Tanten beten, Haus und Hof einsegnet. Ein schöner alter Brauch! Nöte, Krankheiten und Gefahren werden dadurch abgewendet. Leider dürfen nur Paul, als Hoferbe, und nur zwei von uns fünf Mädchen dabei mitmachen. Diese Chance, wenn man zu den glücklichen zweien gehört, wird voll genutzt. Es geht hier recht lustig zu. Papa führt die kleine Prozession an. Auch wir beten den Rosenkranz. Einer von uns hält die brennende Osterkerze, das Weihwassertöpfchen mit dem geweihten Buchsbaum wird von den anderen getragen. So tappen wir durch die Dunkelheit, das kleine flackernde Licht weist uns den Weg über knarrende Treppenstufen nach oben zu den Schlafräumen. Vor jeder Tür machen wir Halt, und Papa zeichnet mit dem in Weihwasser getränkten Buchsbaum ein Kreuzzeichen an die Tür. Bei Tante Mia angekommen, taucht er den Zweig gleich zweimal ins Weihwasser ein – mit unverblümten Grinsen. Wir lachen und bekommen „völlig unabsichtlich" ein paar Spritzer ab. Laut beten wir: „Gegrüßet seist Du Maria!" Dann stapfen wir wieder die Stufen herunter. Bei Tante Marthas Zimmertür angelangt, zeigt sich Papa wieder sehr verschwenderisch mit dem geweihten Wasser. Als wir durch die Diele kommen, hören wir Gebetsfetzen vom Wohnzimmer her. „Die sind noch lange nicht fertig", meint Papa. Wir setzen unseren Weg fort in Richtung Tenne. Die Osterkerze spendet nur spärliches Licht. Wir beten unsere „Vater unser" und „Gegrüßet seist Du Maria", und Papa segnet das Vieh. Die Kühe mit ihren großen, runden Augen schauen verwundert auf. Was die wohl denken? Alsbald sind wir im Schweinestall. Auch hier ist Papa sehr großzügig mit dem geweihten Wasser. Ein laut quiekendes Schwein, was sich wohl gestört fühlt, bekommt einen besonders dicken Segen ab. Wir können uns das Lachen nicht verkneifen. Bei Papas enormer Wasserverschwendung ist das Töpfchen bald leer. Somit hat unser Fürbittehalten ein Ende gefunden. Im Schweinestall ist wieder Ruhe eingekehrt, es ist stille Nacht.

Langsam und vergnügt gehen wir ins Haus zurück. „Hoffentlich hat Tante Mia nicht noch ein extra Gebet für alle armen Seelen!" Hat sie nicht, Gott sei Dank. Und nun – endlich – ist es soweit. Stille Nacht, Heilige Nacht! Die Tür zu unserem guten Sonntagswohnzimmer wird geöffnet. Mama entzündet die Kerzen am festlich geschmückten Weihnachtsbaum. Tante Litti stimmt „Ihr Kinderlein kommet" an, wir stimmen mit in den Gesang ein, mehr schlecht als recht, das spielt keine Rolle. Uns allen ist ganz feierlich zu Mute, kleine Streitereien sind unwichtig und vergessen. Jetzt endlich ist Weihnachten!

Nachtrag: Ich muss wohl nicht erwähnen, dass es für jedes Familienmitglied schöne Geschenke gab. Außerdem hatte jeder von uns einen Weihnachtsteller vor sich stehen, dick bestückt mit selbstgebackenen Plätzchen und Süßigkeiten. Eine Schokolade, eine Apfelsine, zwei Clementinen, ein Apfel und Erdnüsse gehörten auch noch dazu.

Eine wunderschöne Zeit hatten wir im Hangenau.

Politische Weihnachtspredigt

❊❊❊

Hans-H. Hücking, Jahrgang 1942, war zum Zeitpunkt der Geschichte Theologiestudent und Mitglied des Oratoriums an St. Bonifatius in Dortmund, vergleichbar einem Priesterseminar. Der Diplomtheologe lebt heute in Dortmund.

Im mehrheitlich protestantisch-lutherischen Dortmund galt damals die katholische Bonifatius-Kirche am Rande der Innenstadt als ein Ort kirchlicher und liturgischer Modernität. Ihre (zehn) Priester und ich, als ein sich auf die Priesterweihe vorbereitender Theologiestudent, bildeten ein „Oratorium", das zwar kein Orden (nur eine „Kongregation") war, aber unter anderem ein Privileg der Orden besaß: die kirchenrechtliche Unabhängigkeit vom Ortsbischof, in diesem Fall von Erzbischof Kardinal Jäger aus Paderborn. Liturgische Modernität meint hier: eine schon vor dem II. Vatikanischen Konzil (1962-65) erfolgte Trennung von Altar und Tabernakel, Gottesdienste in deutscher Sprache mit dem Gesicht des Zelebranten zur Gemeinde, Mitarbeit von „Laien" und so weiter.

Als ich mich, 1968 von der Universität Bochum kommend, zusammen mit drei aus der Erzdiözese Köln stammenden Priester-Seminaristen und einem Kaplan dem Dortmunder Oratorium anschloss, brachten wir in diese Gemeinschaft zusätzliche Komponenten ein: junge (von „1968 infizierte") Theologen, politische Theologie im Sinne von Johann Baptist Metz (Münster), Option der Kirche für die Armen und Ausgestoßenen, Liturgie als symbolische Handlung des Teilens der Güter (des Brotes und des Weins) für alle Menschen, christliche Gemeinde als Ort der Solidarität und Emanzipation von politisch-ökonomischen, aber auch privaten und familiären Herrschaftsbeziehungen. Dies musste in einer Gemeinde, die vorwiegend aus der höheren Mittelschicht und überwiegend aus CDU-Wählern bestand, zu Konflikten führen, die schließlich Mitte der 70er Jahre im Zerfall des Oratoriums endeten.

Weihnachten 1970: Meine Mitbrüder bestimmten mich zum Prediger am Zweiten Weihnachtstag in der Spätmesse um 11.30 Uhr. Die katholische Kirche gedenkt an diesem Tag des ersten gesteinigten Märtyrers des jungen

„Christentums", des gesetzes- und tempelkritischen Judenchristen Stephanus. In wenigen Tagen sollten im katholisch-faschistischen Spanien sechs baskische Oppositionelle hingerichtet werden. Mit „tiefer Erregung" war im Vatikan – wie ein Sprecher sagte – die Nachricht aus Burgos aufgenommen worden: Papst Paul VI. hatte sich wiederholt bei der spanischen Regierung für die Angeklagten eingesetzt. Konnte ich in meiner Predigt darüber hinwegsehen? Der Märtyrer Stephanus und die Märtyrer heute? Den Einen zu nennen ohne die Anderen erschien mir heuchlerisch, unpolitisch, abstrakt. So suchte ich einen Bogen zu schlagen – von dem zu Jesus als Messias stehenden Stephanus zu den für Demokratie, Freiheit und kulturelle Autonomie sich einsetzenden Basken, unabhängig davon, ob sie sich als Christen verstanden. Jedenfalls waren sie Opfer politisch-militärischer Gewalt, der Christen niemals auch nur den Anschein von Zustimmung verleihen dürfen. Während der Predigt gab es laute Zwischenrufe: „Aufhören!" „Das haben wir schon in der Zeitung gelesen!" „Unerhört!" Wie in einer Theater-Premiere, die von Teilen des Publikums ausgebuht wird. Ich schwitzte, mein Kopf war rot vor Aufregung: Sollte ich abbrechen oder weitermachen bis zum Ende meines Manuskripts? Ich hielt durch. Aber die Folgen waren Beschwerden beim zuständigen Pfarrer, ebenfalls Mitglied des Oratoriums, offene und anonyme Briefe an den Paderborner Erzbischof, der mir nicht nur aus diesem Grund schließlich die Priesterweihe in seinem Bistum verweigerte.

Es war damals ein Weihnachten, das ich bis heute nicht vergessen kann: nur vielleicht privat friedlich, zumindest in Europa antifriedlich mit Diktaturen in sogenannten christlichen Ländern wie Griechenland, Portugal und Spanien, von Osteuropa ganz zu schweigen, und in einer katholischen Gemeinde in Dortmund eher unfriedlich.

Ein rotes Licht
flackert in der Weihnachtsnacht

❄❄❄

Johannes Loy, Jahrgang 1963, stammt aus Münster. Er studierte nach dem Abitur am Paulinum von 1982 bis 1988 Geschichte, Katholische Theologie und Erziehungswissenschaften in Münster. Seit 1995 leitet er das Feuilleton-Ressort der Westfälischen Nachrichten/Zeitungsgruppe Münsterland.

Die Frage, wann eigentlich die Bescherung stattfindet, ist im weitgehend katholischen Münsterland nicht immer eindeutig festgelegt. In unserer Familie stießen zwei Beschertraditionen aufeinander. Während der Vater aus Wolbeck, wiederum mit Vorfahren vom Niederrhein und aus der Soester Börde, die Bescherung am Heiligen Abend gewohnt war, hielt die mütterliche Tradition mit Wurzeln in Gimbte und Münster am Beschertermin am Ersten Weihnachtstag fest und setzte sich auch durch. Der Heilige Abend gestaltete sich so in den 1960er bis 80er Jahren vergleichsweise ruhig. Als wir Kinder noch klein waren, wurde das Wohnzimmer in unserem Haus in Münster-Mariendorf schon ein oder zwei Tage vor dem Heiligen Abend abgedunkelt und verschlossen. Das Christbaumschmücken ging ebenfalls hinter verschlossenen Türen vor sich. Am Heiligen Abend selbst hatte ein ausgedehnter Spaziergang durch den Boniburger Wald, manchmal bis über die Werse nach Handorf, Tradition. Ein Anziehungspunkt für uns vier Kinder war dort stets das Haushalts- und Spielzeugwarengeschäft von Josef und Thea Nientiedt, wo die Schaufensterauslagen mit Schlitten, Baukästen oder Spielzeugeisenbahn die Bescherungs-Fantasien ungemein beflügelten. Nach dem Weihnachtsgottesdienst in der Dyckburgkirche am frühen Abend, bei dem die Messdienerkollegen im Zweifelsfall in der Sakristei schon von ihrer Bescherung berichteten, ging es frohgestimmt heimwärts. Von weitem schon konnten wir erkennen, dass die Mutter das elektrische Licht gelöscht und große Kerzen in die Fenster gestellt hatte, was die Weihnachtsstimmung steigerte. Im Radio lief am Abend stets die Sendung „Gruß an Bord" des Norddeutschen Rundfunks. Darin übermittelten Seeleute ihre Weihnachtsgrüße an ihre Familien in Deutschland und umgekehrt. Die Sendung vermittelte eine sentimentale Stimmung. Die Menü-Folge stand fest und wurde auch die Jahre über nicht grundsätzlich in Frage gestellt: Nach dem reichhaltigen Essen mit Schweineschnitzeln, Kartoffelpürree und Apfelkompott ging es ins Bett. Im Flur stand die ganze Nacht über ein rotes Kerzenlicht, das geheimnisvoll flackerte. Ich muss nicht erwähnen, dass es uns Kindern durchaus schwer fiel, angesichts der Spannung in den Schlaf zu finden. Am nächsten Morgen konnte man die Bescherung kaum erwarten, nicht selten schlug mir die kindliche Nervosität auf den Magen. Vater, den nicht selten zu den Feiertagen Zahnschmerzen oder dunkle Erinnerungen an die Kriegszeit plagten, zündete die Wachskerzen am Baum an, an der Krippe wurde das Lied „Zu Bethlehem geboren" gesungen, wir wünschten uns Frohe Weihnachten und bestaunten dann die Gaben auf dem Wohnzimmertisch. Es gab Spielsachen, Bücher und allerlei nützliche Dinge wie Handschuhe oder Schals für den Winter. Als eines der schönsten Geschenke habe ich den großen „Davos"-Schlitten in Erinnerung, der im kalten Winter 1969/1970 auf unserem „Abhang" im großen Garten an der Bahnlinie Münster–Osnabrück besonders oft zum Einsatz kam. Erst am späten Vormittag wurde die Jalousie im Wohnzimmer hochgezogen, dann allerdings wich die geheimnisvoll-dunkle Bescherungsstimmung mit einem Schlag der dunkelgrauen Helligkeit eines meist typisch schmuddeligen münsterländischen Wintertags.

An den Feiertagen blieb man in der Regel zu Hause. Die Vesper am Ersten Weihnachtstag brachte noch einmal die festliche Weihnachtsstimmung zurück, die wir Messdiener mit reichlich Weihrauch verstärkten. Noch bis mindestens zum 27. Dezember, meinem Namenstag (Johannes der Evangelist), blieben die bescherten Gaben auf dem Wohnzimmertisch, dann wich das Weihnachtliche mehr und mehr jener ruhigen, trägen Zeit „zwischen den Jahren", in der man Fernsehklassiker, Schachsendungen oder Skispringen im Fernsehen anschaute und sehnsüchtig auf Schnee oder auf das knallbunte Silvestertreiben wartete. Kurz nach Neujahr zogen wir als Sternsinger durch die Dyckburgpfarre, was uns nicht nur Geld für arme Kinder in Not, sondern auch stapelweise Schokoladentafeln und sonstige Leckereien einbrachte. Zum „Ritual" gehörte es in unserer Familie, das Orffsche Weihnachtsspiel auf Schallplatte anzuhören und danach vielleicht die eine oder andere Wunderkerze anzuzünden, wofür der Teppich auf dem Parkett wegen möglicher Brandflecken zurückgeschlagen wurde. So endeten schließlich die Weihnachtsferien, und der Alltag nahm seinen Lauf. Noch bis Mitte Januar durfte die einfache Weihnachtsfichte vor sich hin nadeln, zum Schluss schmückte nur noch ein Weihnachtsstern die wohlgeformte und wie Ton aussehende Kunststoff-Krippe, die stets bis zum 2. Februar (Darstellung des Herrn/Mariä Lichtmess) stehen blieb und dann aber nur noch von Ferne an Weihnachten erinnerte.

Da ich 1988 eine Oberschlesierin geheiratet habe, sind neue Weihnachtstraditionen in unsere neue Familie „eingewandert". Dazu gehören polnische Weihnachtslieder, die vor allem die Posener Nachtigallen so vortrefflich Jahr für Jahr ins Münsterland tragen, dazu gehört auch der in Butter gebratene Karpfen als Mahl am Heiligen Abend. Die auch in Polen übliche Beschertradition am Heiligen Abend setzte sich durch, allein schon wegen der Ungeduld unserer kleinen Kinder, denen es natürlich nicht klarzumachen war, dass man mit der Bescherung auch bis zum Ersten Weihnachtstag, dem eigentlichen Festtag, warten könnte. Küster- und Orgeldienste in der Kirche bringen es mit sich, dass Weihnachten trotz der angestrebten Ruhe doch mit den entsprechenden Terminen angefüllt ist. Je größer die Kinder werden, desto mehr legt sich auch die übergroße Erwartungshaltung vor dem Fest, die nicht selten viele Familien vor nervliche Zerreißproben stellt. Immer wieder wird die Weihnachtszeit mit viel Vorfreude erwartet. Ich stelle jedoch fest, dass sich die Zeiten auch im Münsterland dermaßen verschoben haben, dass vielen Zeitgenossen das Fest schon lange vor dem Fest „über" ist. Wenn die Christstollen schon im September in den Regalen liegen und die Dörfer schon Ende November im vorweihnachtlichen Schmuck aussehen wie grelle Flugzeuglandebahnen, bleibt nicht viel von der „stillsten Zeit im Jahr", die der Dichter Karl Heinrich Waggerl aus dem Salzburger Land so vortrefflich beschrieb. Weihnachten ist zum großen, atemlosen Geschäft verkommen. Doch sollte man nicht beim Jammer stehen bleiben, sondern vielleicht im familiären Umkreis konkrete Gegenakzente setzen. In Bösensell zum Beispiel hat sich eine feine Tradition herausgebildet, im Advent einen „Begehbaren Adventskalender" zu organisieren. Reihum schmücken Familien des Dorfes eines ihrer großen Häuserfenster mit thematischen Bildern. Man singt, betet, erzählt Geschichten. Eine gute Möglichkeiten, die Zeit bis Weihnachten etwas anders zu gestalten. Es wächst die Sehnsucht nach einem Fest, das zurückkehrt zu seinen Wurzeln: Gott wird Mensch in einer Krippe.

Weihnachtschaos mit Dackel

❅❅❅

Erika Hagemann, Jahrgang 1936, ist verheiratet und hat zwei Töchter. Sie lebt in Steinfurt

Im Jahr 1972 schenkten wir unseren beiden Töchtern zum Weihnachtsfest einen jungen Dackel. Er wurde heimlich nachmittags vom Züchter abgeholt und musste die restliche Zeit, bis zur Bescherung, in einer Kiste ausharren.

Als der große Augenblick nahte, wurde die ängstliche Dackeldame durch die Jubelschreie der beiden Kinder so erschreckt, dass sie die Flucht unter den Tannebaum antrat, wo unsere Krippe stand. Gundi raste mitten durch die Heilige Familie!

Das Chaos war perfekt: Das Jesuskind flog in hohem Bogen aus der Krippe. Die Schafherde lag wie vom Blitz getroffen. Maria und Josef fanden sich in Seitenlage wieder, und sogar die würdigen Könige lagen auf dem Rücken. Zwei Schäfchen aus der Herde entdeckten wir erst viel später unter dem Sofa wieder.

Man kann sich vorstellen, dass dieser Heilige Abend ein bisschen von seiner Feierlichkeit verloren hatte. Aber er wurde noch sehr fröhlich.

Herbergssuche

❄❄❄

Ulrike Ratert, Jahrgang 1966, stammt aus der Feldbauerschaft in Nordwalde und hat neun Geschwister. Sie arbeitete als Angestellte bei der Agentur für Arbeit. Die Mutter zweier Töchter lebt heute in Warendorf.

Wenn ich an Weihnachten denke, fängt es für mich am ersten Advent an. An diesem Tag wurde die Muttergottes, die das ganze Jahr über in meinem Elternhaus auf dem Wohnzimmerschrank stand, auf Herbergssuche geschickt. Diese Muttergottes ist eine Statue, die fest in einem Holzhäuschen in Rosen gerahmt steht. Sie wurde vor vier Generationen, vor etwa 130 Jahren, von einer behinderten Frau, die nicht laufen konnte, aus lauter Dankbarkeit darüber, dass sie noch eine Nähemaschine und die dazugehörigen Pedale bedienen konnte, angeschafft. Von diesem Zeitpunkt an wurde die Muttergottes an jedem ersten Advent bei Beginn der Dämmerung auf Herbergssuche geschickt. Diese Herbergssuche dauerte bis zum Heiligen Abend. Während der Zeit wurde sie in 22 Haushalten in der Nachbarschaft ein um den anderen Tag aufgenommen und sie traf am Heiligen Abend wieder bei uns zu Hause ein.

Bei jeder Übergabe der Muttergottes in einen anderen Haushalt wurde folgendes Gebet gesprochen: „Oh nehmt sie auf in ihrer kalten Wanderschaft, die Jungfrau rein in ihrer heiligen Mutterschaft. Gönnt ihr gerne ein Plätzchen im Haus, stoßt sie nicht herzlos ins Elend hinaus. Verehrt sie nicht nur heute und morgen, helft immer ihre mütterliche Ehre besorgen." Zur Begrüßung wurde folgendes Gebet gesprochen: „Sei gegrüßt, heilige Jungfrau rein, zieh gerne in meine Wohnung ein. Ich will dich verehren von Herzen und teilen deine Freuden und Schmerzen. Lass Dir den schwachen Dienst gefallen, von mir und meinen Kindern allen." Danach wurden zwei Kerzen angezündet, und die ganze Familie betete die Lauretanische Litanei.

Die Bescherung am Heiligen Abend fand bei uns zu Hause nie vor Eintreffen der Muttergottes statt. „Bänd" (Bernd), ein Nachbar, trank ein Bier und nahm uns auf den Schoß. Manchmal brachte er auch Katjes-Lakritze

Dies ist die Muttergottes-Statue, die in der Feldbauerschaft in Nordwalde vor Weihnachten auf Herbergssuche geschickt wurde.

– eine Tüte für alle – mit. Anschließend wurden der Hof, die Scheune und das ganze Haus von meinem Vater und uns Geschwistern mit Weihwasser eingesegnet. Für uns Kinder war das sozusagen das „Christkind-Suchen". Erst als die Einsegnung zu Ende war, durften wir uns auf die Bescherung freuen. Jedes Kind bekam einen Weihnachtsteller mit Süßigkeiten und einer Apfelsine. Des weiteren gab es eine Schokolade, ein Marzipanbrot, fünf bis sechs Bonbons – alles abgezählt – und einen Apfel auf den Teller. Wir tauschten die Süßigkeiten untereinander, denn alles mochte man nicht. Wenn ich heute bei meiner Mutter zu Besuch bin, erinnere ich mich immer wieder gerne an diese alten Weihnachtsrituale.

Noch etwas: Wenn beim Beten alle ernst dreinblickten, so konnte es auch passieren, dass man bei dem Vers für die „abgestorbenen Christgläubigen" ziemlich laut losprusten musste. Meine Mutter brachte uns mit Blicken, wie wir sie von ihr auch aus der Kirche kannten, wieder zur „Besinnung"!

Glück im Unglück

❅❅❅

Die 60-jährige Ele Thomas lebt in Reken. Sie ist verheiratet, hat zwei Kinder und zwei Enkelkinder.

Aus dem Radio kommen die ersten besinnlichen Melodien: „O du schöne Weihnachtszeit." Doch für meine Familie und mich trifft das nicht zu, ganz im Gegenteil. Vor dem 1. Advent bekommen wir die Kündigung für unsere Wohnung. Der Vermieter gibt Eigenbedarf an. Obwohl man uns keine bestimmte Frist setzt, möchte ich doch so schnell wie möglich weg, denn die ganze Sache hat einen intriganten Hintergrund, was mich sehr traurig macht. Schnell finden wir eine neue, passende Wohnung. Die Miete ist allerdings fast doppelt so hoch. Aber dafür ist sie auch größer und hat zusätzlich eine Terrasse. Der Umzug ist zwischen Weihnachten und Neujahr geplant. So sitzen wir nun am 3. Advent auf Kisten und Kästen. Die Schränke sind gähnend leer. Der Adventskranz sieht in diesem Chaos ganz verloren aus.

Zwei Tage vor Heiligabend bekomme ich einen Anruf von der Firma meines Mannes. Da er im Außendienst tätig ist, soll ich ihm ausrichten, dass er am nächsten Tag in der Firma erwartet wird. Ich dachte an ein kleines Weihnachtsgeschenk, welches mein Mann sich abholen soll. Das bekommt er auch: Die Kündigung. Der Jahresvertrag ist abgelaufen und wird nicht verlängert. Jetzt bin ich nicht nur traurig, sondern deprimiert. Eine neue teurere Wohnung und keine Arbeit. Was kann denn noch passieren?

Heiligabend: Morgens will unser kleiner Timo nicht aufstehen. Er hat solche Bauchschmerzen. Vater geht vorsichtshalber mit ihm zum Notdienst, während ich die letzten Besorgungen erledige. Nach etwa zwei Stunden kommt Vater allein zurück. Das Kind sitzt im Auto, und ich soll schnell ein paar Sachen zusammenpacken, fürs Krankenhaus. Dort wird schon alles für eine Notoperation vorbereitet, höchstwahrscheinlich der Blinddarm. Was kommt nach traurig und deprimiert? Ich weiß es nicht. Ich packe mechanisch und steige ins Auto. Mein Kleiner schaut mich stumm an, und nur eine dicke Träne läuft seine Wange herunter. Mein Hals ist wie zugeschnürt, und ich weiß, dass ich jetzt nicht sprechen darf, sonst heule ich ohne Ende, also nehme ich ihn ganz fest in den Arm und lasse ihn bis zur Klinik nicht mehr los. Dort wird er in ein großes Bett gelegt, und nur sein kleines Köpfchen schaut heraus. Er sieht schrecklich verloren aus in dem Krankenzimmer, ganz allein. Wir müssen jetzt gehen und können am späten Nachmittag wiederkommen. Nun habe ich ein paar Stunden Zeit zum Weinen und Verzweifeln.

Dann packe ich alle unsere Weihnachtsgeschenke für die ganze Familie zusammen, und wir machen uns auf den Weg zum Krankenhaus. Ich will dort die Bescherung für uns alle vornehmen. Natürlich bin ich von einem guten Ausgang der Notoperation überzeugt. Als wir das Krankenzimmer betreten, liegt unser Kind noch genau so da, wie wir es vor Stunden dort verlassen haben. Als ich ihn frage, ob sich denn noch nichts ereignet hätte, antwortet er: „Nein!" Ich suche sofort den Arzt auf, der mir mitteilt, dass die Entzündung, die man im Blut feststellen kann, zurückgegangen ist und dass es wohl mehr eine Darmreizung sein wird. „Gott sei Dank." Auf meine Frage, was denn nun geschehe, meint der Arzt: „Nix." Wie „nix"? Nix kann er auch zu Hause machen. Also, wenn ich dem Arzt verspreche, dass ich dem Kind – außer Tee und Zwieback – nichts zu essen gebe – „an Weihnachten" –, kann ich ihn wieder mitnehmen. Ich verspreche alles. So schnell habe ich meinen Kleinen noch nie angezogen, die Sachen gepackt, die Weihnachtsgeschenke, die ja noch gar nicht ausgepackt waren: Alles kommt ins Auto und ab nach Hause.

Dort haben wir uns jeder heimlich in der Küche eine Stulle geschmiert und der Gänsebraten blieb im Eisfach. Der Weihnachtsbaum glänzte zwischen dem riesigen Chaos, aber ich war so glücklich: Ich hatte mein Kind – unversehrt – am Heiligabend wieder bei mir.

Weihnachtliches Billardmatch

❄❄❄

Felix Theising wurde 1943 in Lingen/Ems geboren. Er lernte Maler im Betrieb seines Vaters und fuhr dann von Ende 1968 bis Ende 1971 zur See. Seit 1981 lebt er mit seiner Familie in Münster und arbeitet bis heute als Altenbetreuer im ambulanten Dienst.

Am 24. Dezember 1971 lagen wir in einer Schiffswerft in Rouen. Ein paar Tage zuvor waren wir mit unserem Kümo (Küstenmotorschiff) in der Seinemündung mit einem Schutendampfer kollidiert. Dieses Malheur kostete uns drei Wochen Werftzeit in dieser schönen Stadt. Kapitän, Steuermann und der Maschinist waren über Weihnachten von Paris aus nach Hause geflogen, um mit ihren Familien das Fest der Liebe zu feiern.

Die an Bord Gebliebenen, ein Matrose, ein Decksmann und zwei Jungmänner, harrten der Dinge, die da noch kommen sollten. Ich, Decksmann und 23 Jahre alt, hatte die „Oberaufsicht", weil ich am längsten an Bord war, nämlich etwas über zwei Jahre. Zu meiner Aufsicht gehörte unter anderem der Kapitänssalon plus Bordkasse. Auf diese Kasse komme ich noch zu sprechen!

Am Heiligen Abend hatten wir noch „klar Schiff" gemacht, zu Mittag gegessen und geduscht; danach verzog sich jeder in seine Kammer. Gegen 17 Uhr wollte ich mit meinen „Männern" überlegen, wie der Tag weiter verlaufen sollte. Der Erste, dem ich einen Besuch abstattete, saß auf seiner Bank, die Knie angewinkelt, den Rücken an der Wand und der Kopf ruhte auf den Knien. Bei allen bot sich das gleiche Bild. Es machte sich Traurigkeit breit, denn die Jungs, zum Teil erst 18 Jahre, dachten natürlich an die Lieben zu Hause! „Wollen wir den Heiligen Abend feiern mit soo langen Gesichtern?" fragte ich. „Wir haben kein Geld mehr, um an Land zu gehen, und die Franzosen feiern eh nicht Weihnachten, lass uns in Ruhe!"

Ich ging an Deck und besah mir den Tannenbaum, den wir am vorderen Mast angebracht hatten. Das ist kein Weihnachten, schoss es mir durch den Kopf, ich muss Abhilfe schaffen. Aber woher Geld nehmen und nicht stehlen? Dann fiel mir wieder die Bordkasse ein, soll ich? Ich hatte ja schließlich Vollmacht über alles. Ich ging wieder von Kammer zu Kammer, überall das gleiche Bild, traurig! „Wenn ich Geld besorge, geht ihr dann mit an Land?" Schweigen. „Wo willst du Geld besorgen?", fragten sie. „Das lasst man meine Sorge sein", entgegnete ich. „Also, an Land?"

Um es kurz zu machen: Ich entnahm der Kasse umgerechnet 300 Mark, legte eine Quittung hinein und ab ging es in die Stadt. Nach einer Weile Fußmarsch kamen wir an eine geöffnete Kneipe mit Billardtisch. An der Theke saß eine englische Mannschaft, die wir zu einem ausgedehnten Billardmatch einluden. Nach einigen Bierchen wurden sogar Weihnachtslieder gesungen, jeder in seiner Sprache. Es wurde für alle ein unvergessliches Weihnachtsfest! Beim Schreiben läuft mir noch immer ein Schauer über den Rücken. Der Kapitän hat uns den Vorschuss von der Heuer abgezogen und war nicht sauer auf uns. Frohes Fest!

Deutsch-finnische Weihnachten

❄❄❄

Jürgen Henke, Jahrgang 1961, ist in Ahlen aufgewachsen, wo der Geschäftsführer eines metallverarbeitenden Betriebes auch heute noch mit seiner Frau und seinen beiden Kindern lebt.

Schon immer war unsere Stadt Ahlen in der Vorweihnachtszeit schön und glitzernd geschmückt. Ich erinnere mich an grüne Tannenzweige und Lichterketten, die kunstvoll über der Straße hingen. Zu dieser Zeit schienen mir mehr Menschen als sonst in der Stadt unterwegs zu sein.

Vor 35 Jahren stand ich als kleiner Junge vor dem alteingesessenen Spielzeuggeschäft. Die ausgestellten Spielzeuge zogen mich immer wie ein Magnet an. Besonders hatte es mir die Carrera-Rennbahn angetan, auf der zwei Rennautos ferngelenkt in einer wahnwitzigen Geschwindigkeit um die Wette fuhren. In dieser Vorweihnachtszeit stand ich oft vor diesem Laden und immer wieder drückte ich mir an der Scheibe meine kleine Stupsnase platt. Es verstand sich von selbst, dass ich mir nichts sehnlicher als diese Carrera-Rennbahn wünschte, die auf meinem Wunschzettel auch ganz oben stand. Die Tage bis Weihnachten kamen mir unendlich lang vor.

Wenige Tage vor Heiligabend gingen wir wieder in die Stadt und auch am Spielzeuggeschäft vorbei. Gerade wollte ich wieder mein liebgewonnenes Ritual wiederholen und den beiden wetteifernden Fahrzeugen staunend zusehen – doch, was war passiert? Die Carrera-Rennbahn war gar nicht mehr da. Ihren Platz nahmen Puppen und Stofftiere ein, die mich überhaupt nicht interessierten. Ich war ganz schön erschüttert. Wie konnte das sein? Wochenlang hatten die kleinen Flitzer ihre Runden gedreht. Und nun war auf einmal der Zauber verflogen? Ich überlegte mir: „Wahrscheinlich wollten zu viele Jungen dieses Wunderwerk der Technik haben und es war ausverkauft. Oder war vielleicht deshalb kein Platz mehr da, weil Puppen und Teddybären wichtiger waren?" Da hatte mein Vater Einiges zu erklären! Er meinte, der Weihnachtsmann sei bestimmt schon hier im Laden gewesen und habe die Carrera-Rennbahn bereits auf seinem Schlitten und vielleicht sei sie sogar schon auf dem Weg zu uns.

Hier muss ich erklären, dass meine Mutter aus Finnland kommt und wir einige Weihnachtsbräuche von dort übernommen haben. Wir Kinder glaubten also ganz fest, dass der Weihnachtsmann mit seinem Rentierschlitten wirklich zu allen Kindern kam. In dieser Zeit gab es auch tatsächlich noch regelmäßig Schnee zu Weihnachten. Trotz aller Erklärungen meines Vaters blieb ich sehr skeptisch. Ich fragte mich damals doch auch schon, wie dieser Weihnachtsmann es mit nur einem Schlitten schaffen will, die Kinder in aller Welt an nur einem Tag zu beglücken.

Zu Hause, in der Schule, zu allen Gelegenheiten konnte ich fast nur noch an die Carrera-Rennbahn denken. Und die Spannung an Heiligabend wurde dann noch durch weitere „weihnachtliche Hürden" fast ins Unermessliche erhöht. Nachmittags stand zunächst der gemeinsame Kirchgang auf dem Programm, und danach saßen wir beim Essen gemütlich zusammen. Das typisch finnische Weihnachtsessen ist der Weihnachtsschinken mit verschiedenen Aufläufen aus Kartoffeln und Steckrüben. Vor dem Essen wurde die Weihnachtsgeschichte vorgelesen, und nachher sangen wir immer einige deutsche und finnische Weihnachtslieder.

Aber dann! Gegen 19 Uhr läutete eine kleine Glocke. Das musste der Weihnachtsmann sein. Nun stieg der Adrenalinspiegel bei uns Kindern sprunghaft an. Der große Moment schien ganz nah zu sein. Die Bescherung stand an – übrigens ein Wort, mit dem ich mich bis heute nicht richtig angefreundet habe. Bei uns als evangelischer und deutsch-finnischer Familie war es Tradition, dass nun eben der Weihnachtsmann aus Lappland kam. Er war ein freundlicher älterer Mann mit weißem Bart, rotem – mit weißem Pelz besetzten – Mantel und einem Sack, in dem die Geschenke waren. Er hatte auch eine Rute im Gepäck, die für böse Kinder bestimmt furcht- und respekteinflößend war. Zum Glück waren wir aber liebe Kinder und brauchten nichts zu befürchten. Seinen Rentierschlitten hatte er angeblich vor dem Haus geparkt. Wir haben das damals geglaubt und waren wohl immer zu gespannt, um da einmal nachzusehen.

In einer sehr feierlichen Zeremonie holte der Weihnachtsmann uns Kinder abwechselnd zu sich, ließ uns ein Gedicht aufsagen oder ein Weihnachtslied singen und teilte dann die Geschenke aus. Dabei mussten wir Kinder uns als „Tonttu" eine rote Wichtelmütze mit Glöckchen aufsetzen und um den Weihnachtsbaum, den wir selbst geschmückt hatten, tanzen. Tonttus werden in Finnland die lustigen Gehilfen des Weihnachtsmanns genannt, die ihm das ganze Jahr bei der Arbeit helfen und den Kindern Freude bringen sollen.

Alle Familienmitglieder tanzen mit roten Wichtelmützen um den Weihnachtsbaum. Die roten Mützen sind das Erkennungszeichen der Tonttus, der lustigen und fleißigen Gehilfen des Weihnachtsmannes. Ahlen, um 1975.

Große Freude hatte ich dann auch mit meiner Carrera-Rennbahn, denn es ist wirklich so gekommen, wie mein Vater es schon vermutet hatte. So war ich wohl an diesem Abend der glücklichste Junge auf der Welt, denn mein größter Wunsch hatte sich erfüllt. Übrigens hatte besonders mein Vater nicht nur am gleichen Abend ebenso großen Spaß mit diesem Geschenk. Ich erinnere mich an heiße und spannende Rennabende mit ihm an dieser Carrera-Rennbahn.

Später, als der Weihnachtsmann immer weniger Zeit hatte und wir Kinder auch schon größer waren, kam er nicht mehr persönlich vorbei. Aber er gab immer seinen großen Jutesack ab und stellte ihn im Treppenhaus ab. Mein Vater trug den schweren Sack zum Weihnachtsbaum und wir Tonttus verteilten die Geschenke daraus, die alle mit Namensschildern versehen waren.

Das war Weihnachten vor dreißig Jahren. Wir wurden älter und es veränderte sich an den Weihnachtsbräuchen gar nicht wirklich so viel – oder doch? Ich heiratete eine katholische Frau – und mit der Zeit gesellte sich eine Krippe in unser Wohnzimmer und die Kinder lasen abwechselnd die Weihnachtsgeschichte vor. Und der Weihnachtsmann kommt immer noch mit seinem Rentierschlitten aus Lappland zu meinen Eltern im Nachbarhaus und gibt da auch die Geschenke für unsere Familie ab.

Ein Tannenbaum für Mama und Papa

❄❄❄

Ruth Frieling-Bagert ist als Jüngste von insgesamt sechs Mädchen auf einem Hof in der Bauerschaft Hastehausen bei Darup aufgewachsen. Als Ehefrau eines Vollerwerbslandwirtes und Mutter von drei Kindern lebt sie auch heute noch in Hastehausen.

Es war kurz vor dem Weihnachtsfest 1976. Meine Schwester Mechthild und ich waren inzwischen so alt, dass wir nicht mehr an das Christkind glaubten. Da fragte mich Mechthild, die ein Jahr älter war als ich, ob wir beide nicht einmal für Papa, Mama und Oma Christkind spielen wollten. Sie hatte auch schon einen Plan, wie wir das anstellen könnten. So radelten wir am nächsten Tag mit etwas Erspartem in der Tasche durch die Bauerschaft bis zu Reckmanns, die Weihnachtsbäume auf dem Markt verkauften. Ob wir hier bekamen, was wir suchten? Wir hatten Glück und konnten Vater Reckmann unser Anliegen persönlich vortragen: Wir würden gerne einen ganz kleinen Tannenbaum kaufen, aber das Ganze müsse streng geheim bleiben.

Herr Reckmann beriet uns fachmännisch und präsentierte uns einen Baum, der genau unseren Vorstellungen entsprach. Ob unser Geld dafür wohl reichen würde? Auf unsere schüchterne Frage, wie viel der Baum wohl kosten würde, antwortete Vater Reckmann jedoch: „Is' schon gut so, nehmt den Baum mal mit." Wir bedankten uns, verstauten den Baum auf Mechthilds Fahrrad und fuhren stolz nach Hause, wo wir den Baum zunächst draußen versteckten. Na, das hatte ja schon mal gut geklappt.

Ich schlich ins Haus, um zu sehen, ob die Luft rein war. Oma saß im Wohnzimmer, Mama war in der Küche, und Papa war im Stall. Also brauchte ich nur noch die Küchentür zu schließen, und Mechthild konnte den Baum schnell durch die Diele in ihr Zimmer bringen und unter einer Wolldecke verschwinden lassen. Als nächstes brauchten wir einen Weihnachtsbaumständer. Auch für dieses Problem hatte Mecky schon eine Lösung. Ein kleiner Schmierseifeeimer wurde mit Sand und Kies gefüllt und der Baum hineingesteckt. Schnell wieder die Decke darüber, falls mal jemand aus Versehen ins

Zimmer kommen würde. Oma und Mama hatten wir gebeten, die nächsten Tage Mechthilds Zimmer nicht zu betreten, das wäre ganz, ganz wichtig. Ja und Papa kam sowieso fast nie in unsere Zimmer.

Da wir den Baum so günstig bekommen hatten, machten wir uns am folgenden Tag auf ins Dorf und kauften bei „Karweger" – das war damals der „Spar"-Laden in Darup – eine Tüte Lebkuchenplätzchen mit Löchern drin und dazu noch Schleifenband. Goldpapierreste hatten wir noch zu Hause. So wurde der Baum von uns liebevoll mit selbst gebastelten Goldsternen, Lebkuchenplätzchen und Schleifen verziert. Wir waren sehr stolz auf unser Werk. Aber das musste ja zunächst wieder unter der Decke verschwinden. Unsere großen Schwestern waren inzwischen schon neugierig, was wir denn die ganze Zeit in Mechthilds Zimmer machen würden. Das blieb jedoch unser Geheimnis.

Dann war es Heiligabend. Endlich hatten wir die Weihnachtsmesse hinter uns. Nun mussten noch die Allerheiligen- und die Haus- und Hoflitanei gebetet werden, was uns damals unendlich lange vorkam.

Schließlich begann Papa das Haus einzusegnen. Dazu musste er auch in Mechthilds Zimmer. Hoffentlich fiel ihm nicht das komische Gebilde unter der Wolldecke auf! Wir hatten es extra noch mal zur Seite geschoben. Papa ließ sich nichts anmerken, Mecky und ich atmeten auf.

So, dann noch das Essen: Seit Generationen gibt es bei uns wie jedes Jahr zu Heiligabend „Fettsoppen". Das sind Knabbeln (im Ofen getrocknete Weißbrotstücke), die in einer Schüssel mit Schmalz und Salz gewürzt, kurz mit kochendem Wasser übergossen und einen Moment mit einem Teller abgedeckt werden; anschließend wird das überschüssige Wasser abgegossen. Auf dieses Essen freuten wir uns schon das ganze Jahr über – lecker! Während wir Kinder danach den Tisch abräumten, schaute Mama wie immer nach, ob das Christkind schon da war. Tatsächlich! Wir gingen ins „beste Zimmer", die Kerzen am Weihnachtsbaum brannten, und der Dual-Plattenspieler mit den Weihnachtsliedern der „Westfälischen Nachtigallen" lief bereits im Hintergrund. Es war Weihnachten! Nachdem wir gemeinsam „Zu Bethlehem geboren" gesungen und uns gegenseitig „Frohe Weihnachten" gewünscht hatten, packten wir erwartungsvoll unsere Geschenke aus. Schließlich liefen Mecky und ich in Mechthilds Zimmer und trugen nun voller Stolz den kleinen Tannenbaum zu Papa, Mama und Oma ins beste Zimmer. „Guckt mal, den hat das Christkind noch für euch abgegeben!"

Ich weiß nicht, wer mehr gestrahlt hat, die Erwachsenen oder wir.

DDR-Pakete

❅❅❅

Verena Hellenthal, Jahrgang 1974, lebt mit ihrem Mann und zwei Kindern in Bünde. Aufgewachsen ist sie im Bielefelder Ortsteil Jöllenbeck.

Eigentlich begann Weihnachten immer im November. Immer dann, wenn ich den dicken Quelle-Katalog in die Hand gedrückt bekam. Hinten im Katalog waren die Spielzeugseiten, und jedes Jahr durfte ich mir eines aussuchen. Tagelang war ich in den Spielzeugseiten versunken, damit ich mir auch wirklich das Richtige aussuchte. Da gab es so tolle Sachen: kleine Wäscheständer für Puppenkleider mit echten Wäscheklammern; Bastelkästen, mit denen man aus Perlen Blumen flechten konnte; Puppen, die alle so hübsch angezogen waren; Autos, die aussahen, als wären sie echt, und einmal gab es auch einen großen Teddybären, der richtig sprechen konnte. Er hatte hinten im Rücken ein Fach, in das konnte man kleine Schallplatten einlegen, und wenn man den Teddy dann drückte, sang er ein Lied oder erzählte eine kleine Geschichte. So schön die Spielsachen und Puppen auch waren, der Teddybär war doch der Schönste von allem, den wünschte ich mir. Oma versprach, es auch ganz bestimmt dem Weihnachtsmann zu sagen, und damit es auch wirklich klappte, dem Christkind natürlich auch noch. Den Quelle-Katalog gab ich bis Weihnachten nicht mehr her, zu gerne schaute ich mir die Spielzeugseiten an und zeigte jedem, der zu Besuch kam, was ich mir in diesem Jahr gewünscht hatte.

Kurz nach dem Katalog begann dann die Paketzeit. Zuerst wurde das Paket für die DDR gepackt. Dafür besorgten meine Eltern immer extra so einen gelben Karton, der eine bestimmte Größe haben musste. Er durfte nicht zu groß sein, wegen der Portokosten. Da kamen ganz schön seltsame Sachen hinein, in diesen DDR-Karton. So hässliche Schlappen, die niemand anziehen wollte, ein ganz geblümtes Halstuch und eine furchtbare kratzige Wollmütze. Die Sachen waren nicht mal neu, aber meine Oma versicherte, dass da noch nichts dran sei. Ich kannte das schon, wenn über das Jahr irgendwo irgend etwas auftauchte, das niemand mehr haben wollte, hieß es immer: „Das ist doch noch gut, das können wir doch noch in die DDR schicken." Als Kind taten mir die Menschen in der DDR doch schon sehr leid, weil sie sich über so komische Sachen freuen sollten. Und Strumpfhosen, jedes Jahr mussten hautfarbene Strumpfhosen aus Nylon in das Paket. „Da freuen die sich so sehr darüber", versicherte meine Oma mir immer, dabei schimpfte sie selber immer über diese Strumpfhosen, weil sie ständig Laufmaschen hatten und es so kalt die Beine hochzog.

Aber es kam auch nicht alles in das Paket. Mein Opa regte sich immer furchtbar auf, wenn Anfang November ein Brief aus der DDR kam, in dem sein Cousin es wagte, irgendwelche Wünsche bezüglich des Weihnachtspaketes zu äußern. Statt der gewünschten Batterien gab es dann häufig ein Stück Seife. „Das brauchen die doch auch", sagte mein Opa dann immer. Das fand ich dann schon schlimm, dass die DDR-Menschen nicht mal ein Stück Seife hatten, dabei machte es doch soviel Spaß, wie in der Werbung von der Fa-Seife ein Stück abzuschneiden. Einmal regte mein Opa sich ganz furchtbar auf, weil in einem Brief irgend etwas von Sekundenkleber gestanden haben musste. „Sekundenkleber, Sekundenkleber!", schimpfte mein Opa herum, „wissen die eigentlich, was der kostet? Vier Mark, so eine kleine Tube! Den kaufe ich mir nicht mal, und die verlangen einfach so Sekundenkleber!" In dem Jahr gab es wieder keine Batterien, ich glaube nicht mal Seife.

Viel schöner war es dann schon immer, wenn endlich der Postbote klingelte und das große blaue Paket brachte, auf das schon alle gewartet hatten. Ich war mir nie ganz sicher, ob es nun wirklich vom Weihnachtsmann kam, aber ich war mir ziemlich sicher, was da drin war. Natürlich ließ ich mir nichts anmerken, und meine Oma stellte es immer schnell auf den Kleiderschrank im Schlafzimmer, aber ich wusste: War das Paket erst da, war alles gut und man konnte sich nun richtig auf Weihnachten freuen.

Meine Eltern schafften es jedes Jahr über Nacht, einen ganz süß schmeckenden Plätzchenteig in den Kühlschrank zu zaubern. Und wenn ich den entdeckt hatte, freute ich mich, weil es nun den ganzen Tag gut riechen und es leckere Sachen zu Naschen geben würde. Das Weihnachtsbacken war immer toll. Es duftete so gut. Ich stibitzte die ganze Zeit von dem Teig, während meine Oma den ganzen Küchenboden mit Backpapier auslegte, auf das dann die Kekse gelegt wurden. Erst die rohen und später in großen Haufen die gebackenen. Mein Vater holte den Plätzchenwolf aus dem Schrank, ich glaube, eigentlich heißt es Plätzchenmühle, aber das war irgendwie umgetauft worden. Das Ding wurde am Tisch festgemacht, dann konnte man oben den Teig reinstopfen, an einer Kurbel drehen und vorne kamen in langen Schlangen die rohen Kekswürste heraus. Abends wurde dann im Wohnzimmer der große Tisch ausgezogen, und all die fertigen Kekse wurden darauf ausgebreitet, damit sie immer abwechselnd mit Zuckerguss und Schokolade bestrichen werden konnten. Bis Weihnachten durfte ich nun jeden Tag Kekse naschen.

Am letzten Wochenende vor Heilig Abend, wenn die Erwachsenen schon Angst hatten, die Adventskerzen vom Ersten und Zweiten Advent könnten den Adventskranz zum Brennen bringen, gab es Quarkstollen. Das Beste daran war der Quarkstreifen in der Mitte, der Rest schmeckte eigentlich gar nicht besonders gut. Aber ich freute mich trotzdem, wenn es den gab, weil Weihnachten nun gar nicht mehr weit war. Und tatsächlich: Ein paar Tage später stand immer der große Weihnachtsbaum im Wohnzimmer, und die Kästen mit dem Weihnachtsschmuck wurden vom Dachboden geholt. Die Kugeln waren dann ganz kalt, und jedes Mal ging mindestens eine kaputt, weil man immer vergaß, wie dünn sie waren. Viel schöner als die Kugeln waren aber die kleinen bunten Vögel, die man mit einer Klammer an den Zweigen des Baumes befestigen konnte. Die waren so schön, dass ich mich nie traute, sie anzufassen. Dazu gab es elektrische Kerzen, die alle an einer Schnur miteinander verbunden waren und über die mein Vater jedes Mal schimpfte, weil sie so verheddert waren. Wenn dann alles geschmückt war, wurde einmal ganz kurz der Stecker in die Steckdose gesteckt, um zu gucken, ob auch alle noch heile waren.

Und dann war es endlich so weit, es war Heiligabend. Morgens war es noch ganz gut auszuhalten, da kamen immer die schönen Filme von Michel und Pippi. Mit denen habe ich in meiner Kindheit bestimmt zehn Mal zusammen Weihnachten gefeiert, und es war trotzdem jedes Mal schön. Ab Mittags begann es dann so gut aus der Küche zu riechen. Das war die Pute. Mein Vater packte die manchmal an den Flügeln und ließ sie tanzen, bevor er sie in den Ofen schob. Ich fand das witzig, meine Mutter nicht besonders. Nachmittags saß ich dann meist vor dem Backofen, weil die Pute einfach nicht braun wurde und es auch einfach nicht Abend werden wollte.

Aber irgendwann war es dann doch endlich so weit. Draußen war es dunkel geworden, und endlich brannte auch der Baum. Er brannte natürlich nicht wirklich, sondern nur die elektrischen Kerzen. Nun blieb der Stecker auch in der Steckdose, weil es immer eine Kerze gab, an der man drehen konnte und damit die anderen zum Leuchten brachte. Wenn es dann aber so weit war, leuchteten besonders meine Augen. Und ich lief schnell in mein Zimmer, um mich zu verstecken, damit das Christkind nun endlich kommen konnte.

Wenn ich genau darüber nachdenke, war Weihnachten eigentlich immer irgendwie gleich und trotzdem war es jedes Mal etwas ganz Besonderes. Und das Beste ist, der Teddy kann heute noch sprechen.

Der Karpfen Jonathan

✳✳✳

Helga M. Mau, Jahrgang 1949, stammt aus Reken. Heute wohnt sie in Heiden.

Ich schaue aus dem Fenster, und da fällt mir die Geschichte von Jonathan, dem Karpfen, ein.

Eine Woche vor Weihnachten fing mein Mann einen Karpfen und brachte ihn in einem großen Eimer lebend mit nach Hause, um ihn in der Badewanne zu „wässern". Das heißt: Wenn ein Karpfen ein paar Tage in klarem Wasser gewässert wird, dann schmeckt er nicht mehr so moderig. Bis Weihnachten waren ja noch ein paar Tage Zeit, denn es stand fest: Dieser Karpfen sollte unser Weihnachtsbraten werden.

Unter großem Staunen bezog der Karpfen in unserer kleinen Wohnung sein neues Zuhause in der Badewanne. Putzmunter zog er dort seine Kreise, die Kinder knieten pausenlos davor, und jede Regung und Bewegung wurde begeistert registriert. Sehr schnell fanden die Kinder einen Namen für das Riesenvieh: Jonathan. So langsam freundete auch ich mich mit seinem nach Luft schnappenden Riesenmaul und seinen Glubschaugen an. Manchmal sah es gar so aus, als ob er uns etwas sagen wollte. Aber wir verstanden die Karpfensprache nicht. Um niemandem die Freude zu verderben, beschlossen wir, Jonathan dürfe ein paar Tage in unserer Badewanne bleiben. Im Hinterkopf hatten wir natürlich den leckeren Weihnachtsbraten. Aber da hatten wir die Rechnung ohne unsere Kinder gemacht.

Je mehr Tage mit Jonathan vergingen, desto vertrauter wurden uns seine Planschereien, seine Glubschaugen. Jeder, der im Badezimmer zu tun hatte, redete mit Jonathan, am besten ging das, wenn man auf der Toilette saß. Längst war vergessen, dass wir alle mal wieder eine Dusche oder ein Bad nötig hatten. Jonathan war ein sehr freundlicher Mitbewohner, er konnte so gut zuhören und er erzählte nichts weiter. Er gab keine Kommentare ab, er war einfach ein friedlicher Zeitgenosse.

Dann kam der Tag der Entscheidung. Jonathan sollte zum Weihnachtsfestessen geschlachtet werden. Tränen schon beim Frühstück, mein Mann und ich wurden als „Mörder" und „unmenschlich" bezeichnet. Keine Erklärungen nutzten etwas, empörte Proteste und überhaupt: Der Haussegen hing schief.

Eins war sicher: Wir mussten mal wieder baden und alles war ein unhaltbarer Zustand. Nach endlosen Familiendebatten holte mein Mann entnervt einen großen Eimer. Jonathan wurde vorsichtig in sein Heimatgewässer zurückgebracht. Abschiedstränen – aber der Familienfrieden war wieder hergestellt. Mein Mann hat nie wieder Karpfen geangelt, wir haben nie wieder Karpfen gegessen.

Unsere Kinder erinnern sich noch heute mit Vergnügen an diese Geschichte. Und wenn er nicht von einem Angler gefangen wurde, dann schwimmt Jonathan noch heute in Baumeisters Mühlenkolk.

Wie Josef im Stall

✳✳✳

Sandra Strych, 1973 in Dortmund geboren, wuchs in Wetter an der Ruhr auf. Die Grundschullehrerin und Mutter eines Sohnes wohnt heute in Lippstadt.

Für meinen Zwillingsbruder Martin und mich war Heiligabend der schönste und wichtigste der Weihnachtsfeiertage. Jedes Jahr machten wir uns mit unseren Eltern Ingrid und Günter Seibert besonders schick und gingen zu Fuß zum Familiengottesdienst der evangelischen Christuskirche in Wetter-Grundschöttel. Meistens stapften wir durch viel Schnee, was den Hinweg erschwerte, da es bergauf ging. Der Rückweg war wesentlich lustiger, da wir bergrunter schlindern konnten. Mit dem Gottesdienst begann für uns Weihnachten. Wir waren fasziniert von den Kerzen, dem riesigen Weihnachtsbaum in der Kirche und dem Krippenspiel. Lauthals sangen wir die Weihnachtslieder mit, fast alle Strophen konnten wir auswendig. Jedes Jahr endete der Gottesdienst mit „O du fröhliche" und Glockengeläut. Anschließend wünschten uns einige Bekannte unserer Eltern „Frohe Weihnachten". Martin und ich achteten darauf, dass sich unsere Eltern nicht zu sehr verquatschten, denn wie immer war uns viel daran gelegen, nun schnell nach Hause zu gehen. Auch gut, dass der Weg nun bergrunter führte.

Zu Hause angekommen, stellten wir fest, dass wir wohl das Christkind wieder knapp verpasst hatten, denn im Wohnzimmer brannte noch Licht. Jedoch durften wir das Wohnzimmer erst nach dem Klang eines Glöckchens langsam und gesittet betreten. Das Christkind hatte ganze Arbeit geleistet: An dem mit Holzschmuck geschmückten Weihnachtsbaum brannten echte Kerzen, darunter lagen viele bunte Päckchen. Doch die mussten warten, und die Spannung stieg. Wie immer sangen wir gemeinsam unsere Lieblingsweihnachtslieder: „Ihr Kinderlein kommet", „Alle Jahre wieder" und „Kling, Glöckchen". Als ich älter wurde, begleitete ich am Klavier. Anschließend las unser Papa die Weihnachtsgeschichte „Es begab sich aber zu der Zeit..." (Lukas 2, 1-20) vor. Danach lüftete unsere Mama die Geheimnisse ihrer Geschenke-Rätsel, mit denen sie uns die Adventszeit über auf die Folter gespannt hatte. Nachdem klar war, wer was auspacken durfte, saßen Martin und ich den Rest des Tages unterm Weihnachtsbaum. Wir packten neugierig alles aus und spielten mit den neuen Schätzen. Das folgende Weihnachtsessen hatte für uns Kinder wenig Bedeutung. Bis heute gibt es jedes Jahr Wild mit Klößen, Rotkohl und Apfelmus.

Unsere Mutter erzählte uns immer, dass für sie als Kind der Morgen des Ersten Weihnachtstages am Wichtigsten war. In aller Frühe ging sie mit ihrer Familie zur Kirche, anschließend folgten Frühstück und Bescherung. So kam es, dass wir ihr Anfang der 80er Jahre eine besondere Freude machen wollten und nach unserem traditionellen Heiligabend zusätzlich mit ihr am nächsten Morgen bereits um 6 Uhr in die Christuskirche gingen. Unser Vater wollte lieber Frühstück vorbereiten und bot an, uns schnell bergauf zur Kirche zu fahren. Obwohl wieder Schnee lag, zog er nur eine Jacke über seinen Schlafanzug, ließ seine Pantoffeln an, nahm den Autoschlüssel, brachte uns zur Kirche und fuhr direkt wieder zurück. Die Kirche war nicht so gut besucht wie Heiligabend, aber es brannten noch mehr Kerzen, und zu meiner Freude wurde viel gesungen. Zum Abschluss spielte der Posaunenchor draußen in eisiger Kälte. Danach liefen wir möglichst schnell durch den Schnee nach Hause, zum Glück ging es bergrunter. Im Haus suchten wir nach unserem Vater. Das Auto stand zwar vor der Tür, jedoch war kein Frühstück vorbereitet und überall war es dunkel. Sehr merkwürdig. Als wir aus dem Küchenfenster in den Garten blickten, entdeckten wir Fußspuren, die zu unserem Entenstall führten. Ob Papa wohl die Enten fütterte? Noch mal schnell Schuhe, Jacke, Handschuh, Schal und Mütze angezogen und nichts wie raus zum Stall! Da drinnen im Stroh hockte unser Papa zwischen unseren Flug- und Pekingenten. Noch immer trug er unter der Jacke seinen Schlafanzug und seine Pantoffeln. Ein Anblick „Wie Josef im Stall", wie unsere Mutter zwischen unserem Gelächter anmerkte. Seine Erklärung war schlicht der vergessene Haustürschlüssel. Anstatt im Auto zu warten, suchte er lieber im kalten Stall bei den Tieren Unterschlupf. So hatte er wenigstens Gesellschaft. Zur Erinnerung an meinen Papa Günter Seibert, der leider 2008 gestorben ist.

De Wiäken vüör Wiehnachten

❅❅❅

Karl Haverkamp, Jahrgang 1934, ist Rentner und wohnt in Steinfurt/Borghorst.
Er engagiert sich ehrenamtlich im Heimatverein Borghorst.

Anfangs November, et göng doch al to Allehilgen loss. Dän ersten Fuorst de is de noch nich maol wäst, un de Lüde küert von Wiehnachten. Nich dat du mi wië met so'n Krüëpel von Wiehnachtsbaum ankümmst äs dat läste Jaor. Un wië heel in raut? Dat süht auk nich ut. Wees du wat? Düt Jaor maakt wi dän Baum in pink, pink is düt Jaor in Mood. Un kaup mi dän Baum nich to fröh, nich dat de an'n twedden Wiehnachtsdag all wië an't naodeln fäng. Ja, so'n Küern hüörst du al anfangs November. Aober ick denk nich män bloos an ussen Huus.

Wat ik ju vetällen wull, draiht sik auk üm Wiehnachten. Ik mot ju vetäll'n, wu et in'n Advend in Mönster up'n Wiehnachtsmarkt wüör, un wat ik dao beliäwt häw. Dao sint mine Frau un ik vör Wiehnachten maol hänfüört. Et wüör ja wul luk fingerkaolt, aober et riängede Gott dank nich. Wi haden us richtig wintermötig antrocken. Ik häw mi muorns ne warme Buks un minen sölwsgestrickten Pulower üöwertrocken. Un ik denk, treck auk män dinen niën Überzieher an, dao kanns guët, wenn et maol schniet, dän breeden Kragen haugklappen.

Mine Frau säg noch to mi, un treck de wüllenen Söck an, de liggt in de ünnerste Komodentreck. Wi laot us doch nich fraisen. Se wass auk guët präpareert. Se tröck üöre warme Winterjack met de bruune Müschk an. De warmen Stiëwel, de met Pelz füttert sint, de kuomt üör vandage guët uut.

Aower dann, up'n Wiehnachtsmarkt. Et wüör so Ur of elm. Ji glaiwt nich, wat dao al loss wüör. Dao haden de wul met twintig graute Busse de Lüde rankaort. Un dat dullste: bloos Fraulüde! Riäken äs ut. Twintig graute Busse maol füftig Fraulüde, dat sint? Ja siëker, dusend Fraulüde up'n Wiehnachtsmarkt – un mine Frau un ik. Un wat et dao nich aals gaff. An allebesten häw mi dat aole Holtspiëlwiärk un de Figürkes ut Blieck to't Updraiën gefall'n. Ick konn de garnich nog von kriegen. Eene Bud an de annere stönnen dao.

Wi mossen nu auk män so sachte an't Inkaupen denken. Usse twee Enkelkinner, dän Jonas, un dat kleine Wicht, de Paula, de soll'n to Wiehnachten ja nu auk luk Spiëlwiärk kriegen. Aower dat is nich so eenfak, äs du denks. De een will düt kaupen, un de annere dat.

Ik wüör de Meinunk, de Jung de mot wat in de Handen häben, wat nich so gau uuteneene faölt. Wat nich nao twee Dage tosamen keern kans, füör in'n Müllemmer. Richtig Spiëlwiärk ut Holt krig de. Un dat Wicht? Dat is ja nu wanners drüüg, dat soll'n wi män met ne Puppenstuow ne Fraid maaken. Au weia, ik häw wul luk luuthals mine Meinung sägt. Mine Frau, nich minner stimmgewoltig, klört mi up, dat dat niks Praktiskes is.

Nu denk doch maol dran, wu gau doch so Kinner wast, säg se. Laot us doch ne Buks of so wat kaupen, mennt se. Ik denk, küer du men to. Wat ik nich bedacht häw: Tiëgen mi, up beide Sieten, un achter mi hör ik so'n Raunken. Ik kiek no alle Sieten un denk: „Dusend Fraulüde, niks äs wäg!" Wat häw wi to guëteläst dann kofft? Ja siche doch! Ne schöne warme Buks füör de Jung, un'n Paor Pantuffel füör dat Wicht. Un auk praktisk. Beidet twee Nummern to graut, „to't inwassen."

Nich dat ji nu meint, dat is et wäst in Mönster. Nee, wi sin noch wul dreimaol up un daal laupen. Et rauk an alle Höök nao Glühwien, Braotwüörst un halwe Hähnkes. Un wenn di dat so in de Niërse stig, krigs ja auk Aptiet. Aower Hähnkes un Pommes? Nee, dat is kien Iärten füör up'n Wiehnachtsmarkt, ducht us.

Wat häwt wi maakt? Midden in dän ganzen Rummel stönn noch ne Pankokenboud. Us laip dat Water in de Muul biëneen. Wi häbt us dat in't Kleenst bekiëken. Mine Frau keek mär nao de Pannkokenbäckers, un ik mär nao de Priestaofel. Ik sägg to üör: „Nu kiek di dat an, häs dann noch wul Aptiet?" Jau mennt se, de Pannkoken sait doch guët ut. In de Schüëdel met dat Geriëwsel dao sin ja wul fief Eier met in.

Aower se hadde nich begriëpen wat ik main. Ik säg: Nu kiek doch es maol up de Taofel wat dao steiht. Drei Pannkoken füör tweefüftig, stönn dao. Ik häw mi dat gau in'n Kopp uträkent wat twee Potsionen wull kosten daiën, un denk, de niëmt dat hier von de Lebännigen. Dao kanns ja bi usen Buur 'nen halwen Zentner Kartuffel füör kaupen.

Wi häwt et aober lästenends dann doch devon nuomen. Wi mossen ja auk en biëtken wat Warms in'n Buuk häben. Daonaos göng et dann noch von eenen Kaupladen in'n annern. De Meddagstiet wüör längst vüörbi.

Ik mog de nich an denken, dat ik üm düsse Tiet de Been haugläg un mine Ünnerst haol.

Aobends in Huus hüör ik een ut de Küëke roopen: „Wat wass dat doch en schönen Dag, off nich?" – „Waorüm sägs dann niks?" – „Jau, jau!"

Das Greveler Weihnachtswunder

❄❄❄

Heinz Wilhelm Schmidt ist 53 Jahre alt und verheiratet. Er hat zwei erwachsene Töchter. Seit 1985 arbeitet er als Erzieher im LWL-Internat Dortmund.

Es ist noch gar nicht so lange her, da saß an einem dieser langen Winterabende der alte Bauer Herbert mit seiner Frau am Küchentisch, trank einen heißen Tee und hatte die Tageszeitung vor sich liegen, die er aufmerksam studierte. „Hm", war das einzige, was er ab und zu von sich gab. Dann aber kam er zu dem Artikel über den „größten Weihnachtsbaum Europas", der seit einigen Jahren in der Innenstadt von Dortmund jedes Jahr zum Weihnachtsmarkt errichtet wurde. Sehr konzentriert las der alte Bauer Herbert diesen Bericht, und das erste Mal an diesem Abend ließ er ein „Hm, hm, hm" heraus. „Was ist los?", fragte die Altbäuerin. „Ach nichts, ist schon gut", war seine Antwort, die von einem inneren Lächeln begleitet wurde. Seine Frau, die Altbäuerin auf einem der letzten Bauernhöfe von Grevel, dem kleinen, verschlafenen Reiterdorf im Nordosten von Dortmund, kannte ihn genau und fragte sofort: „Was heckst du jetzt schon wieder aus?" Das ganze Dorf kannte Bauer Herbert als verschmitztes Schlitzohr, das immer zu einem Scherz oder einem kleinen Schabernack bereit war. Niemals hatte man den jetzt in Würden ergrauten, alten Mann verdrießlich oder übellaunig mit dem Traktor oder mit dem Auto durchs Dorf fahren sehen, und für jeden, den er unterwegs sah oder traf, hatte er ein aufmunterndes Wort. Manchmal hielt er sogar an und erzählte einen Witz, den er neu gehört hatte. „Nein, nein", sagte er nun zu seiner Frau, „das bleibt ein Geheimnis." Die Altbäuerin nahm's gelassen, denn in seinem ganzen, nun schon langen Leben war Bauer Herbert stets für eine Überraschung gut gewesen. Sie dachte sich nur: „Abwarten und Tee trinken, irgendwann kommt er schon mit der Sache heraus."

Jetzt waren es nur noch zwei Tage bis zum Heiligen Abend. Der Sohn des Altbauern Herbert, Bauer Hinrich, der Bauer des anderen Hofes, Bauer Ullrich und der Altbauer Herbert selbst steckten am Abend bei der Dorfwirtin Mareike die Köpfe zusammen und leise hörte man sie sich etwas zuraunen, sehr aufmerksam darauf bedacht, dass niemand mitbekam, wovon geredet wurde. Als die drei jedoch das Gefühl bekamen, die Aufmerksamkeit der anderen Gaststättenbesucher sei ein wenig zu sehr auf sie gerichtet, standen sie auf, zahlten und verlegten ihr geheimes Treffen in das nahe gelegene Dorfcafé von Klaudius und Mark, jenen beiden, die im Winter immer Gärten planen und nebenbei das Café betreiben. Hier im Dorfcafé fanden die drei endlich die nötige Ruhe, um ihr Vorhaben in allen Einzelheiten zu besprechen.

Am nächsten Morgen fuhren Hinrich und Ullrich, die beiden Greveler Bauern, gemeinsam mit dem Trecker hinaus, und Herbert hörte man lange telefonieren. Er tat dies aber so leise, dass niemand im Hause das Gesagte verstehen konnte. Danach erst ging er mit einem Lächeln auf dem Gesicht an seine täglichen Aufgaben auf dem Hof. Erst am frühen Nachmittag sah man Hinrich und Ullrich wieder auf den eigenen Höfen arbeiten. Im Dorf hatte niemand bemerkt, dass die beiden an diesem Tag ihren Tagesablauf etwas geändert hatten, und auch die Bauern ließen sich nichts anmerken.

Der Morgen des Heiligen Abends war kalt und feuchter, dichter Nebel lag über der Wilhelmshöhe. Von der Straße aus konnte man nicht bis zur Liethe gucken, jedoch waren für diesen Tag sehr untypische Geräusche zwischen der ehemaligen Mühle und dem Bauernhof von Ullrich zu vernehmen. Geräusche wie das Graben mit Spaten und Schaufel, später auch das dumpfe Pochen von Hammerschlägen auf Holz. Gegen Mittag wurde der Nebel ein wenig lichter, und man konnte in der Mitte der großen Wiese am Brandhof eine riesige Silhouette erahnen. Die schwere, feuchte Luft war von einem Duft erfüllt, der in einem jeden Weihnachtsgefühle wachrief.

Als man später dann den unglaublich großen Weihnachtsbaum erkennen konnte, den die Bauern unter der Aufsicht von Altbauer Herbert aufgestellt hatten, war es, als würde dieser Baum aus dem Nebel heraus auf den Betrachter zuwachsen und jeder, der dieses Schauspiel erlebte, blieb mit großen Augen und offenem Mund staunend stehen. Herbert, der die Idee gehabt hatte, diesen Baum von einem befreundeten sauerländischen Bauern zu holen, Ullrich und Hinrich sahen sich zufrieden ihr Werk an. Sie hatten nach dem Vorbild der Dortmunder Innenstadt dem Dorf einen riesig großen Weihnachtsbaum geschenkt. Die Staunenden aber liefen oder fuhren nach Hause und erzählten allen, die sie unterwegs trafen, von dem Baum. Die, die davon hörten, wollten den Baum ebenfalls sehen und machten sich auf den Weg.

Ich glaube, Christel, die Frau des Hochschullehrers, kam auf die Idee, und sie rief auch gleich ihre Freundin Christine, die Gattin des Vereinspräses, an. Christels Idee ging nun von Frau zu Frau weiter, und schließlich trafen sich die Frauen des Bürger- und Heimatvereins am großen Weihnachtsbaum. Jede hatte mitgebracht, was man an Weihnachtsschmuck in diesem Jahr zu Hause nicht gebraucht hatte. Schleifenbänder, Strohsterne, Weihnachtsbaumkugeln und viele andere Dinge, die man zum Schmücken gebrauchen konnte, wurden nun gemeinsam am Baum befestigt. Frank-Heiner, der Vereinsvorsitzende, der gerade am Morgen von einer seiner vielen Reisen heimgekommen war, sagte zu seinem Kumpel Kalle, den er beim Baum gesehen hatte: „Kalle, der Baum braucht noch Lichter! Wir haben doch im Vereinssaal die lange Lichterkette!" Gesagt, getan! Kalle steckte eine Kabeltrommel in die Steckdose seiner Garage ein, während Frank-Heiner aus dem Saal die Lichterkette und die lange Leiter holte. Es dauerte nur eine knappe halbe Stunde, da erstrahlte der Riesenweihnachtsbaum im Glanz von mehr als hundert Lichtern. Die Frauen waren mit dem Schmücken fertig. Der Glühweinausschank wurde kurzerhand vom Werzenkamp zum großen Baum verlegt, und schon nach kurzer Zeit duftete der ganze Platz nach Glühwein und Tannennadeln.

Auch an diesem Heiligen Abend sollte die Bläsergruppe, wie es schon ein schöner Brauch in Grevel ist, Weihnachtslieder an mehreren Stellen des Dorfes spielen. Aber heute, das war allen klar, gab es nur einen Platz im ganzen Dorf, der von allen Grevelern und deren Besuchern zur Einstimmung auf das Weihnachtsfest besucht wurde. Als dann alle, die zum Aufbau und Schmücken beigetragen hatten, zehn Schritte zurücktraten und sich in die Menschenmenge der Zuschauer einreihten, um sich die ganze Schönheit des Baumes anzusehen, fingen die Bläser an zu spielen. Eine andächtige Stimmung legte sich über das Dorf, und jeder, der mochte und konnte, sang mit. Immer mehr Leute wurden vom Lichterglanz und der Musik angezogen und kamen zum Platz am Weihnachtsbaum. Sie holten sich Glühwein, sangen mit, und ein jeder lachte seinen Nachbarn an. Als die Bläser die „Stille Nacht" anspielten, fing es leicht zu schneien an. Die Flocken wurden immer dicker und ein leichter, weißer Teppich legte sich auf die Wiese.

Dort, etwas abseits, stand er, Altbauer Herbert. Mit einem verschmitzten Lächeln auf den Lippen und feuchten Augen dachte er: „Wieder ein Stück Himmel hier in Grevel!"

Spuren im Schnee

❋❋❋

Dörthe Plettendorf, Jahrgang 1952, ist Schulleiterin an der Borndal-Grundschule in Altenberge. Die Mutter dreier Kinder wohnt auch in Altenberge.

Es muss ein Weihnachtsfest Anfang der 90er Jahre gewesen sein. Wir hatten mit meiner Freundin Gisela verabredet, dass sie mit ihrem Sohn Nils, einem Freund unseres Sohnes Matthis, nach der Bescherung zu uns kommen sollte, um mit uns zu feiern. Ihr Mann konnte an Weihnachten aus beruflichen Gründen nicht zu Hause sein.

In diesem Jahr hatte es genau am Heiligen Abend nach der Weihnachtsmesse zum ersten Mal geschneit. Es lag eine wunderbare weiße Schneedecke auf allen Straßen und Wegen. Unser weihnachtliches Dorf sah noch festlicher aus, und eine leise, feierliche Stimmung lag über allem. Meine drei Kinder Catherine (23), Anne (14) und Matthis (9), mein Mann, meine Mutter, mit der wir zusammen wohnen, und ich hatten wie in jedem Jahr um 18 Uhr zusammen den Gottesdienst besucht. Zur Tradition gehört, dass sich anschließend alle in der Küche zum Singen versammeln. In dieser Zeit zünde ich im Weihnachtszimmer die Kerzen an. Beim Erklingen der Flötenmelodie „Ihr Kinderlein kommet" gehen wir zusammen in das Wohnzimmer und singen vor der Krippe das Lied weiter. Danach wünschen sich alle frohe Weihnachten, und es beginnt die Bescherung. Nach der Bescherung essen wir gemeinsam vom heißen Stein. Jeder hat da so seine Vorlieben, was die Fleisch- oder Gemüsesorten angeht. Aber wie immer ist alles gut abgesprochen, und wir genießen das Essen.

Inzwischen wundern wir uns schon, wo die Gäste bleiben. Schließlich sind wir überzeugt, dass sie wohl doch nicht mehr kommen werden und machen uns auf den Weg zu meiner Schwester Lisa und ihrer Familie. Sie wohnt etwa 300 Meter von uns entfernt. Es ist ein wunderschöner Spaziergang durch den frisch gefallenen Schnee. Bei Lisa angekommen, geht es weiter mit einer neuen Bescherung. Nach ungefähr 15 Minuten schellt es an der Tür. Gisela und Nils stehen davor. Wir wundern uns natürlich, woher die beiden wissen, dass wir bei Lisa sind. „Als wir zu euch kamen, war das

Haus dunkel. Wir wollten schon wieder nach Hause wandern, da sahen wir eure Spuren im Schnee. Sechs unterschiedliche Paar Füße, die aus dem Haus führten und dann weiter die Straße entlang. Es mussten eure Spuren sein. Es gab keine weiteren, auch keine Autospuren, nichts, außer diesen gemeinsam laufenden sechs Spuren. Wir sind ihnen mutig gefolgt und hier angekommen."

Alle waren beeindruckt und freuten sich über diese Fügung. Tief in mir ist diese Geschichte sehr stark verankert und oft fällt sie mir wieder ein. Jedes Mal bin ich stark gerührt und komme auf Gedanken wie „Unglaublicher Zufall, Weihnachtsfügung, Spuren, die zusammenführen, die eine gemeinsame Weihnacht ermöglichen".

Es war ein besonders beeindruckendes und fröhliches Weihnachtsereignis.

Festliche Rückkehr aus der Kur

✾✾✾

Margret Reifig ist 78 Jahre alt, verwitwet und hat fünf Kinder und sieben Enkel. Sie lebt in Altenberge

Es war im Jahr 2001, das letzte Jahr der D-Mark. Ich war in Bad Kissingen zur Kur, die eigentlich eine Woche vor Weihnachten enden sollte. Da schlug mir der Chefarzt vor, doch noch eine Woche anzuhängen. Ich war hin und her gerissen und fragte meine Kinder um Rat. Die sagten: „Mach das nur, es kann dir nur gut tun." So bereitete ich mich auf das erste Weihnachtsfest fern der Familie vor.

An Heiligabend morgens ging ich zur Rezeption, um meine Zeitung zu holen. Da sagte der Portier: „Haben Sie heute etwas Besonderes? Sie haben so eine Menge Post." Es waren etwa 20 Briefe und Karten. Nicht nur die Familien meiner Kinder, sondern jedes Enkelkind und auch die Familie meiner Schwiegertochter, alle hatten einzeln geschrieben. So war ich schon eine ganze Weile mit der Post beschäftigt. Am Abend gab es ein festliches Acht-Gänge-Menü, begleitet von leiser weihnachtlicher Musik. Es war ein wahrhaft feierlicher Heiliger Abend.

Am ersten Feiertag war dann mein Rückreisetag. Es waren chaotische Wetterverhältnisse. Viele Züge fielen aus, meiner auch! In dem Ersatzzug hatte ich natürlich keinen reservierten Platz. Es war sehr voll. Viele junge Leute saßen auf dem Boden, aber dank der Freundlichkeit junger Menschen habe ich doch einen, wenn auch beengten, Platz gefunden. Ich hatte meinem Sohn gesagt: „Du kannst mich im Heimatort am Bahnhof abholen, denn ich habe in Münster gleich Anschluss." Dann hatte der Zug aber so viel Verspätung, dass ich befürchtete, den Anschluss nicht zu bekommen. So rief ich denn meinen Sohn an, er möge mich doch lieber in Münster abholen.

Als wir gegen 21 Uhr zu Hause ankamen, war alles hell erleuchtet. Alle Kinder und Enkel waren da. Sie hatten mir ein Bäumchen geschmückt und ein tolles Buffet vorbereitet. Mit einem Glas Sekt wurde meine Rückkehr gefeiert. Sie sagten: „Wärest du hier im Ort angekommen, wären wir alle am Bahnhof gewesen."

Über diesen tollen Empfang und die viele Post an Heiligabend habe ich mich mehr gefreut als über teure Geschenke. Das war also mal ein ganz anderes Weihnachtsfest.

Schlüsseldienst befreit Opa

❄❄❄

Irmela Stübler, Jahrgang 1934, lebt mit ihrem Mann in Dortmund. Sie ist Mutter zweier Söhne und Großmutter von vier Enkelkindern.

Mein ältester Sohn kam mit Frau und Sohn Christian, damals zwei Jahre alt, um mit uns den Heiligen Abend zu verbringen. Nach der Christvesper sollte zu Hause die Feier beginnen. Die ganze Familie sollte sich noch gedulden, bis die Kerzen am großen Christbaum im Wohnzimmer angezündet waren.

Zuvor ging der Opa noch ins Badezimmer, und dann begann das Malheur: Die Badezimmertür ließ sich nicht mehr öffnen! Wir probierten es mit allen zur Verfügung stehenden Schlüsseln. Vergeblich! Es blieb nur der Ausweg, am Heiligabend einen Schlüsseldienst anzurufen. Bis dahin musste die Zeit überbrückt werden und unsere Schwiegertochter riet, doch schon mal Weihnachtslieder zu singen. Ein Klavier stand im Nebenzimmer. Und für Opa schoben wir die Texte der Lieder unter der verschlossenen Tür hindurch.

Für Christian war das alles nicht verständlich, er trommelte immer wieder mit den kleinen Fäusten an die Tür, fragend: „Opa, bist du?" Schließlich kam der Schlüsseldienst, befreite den lieben Opa, der nun im Wohnzimmer die Kerzen des Christbaums anzünden konnte. Wir durften endlich alle voller Erwartung eintreten. Christian sah den erleuchteten Weihnachtsbaum und rief: „Licht an!"

Erinnerung an Ur-Oma Rosa

❆❆❆

Kira Kowalski, Jahrgang 1994, lebt in Rosendahl-Darfeld und ist Schülerin der Anne-Frank-Gesamtschule in Havixbeck.

Weihnachten, das Fest, das jedes Jahr – immer und immer wieder – gefeiert wird. Für mich eines der wunderbarsten und schönsten Feste überhaupt. Ich verbinde viele, sehr viele schöne Erinnerungen damit. Das Sitzen vor dem Kamin, der funkelnde Weihnachtsbaum, der Schein der vier Adventskerzen auf dem Teppich, Weihnachtsmusik im Hintergrund – all dies, die ganzen Bilder, Eindrücke und Gefühle, kommen über mich, wenn ich die Augen zumache und an den 24. Dezember denke. Doch die stärkste Erinnerung, die ich tief im Herzen trage, ist eine weniger erfreuliche, doch sie ist ein Andenken an einen Menschen, den ich sehr lieb hatte. Dieser Person möchte ich diesen Text widmen und ihr zeigen, dass man sie nie vergessen wird und auch noch nicht vergessen hat.

Alle Leute draußen in der Welt wissen, dass es sehr weh tut, einen Menschen zu verlieren und wenn jemand einfach irgendwann nicht mehr da ist. Dieses Gefühl zu beschreiben, ist unmöglich. Und nur die, die dieses Leid schon einmal erfahren mussten, wissen, was ich damit meine. Aber ich finde, der schlimmste Gedanke am Sterben ist ja, dass man die Person vergessen könnte. Dadurch, dass man sie nicht mehr sieht, nicht mehr besuchen kann, nicht mehr die Gelegenheit hat, mit ihr zu reden, einfach ihr früheres Dasein vergisst, die Vergangenheit einfach auslöscht. Man vergisst einfach, dass es sie mal gegeben hat. Man lebt einfach weiter. Natürlich ist das gut. Denn man sollte sich nicht an die Vergangenheit klammern, denn das Leben geht weiter! Doch man sollte sich dann immer vorstellen, wie es für uns – für einen selber – wäre, einfach vergessen zu werden. Ich stelle mir das furchtbar vor. Viele versuchen nicht mehr an die Person zu denken, weil das Denken zu schmerzhaft ist, doch ich finde es manchmal sogar ziemlich beruhigend. Nach einen schlimmen Tag an die Vergangenheit zu denken, das gibt mir Kraft, weil es zeigt, dass es nicht immer so schlimm war. Meistens stelle ich mir ein Licht, eine Kerze, vor, die langsam verschwindet, erlischt, in der Ferne versinkt. Doch durch das Andenken nimmt man ein Streichholz und entzündet es wieder. Und die Erinnerung brennt, brennt bis zum Docht. Ich weiß, dass man es manchmal auch nicht verhindern kann, dass man in den Erinnerungen versinkt und nur durch große Kraftanstrengung herauskommt. Aber es gehört wahrscheinlich dazu. Jeder macht das einmal durch – die Höhen und die Tiefen.

Auch ich denke mit Freude zurück, doch manchmal überkommen mich auch Schuldgefühle. Und ich muss daran denken, wie ich der Urgroßmutter häufig nicht den angemessenen Respekt habe zukommen lassen. Ich habe sie ignoriert und hatte keine Lust, mich mit ihr zu beschäftigen. Es ist traurig, aber wahr. Das passiert sehr oft, wenn Jung auf Alt trifft. Jedenfalls ist das bei mir passiert. Aber dann denke ich natürlich auch sofort an die tollen Erlebnisse mit ihr, an ihren Gesang, ihre Geschichten und ihr Verständnis für andere. Ich finde es schlimm, dass sie im Jahre 2004 kurz vor Weihnachten von uns gehen musste, aber 100 Jahre alt werden die wenigsten. Ich habe immer noch das Bild vor Augen, wie meine Oma betrübt vor dem Weihnachtsbaum sitzt und den Stecker der Lichterkette nicht einstöpseln möchte, weil die Erinnerung an ihre Mutter, also meine Ur-Oma, die beim Schmücken noch dabei gewesen war, zu stark ist. Das werde ich nie vergessen! Ich werde das Andenken immer wieder neu entzünden, immer wieder, bis es erlischt. Bis zum Docht. Ich werde jedes Jahr daran erinnert! Das ist mein Andenken an meine Ur-Oma Rosa.

Das Mäuslein im Weihnachtsbaum

❄❄❄

Rosemarie Reimann, Jahrgang 1934, ist verheiratet und hat zwei Töchter, sie lebt in Büren-Wevelsburg. Die Geschichte von Rosemarie Reimann spielt im sauerländischen Velmede.

Weihnachten ist so schön. Nichts auf der Welt kommt dem Duft von Weihnachtsgebäck und Tannengrün gleich. So war es auch wieder am Heiligen Abend im vorigen Jahr. Die Mahlzeit dauerte zu lange. Nach dem Essen war der Tisch im Handumdrehen abgedeckt. Erwartungsvolle Augen wanderten ruhelos durch das Zimmer. Die Spannung wuchs auf das Höchste. Hinter dem dicken Vorhang, der das große Zimmer teilte, kamen Schritte näher. Ein Glöcklein läutete silberhell. Für Lisa und Anja gab es kein Halten mehr. Beinahe andächtig gingen sie nebeneinander in das Weihnachtszimmer. Ihre Augen glänzten, als sie den festlich geschmückten Baum erblickten.

Mit Freude sah ich den Mädchen zu. Dann fiel mein Blick auf den prächtigen Weihnachtsbaum. Seine dunkelgrünen dichten Zweige berührten den Fußboden und reichten fast bis an die Zimmerdecke, geschmückt mit glitzernden Kugeln und Engelein. Von der Tannenspitze neigte sich segnend ein Engel mit seidenen Flügeln auf uns herab. In den Fensterscheiben spiegelten sich die Kerzenlichter. Vor der Krippe leuchtete rot das Feuer der Hirten.

Staunend und mit Hingabe sangen wir Weihnachtslieder. Lisa und Anja sagten Gedichte auf. Bald war ein jeder von uns glückselig mit den Geschenken beschäftigt und ringsum von buntem Weihnachtspapier und Schleifenbändern eingehüllt. Mitten in das Rascheln von Päckchen und Schachteln hörte ich helle Stimmchen rufen: „Seht mal, Mama und Papa, was wir bekommen haben! Das hat das Christkind gebracht! Für die Baby Born, die wird jetzt fein gemacht!" Die Bäckchen der Mädchen glühten vor Glück. Wundervoll! Sinnend sah Opa den Weihnachtsbaum an und sagte: „Im Weihnachtsbaum wackelt ein Zweig!" Alle schauten auf den Baum. Doch dieser stand unbeweglich auf seinem Platz. Wir sahen einander an. Niemand von uns allen war am Weihnachtsbaum gewesen. Hm? Stillheimlich beobachtete ich Zweig um Zweig. Jetzt! Da! Schaut! Im Weihnachtsbaum wackelt wirklich ein Zweig! Die kleinen Goldengelein an ihren goldenen Bändern hüpften und flimmerten einen kurzen Augenblick. Zauberhaft! Aber wie konnte sich denn ein Tannenzweig selbst bewegen? Alle waren aufmerksam geworden und sahen gespannt zum Weihnachtsbaum.

Wir lauschten in die Stille. Kein Laut war zu hören. Es war richtig geheimnisvoll. Vielleicht ging das Christkind durch das Zimmer? Da, wieder! Ein sanftes Rütteln am unteren Zweig! Dabei schimmerten die Tannennadeln hell und dunkelgrün. Die Engelein und die Glöcklein zitterten ein wenig im goldenen Glanz. Papa hielt die Zweige auseinander, da war eine kleine Maus mit dem Weihnachtsbaum aus dem Wald in das Weihnachtszimmer gekommen. Sie wohnte zur Freude von Lisa und Anja noch einige Tage im Weihnachtsbaum. Die beiden Mädchen hatten das Mäuslein längst lieb gewonnen. Aber eines Morgens lockte leckerer Käse das Mäuslein in die Lebendfalle. Nun saß es zitternd in der Falle gefangen. Mitleidig bedauerte die ganze Familie das Mäuslein. Schon am Nachmittag des selben Tages brachten wir alle miteinander das gefangene Mäuslein zurück in den Wald zu den Tannen. Papa öffnete behutsam die kleine Falltüre, und das Mäuslein sprang aus der Falle in die Freiheit. Munter äugte es umher. Bald darauf verschwand es in seine traumhaft schöne Waldheimat.

Mein Weihnachten 2008

(Deutschgruppe der Jahrgangsstufe 6
der Thomä-Hauptschule in Soest)

❄❄❄

Zusammengestellt von Schulleiterin Gertraud Nottebohm.

Kimberly, 12 Jahre
Am 22. Dezember haben meine Geschwister und ich den Tannenbaum und das Haus geschmückt. Am nächsten Tag hat dann die ganze Familie Plätzchen gebacken. Und meine Mutter hat die Geschenke eingepackt. Am 24. Dezember haben wir am Morgen zusammen gefrühstückt, später waren wir dann alle in der Kirche. Am Abend haben wir Raclette gemacht, und es hat allen geschmeckt. Daraufhin haben wir einen spannenden Film gesehen und ein Spiel gespielt. Wer in dem Spiel gewonnen hat, durfte als erster ein Geschenk öffnen und danach die anderen. Und es hat alles sehr viel Spaß gemacht.

Sandra, 11 Jahre
Ich hatte für meine Familie Geschenke gekauft, und dann hat meine Mutter sie eingepackt. Sie sahen aber nicht so toll aus. Am 1. Dezember habe ich meiner Mutter geholfen, die Weihnachtssachen zu holen, wir haben dann die Wohnung geschmückt. Am 23. Dezember fuhren meine Eltern, meine Schwester und ich zu meinen Großeltern, die Autofahrt hat zweieinhalb Stunden gedauert, sie war total langweilig. Am 24. Dezember fuhren wir dann zu meinen anderen Großeltern. Und dort waren schon alle Geschenke auf einem Schrank gestapelt. Als ich mir eins nehmen wollte, sagte meine Oma: „Stopp, noch nicht öffnen, wir machen es mal anders als sonst." Wir sollten alle an den großen Tisch kommen und würfeln, jeder durfte nur einmal würfeln, und wer eine Sechs würfelte, durfte sich ein Geschenk nehmen. Wenn es für einen anderen war, musste er es ihm oder ihr geben. Als ich eine

Sechs würfelte, habe ich mir das Größte genommen, aber es war nicht meins, sondern es gehörte meiner Mutter. Als dann alle Geschenke geöffnet waren, schaute ich mir meine Geschenke an. Es waren: Geld, ein Kissen, ein Pulli und ein Notizblock mit einem süßen Hund drauf. Wir fuhren wieder zurück, und da waren auch alle Geschenke unterm Tannenbaum. Meine Schwester und ich verteilten erst unsere Geschenke: Schokolade für Papi und Opa, ein Buch für Omi, Schminke für meine Schwester, Gummibärchen für Mami. Dann durften wir unsere Geschenke öffnen. Ich hatte: ein Handy, zwei Wii-Spiele mit einer Wii-fit, einen Fernseher, ein Schutzengel-Bärchen, total viel Schokolade, viele Anziehsachen und noch mehr Geld. Dann hab ich beim Festessen geholfen, und ich habe ganz viel Schokolade gegessen. Wir haben nach dem Essen noch Wii gespielt und sind erst um 2 oder 3 Uhr ins Bett gegangen. Am 25. Dezember waren wir bei meiner anderen Oma und haben dort noch gefeiert und abends sind wir wieder zurück gefahren. Und am 26. Dezember sind meine Eltern nach Hause gefahren, und meine Schwester und ich waren noch eine Woche da.

Ann-Katrin, 12 Jahre
Am 23. Dezember hat meine Mutter den Tannebaum geschmückt. Am nächsten Tag kamen meine Oma, mein Onkel, meine Tante und mein Großonkel. Mein Vater hat das Essen gekocht. Dann haben wir gegessen, und es hat alles sehr gut geschmeckt. Mein Vater hat dann Musik angemacht, denn das ist ein Zeichen, dass wir in unser Wohnzimmer kommen dürfen. Wir haben dann die Geschenke bekommen.

Am 25. Dezember waren wir bei meiner Tante. Wir waren zum Frühstück und Mittagessen da. Ich habe die ganze Zeit mit meiner Cousine und meinem Cousin gespielt.

Am 26. Dezember waren wir bei meiner Oma und meiner Tante, meinem Onkel, meinen Cousinen und meinem Cousin. Da habe ich den neuen Freund von meiner Oma kennen gelernt. Zum Mittagessen gab es Pute mit Klößen und Rotkohl. Die Beilage waren gefüllte Birnen. Zum Kaffee und Kuchen hat meine Oma eine Schwarzwälder Kirschtorte besorgt. Zum Abendessen gab es Baguettes mit Lachs, Käse und Wurst. Zwischendurch haben meine Cousine und ich noch Wii gespielt. Heiligabend war es langweilig, aber an den anderen Tagen war es cool.

Thomas, 12 Jahre
In der dritten Adventswoche habe ich mit meinen Eltern und Geschwistern den Weihnachtsbaum geschmückt. Am 24. Dezember war ich mit meinen Eltern und Geschwistern abends spazieren.

Am 25. Dezember habe ich morgens früh meine Geschenke aufgemacht. Ich habe eine Figur von Bionicle bekommen und einen Computer für die ganze Familie. Gegen Mittag waren wir bei meiner Oma in Welver.

Am 26. Dezember hat sie mich und meine Geschwister zu ihrer Geburtstagsparty eingeladen. Wir waren zum Bowlen, nachher waren wir noch ein bisschen bei ihr.

Saada Jefa, 12 Jahre
Also, meine Mutter und ich haben ganz spät angefangen den Baum zu schmücken. Als Allererstes haben wir uns ein halbes Schwein gekauft. Mamas Freund und sein Schwager sind in ein Bauernhaus gefahren, um dort ein ganzes Schwein zu kaufen. Mit dem Schwein sind sie zum Schlachter gefahren und haben es gerecht aufgeteilt. Es war so viel, dass nicht alles in unseren kleinen Kühlschrank passte. Mama musste die ganze Zeit drücken. Das meiste war drinnen, aber zwei, drei Fleischbrocken sind noch übrig geblieben. Dann ist meine Mutter mit mir in die Stadt gegangen, um etwas zu essen zu kaufen. Wir gingen zum Indianer (so nennt meine Mutter den Laden), haben dort Frühlingsrollenteig gekauft, ein paar frische Gemüse, Gewürze und ein paar asiatische Nudeln, die ich so gerne mag! Mangos haben wir auch gekauft und ein paar exotische Bananen. Sie wollte einen Bananenkuchen machen. Danach gingen wir nach Hause. Es war der 23. Dezember. Meine Mutter hat versucht, einen kenianischen Bananenkuchen zu machen, aber es war nicht so wie in Kenia. Meine Mutter hat den Teig fertig gemacht, weil sie aber keine Bananenblätter hatte, so wie in Kenia, musste sie improvisieren. Es war sehr lustig zuzusehen, denn sie hat den Teig in Klarsichtfolie reingetan und versucht, ihn in einer großen Pfanne mit heißem Wasser zu kochen. Die Folie ging auf und der ganze Bananenbrei fiel heraus. Meine Mutter und ich mussten den ganzen Brei aus dem Wasser holen. Am 25. Dezember überraschten uns Mamas beste Freundin und ihre Kinder. Wir haben ganz viel gegessen!

Zeyla, 12 Jahre
Wir haben nicht Weihnachten gefeiert, sondern wir haben einfach mit der Familie gespielt, gemalt, wer das schönste Bild hat, und Silvester mit meiner Familie gefeiert. Das hat mir ziemlich gefallen. Danach haben wir am 23. Dezember Lichterketten gekauft und haben sie aufgehängt. Am 24. Dezember habe ich mit meiner ganzen Familie Spiele gespielt, und wir sind zu meiner Oma gegangen. Silvester war ich bei meiner Tante. Wir haben Silvester zusammen mit Nachbarn, Freunden und Bekannten gefeiert. Das hat mich ziemlich gefreut.

Vanessa, 13 Jahre
Am 21. Dezember haben wir den Baum geschmückt und die Fenster. Dann haben wir überlegt, ob wir bei meinem Opa feiern wollen. Wir feiern auch bei meinem Opa.

Dann, am 22. Dezember, haben wir überlegt, was wir zu Essen machen sollen. Dann hatten wir überlegt, dass wir Baguette und Fleisch zum Essen machen. Das haben wir dann gemacht.

Am 24. Dezember waren wir in der Kirche, und nach der Kirche durften wir dann die Geschenke auspacken. Ich habe ein Handy bekommen und eine Handytasche und noch mehr. Dann, nach einer halben Stunde, sind wir zu meinem Opa rübergegangen und haben gewartet, bis alle da waren. Als dann alle da waren, durften wir die Geschenke auspacken. Zehn Minuten später haben wir gegessen. Danach hat mein Onkel Musik gemacht. Danach haben wir Kinder gespielt. Nach drei bis vier Stunden gingen alle nach Hause und gingen schlafen.

Cyra, 12 Jahre
Am 11. Dezember haben wir einen Weihnachtsbaum gekauft und haben ihn am 23. Dezember geschmückt. An selben Tag waren alle aufgeregt, besonders meine Oma, weil sie das Weihnachtsessen kochen musste. Der 24. Dezember fing eigentlich ganz normal an. Aber wir mussten um halb vier Uhr in die Kirche (eine Stunde Gottesdienst). Um 18 Uhr gingen wir ins Wohnzimmer und aßen. Und um 18.30 Uhr packten wir die Geschenke aus. Ich habe viel bekommen, zum Beispiel ein Aquarium und ein CD-Register und ein Spiel (Uno extrem). Am 25. Dezember habe ich mit meiner Familie dieses Spiel gespielt. Am 26. Dezember habe ich nichts Besonders gemacht. Das Weihnachtsfest war richtig schön.

Marvin, 13 Jahre
Ich habe mit meiner Mutter für den 24. Dezember den Weihnachtsbaum geschmückt, und wir haben dann die Geschenke dort daruntergelegt. Dann sind wir erst mal in die Kirche gegangen und dann haben wir eine Stunde später was Warmes gegessen. Dann haben wir die Geschenke ausgepackt, und ich habe viel Geld bekommen.

Am 25. Dezember sind wir zu meiner Oma gefahren: Haben nachmittags Kuchen gegessen, danach habe ich mit meinem Bruder Fernsehen geguckt. Nach vier Stunden gab es etwas Warmes zu essen, es gab nämlich Kartoffeln, braune Soße, Gemüse und Fleisch. Danach haben wir unsere Geschenke ausgepackt, uns bedankt und damit gespielt. Um 22 Uhr sind wir nach Hause gegangen und haben zuhause wieder mit den Sachen gespielt.

Am 26. Dezember bin ich mit meiner Familie zu meiner Tante gefahren, und wir haben wieder etwas Warmes gegessen. Es war Nudelauflauf mit heller Soße. Ich habe von meiner Tante 30 Euro bekommen. Wir sind um 18 Uhr nach Hause gefahren, und ich habe zuhause wieder Fernsehen geguckt.

Luigi, 12 Jahre
Wir haben mit Freunden gefeiert, alle haben etwas zum Essen mitgebracht. Dann haben wir gegessen, danach haben wir Spiele gespielt wie zum Beispiel Kartenspiel oder Kicker. Später haben wir Fernsehen geguckt oder geredet. Um Mitternacht sind wir alle in die Kirche gegangen. Als wir dann nach Hause gingen, haben wir die Geschenke ausgepackt.

Patrik, 12 Jahre
Wir fangen schon früh an zu schmücken. Und meine Mutter putzt das Haus von unten nach oben. Dann, Heiligabend, bereitet meine Mutter das Essen vor. Es gibt als Vorspeise Fisch, Kartoffeln und Salat. Danach gibt es Pilzessuppe. Zum Schluss Kuchen. Nach dem Essen gibt's Geschenke, danach haben wir noch Fernsehen geguckt. Die Dekoration bleibt noch ein bis zwei Wochen stehen.

Anne, 13 Jahre
Am 23. Dezember haben wir im Mädchenheim Monika den Weihnachtsbaum geschmückt. Am 24. Dezember war Weihnachten. Ich fand Weihnachten eigentlich traurig, weil ich nicht mit meiner Familie feiern konnte. Im Heim haben wir auch schöne Sachen gemacht. Wir waren erst in der Kirche und dann haben wir gegessen. Nachher haben wir zusammen gesungen und gespielt bis 23 Uhr. So um 23.10 Uhr durften wir die Geschenke auspacken. Am nächsten Morgen, also am 26. Dezember, durfte ich mit dem Bus nach Hause fahren, da konnte ich mit meiner Familie schön essen und spielen. Meine Geschwister haben sich über die Geschenke gefreut.

Christopher, 13 Jahre
Ich war mit meiner Familie zu Hause. Und am 20. Dezember hatte ich Geburtstag. Das hat Spaß gemacht. Wir waren im Schwimmbad. Ich habe zu Weihnachten 16 Geschenke bekommen, zusammen mit Verwandten. Nur schade, dass noch Schnee zu Weihnachten lag. Die Feier war sehr schön, wir haben gut gegessen, gefeiert, Musik gehört und Plätzchen gebacken. Es war schön.

Darja, 12 Jahre
Alle Weihnachtstage haben meine Eltern die Wohnung renoviert. Ich habe zwar Geschenke bekommen, aber ich war ja bei meiner Oma an Weihnachten. Und an den anderen Tagen habe ich meiner Mutter beim Aufräumen der Wohnung geholfen. Aber das ist nicht alle Jahre so gewesen, die anderen Jahre waren schön, es kamen immer viele Verwandte.

Martyna, 12 Jahre
Am 20. Dezember hat meine Mutter den Weihnachtsbaum geschmückt. Am 24. Dezember haben wir am Abend den Tisch gedeckt, dann haben wir gegessen. Mein Vater hat sich als Weihnachtsmann für meinen kleinen Bruder verkleidet. Dann haben wir Geschenke bekommen. Ich habe Schminke, Geld und eine Anlage bekommen. Danach haben wir gespielt. Am 25. Dezember kam meine Oma. Am Abend haben wir gefeiert.

Shannen, 12 Jahre

Zu Weihnachten sind meine Mama, mein Stiefpapa, mein Bruder und ich nach Thüringen zu meinen Großeltern gefahren. Ein paar Tage vor Weihnachten haben meine Oma, mein Bruder und ich den Weihnachtsbaum geschmückt. Dadurch wurde die Freude auf Heiligabend noch größer. Wir konnten es kaum erwarten, bis es endlich so weit war. Am 24. Dezember kam morgens die ganze Familie, um mit uns zu feiern, selbst mein drei Jahre alter Cousin. Um 16 Uhr sind wir in die Kirche gegangen und haben uns das Krippenspiel angeschaut. Gegen 18 Uhr haben wir dann, wie jedes Jahr, gemeinsam zu Abend gegessen. Um 19 Uhr gab es Bescherung. Ich habe einen Laptop, einen Computer, einen Gutschein für Tropical Island bekommen und noch vieles mehr.

De schnuarkande Kaspar

✸✸✸

Günter Stückemann lebt in Bielefeld-Jöllenbeck. Die Geschichte und das Gedicht handeln von einem Vorfahren der Familie Stückemann, der mit Vornamen Kaspar hieß.

De schnuarkande Kaspar

Et was Dezember, oll derbe kault,
giagen Oabmd, viellichte half Fuife ault.
Vorbui was oll de Schnuiderfuier,
wo Hopa cheuern van früher kuier.

Hoei ssat in'n Ssuorgenstiuhl, achter Uarben, inne Ecke,
inpucket van Frida met de wiarmsten Decke.
Doch wast'n jümmer no to kault.
Hoei schwoche: Ick sen kuime, un auk ault.

Mol toocht'tm diauer, mol toocht'tm huier,
wui pucken en tiu, solange hoei kuier.
Ne Vörlstunne sso mössen wuie stuarkan,
dann höiern wui iusen Hopa schnuarkan.

Iuse Mudder schneid't int Stünzken de Rouiben,
im Ssofa ssat Homa, Hopa ssuin Mouiben.
Iuse Va, de Vondage läder no Hiuse kamm,
denn maken se bui Dürkopp tamm.

Wui Blagen mössen de Schniuden haulen.
Ssüs kruijen wui't to diun met den Aulen.

Up oeimol wurchet lebennig inne Stuaben,
do flitze Erika runner van buaben:

Droei Klöese stonnen inne Kürkenduier
Met Ssierjen-, Kiuhkierlen und annern Gekluier.
De wollen no mui – ick hadde Manschedden
und dache – vo Chünter chifft nix ma to redden!

Ach wat was ick kleinchläubig wiarn:
Up oinmal fing Hopa an to donnerkniearn.
Hoei make ssik im Stiuhle risk
und hobbe met'n Kattskadeijert üirbern Disk.
Sso hadde ick Hopa no nie afliewt,
dat up oeimol de chanzen Stuaben biewt.

De Klöese, de neihmen mol Ruitiut,
flödder os met'n D-Zug woiern de jetz to Fiut.
Wat hadde ick niu fo Hopa Respekt,
ick häbben butz wuir medde wiarmsten Decke tiudeckt.

Mancher Leser wird das in plattdeutscher Sprache verfasste Gedicht nicht verstehen. Deshalb möchte ich das mit seinem Hintergrund versehene Szenario kurz ins Hochdeutsche übersetzen:

Es war am 6. Dezember: Nikolaustag! Wenn es im Winter schon recht früh beginnt, dunkel zu werden, pflegten meine Großeltern die *Schneiderfeier* zu genießen. Das ist die Tageszeit, wenn der helle Tag in die beginnende Dunkelheit des Abends übergleitet. Dann wurde noch nicht das elektrische Licht angemacht, sondern man gönnte sich eine Mußestunde. Großvater *Kaspar,* der schon betagt war, genoss es, von uns umsorgt zu werden. Vor allem, wenn es darum ging, ihn in seinem Sorgenstuhl, in den sich, außer ihm, niemand anders hineinsetzen durfte und dies auch nicht wagte, mit der wärmenden Kamelhaardecke einzuhüllen. Ein aufwendiges Zeremoniell begleitete regelmäßig diesen Vorgang. Es gelang uns nur selten, seine Wünsche auf Anhieb zu befriedigen. Meistens mussten wir immer an der einen oder anderen Stelle nachstochern, weil er meinte, dass durch die offene Flanke noch Kälte eindringen könnte. Mutter *Frida* hatte dabei viel Geduld und *puckte* ihn zu, bis alle seine Wünsche erfüllt waren.

Dann befand er sich in einem Wohlgefühl und begann, Geschichten und Erlebnisse aus der guten alten Zeit zu erzählen, bis er einschlief und meistens dabei zu schnarchen anfing. Im alten Sofa saß Großmutter *Friederike*, neben der ich Platz nehmen und meinen Kopf auf ihren Schoß legen durfte. Sie wurde von Großvater liebevoll *Moiben* (Mutter) genannt. Wenn Großvater erzählte, waren wir andächtige Zuhörer. Die *Schneiderfeier* hatte rituellen Charakter. Bis auf Mutter *Frida*, die ihre hauswirtschaftlichen Arbeiten erledigte, waren wir anderen Familienangehörigen gehalten, die stimmungsvolle Atmosphäre nicht zu stören. Selbst Mutter Frida ging so rücksichtsvoll wie möglich zu Werke. An jenem Spätnachmittag hatte sie es, weil es auf der Deele kalt war, jedoch vorgezogen, das für unsere Ziege bestimmte abendliche Essen in der warmen Wohnküche vorzubereiten, indem sie Steckrüben zu kleinen Stücken ins *Stünzken* schnitt. Zu seiner Lebzeit erklärte Onkel *Wilhelm* einem seiner Enkelkinder, was ein *Stünzken* ist. Er übersetzt es als *Ziegenteller*. Vater *August* musste noch bei Dürkopp arbeiten. Die Betriebsleitung hatte in der Vorweihnachtszeit für jeden Tag eine Mehrstunde angeordnet, um die arbeitsfreie Zeit zwischen Weihnachten und Neujahr vorzuholen. Es wäre zu schön gewesen, wenn die friedvolle Idylle in unserer Wohnküche nicht plötzlich auf eine, für mich grausame Weise unterbrochen worden wäre. Denn diese Stimmung schien drei Nikoläusen dafür besonders geeignet zu sein, mir ihre Aufwartung zu machen!

Sie kamen polternd durch unsere Haustür über den Flur, klopften lautstark an die Küchentür, um unaufgefordert in unsere Idylle einzudringen. Sie bauten sich ehrfurchterbietend vor uns auf, um mich, als ihrem unschuldigen Opfer, das Fürchten zu lehren. Um ihrem angsteinflößenden Auftritt besonderes Gewicht zu verleihen, schleiften sie klirrende Ziegenketten hinter sich her. Sie hatten sich noch nicht vollends in Positur gebracht, als der erste von den Dreien anhub, mich danach zu fragen, ob ich gerüstet und in der Lage sei, ein Gebet zu sprechen und ein Weihnachtslied zu singen.

Da geschah etwas, was weder die Nikoläuse, noch ich erwartet hatten. Denn plötzlich beherrschte ein anderer Hauptdarsteller die Szene! Großvater, der von dem Krach aus seinem Dämmerschlaf aufgewacht war, richtete sich in voller Körpergröße auf und schlug – so heftig er konnte – mit einem seiner beiden Gehstöcke auf den Esszimmertisch und gebot den drei Eindringlingen, unser Haus unverzüglich zu verlassen. Er sagte nur drei Worte: „Choh jui woll!" Zu Hochdeutsch: „Geht ihr wohl!" Dabei trat er so machtvoll auf, dass keiner der drei Nikoläuse es wagte, sich auch nur mit einzigen Wort – und sei es das einer Entschuldigung gewesen – zu äußern.

Sie schlichen von dannen, als hätten sie eine Tracht Prügel bezogen. Dem Vernehmen nach hat Großvaters starker Auftritt sie davon abgehalten, weiteren Kindern bei uns in der Nachbarschaft ihren Besuch zu machen. Wie ich von Erika, die vier Jahre älter als ich war, erfuhr, handelte es sich bei den drei Nikoläusen um fast erwachsene und ihr bekannte Mädchen, die sich mit mir einen Jux machen wollten. Hinter ihren Maskeraden verbargen sich die Gesichter von Magdalene Rocklage aus Homanns Kotten und von Ilse und Hanna Gießelmann, die damals im Hause von Paul Kastrup wohnten. Hätte ich dies vorher gewusst, so wäre mir – auch ohne den couragierten Auftritt meines Großvaters – nicht bange gewesen. In der Adventszeit des Jahres 2005 – als Hanna Höper, geb. Gießelmann, meine Frau Helga und mich im Heimathaus Jöllenbeck beim Kaffeetrinken bewirtete – habe ich ihr und ihrem Ehemann Heini mein Gedicht vorgetragen. Sie hörte interessiert zu, hatte allerdings Schwierigkeiten, sich an dieses Erlebnis noch zu erinnern. Ehrfurchtsvoll erwies ich Großvater gegenüber meine Hochachtung und zollte ihm anerkennende Worte meiner Bewunderung. Auch gab ich mir allergrößte Mühe, ihn fortan so kunstvoll in seine Kamelhaardecke einzuhüllen, dass er zu einer Beanstandung keinerlei Anlass mehr hatte.

Weihnachten als sinnliches Erlebnis
Kulturhistorische Notizen zu einem Jahresfesthöhepunkt

❄❄❄

Christiane Cantauw, Jahrgang 1964, stammt aus dem münsterländischen Rheine. Sie studierte Neuere Geschichte, Volkskunde und Ethnologie. Seit 1989 ist sie bei der Volkskundlichen Kommission für Westfalen des Landschaftsverbandes Westfalen-Lippe (LWL) tätig. Sie lebt und arbeitet in Münster.

Weihnachten ist ein Fest, das kaum jemanden unberührt lässt: Die Adventszeit und die Weihnachtsfeiertage gehen auch an denjenigen, die mit Religion nicht so viel anfangen können, nicht spurlos vorüber. Für die einen bedeutet Weihnachten Zeit für familiäres Miteinander, gemütliches Beisammensein oder besinnliche Stunden in der Kirche, für die anderen ist es Stress und Hektik im Vorfeld, Streit über Nebensächlichkeiten oder Einsamkeit und Leere.

Ob man Weihnachten mag und alljährlich in einen Weihnachtstaumel verfällt oder eher zu den Weihnachtsverweigerern gehört, das jährlich wiederkehrende Fest hinterlässt auf jeden Fall Spuren. Denn sobald die Menschen gebeten werden, darüber nachzudenken, welche Weihnachtsfeste ihnen besonders viel bedeutet haben, kommt durchaus Erstaunliches zu Tage. Vielfach sind es die Erinnerungen an die Weihnachtsfeste in der Kindheit, die den Zeitgenossen besonders wertvoll sind. Die vielen kleinen Besonderheiten, die das Fest in der eigenen Familie ausgemacht haben, oder auch die Sicherheit der festgefügten Choreografie, nach der das Weihnachtsfest alljährlich abzulaufen schien.

Widmet man sich einmal intensiver den verschiedenen Berichten, so fällt auf, dass die sinnlichen Eindrücke in der Erinnerung vielfach eine ganz besondere Rolle spielen. Wir nehmen Weihnachten mit allen Sinnen auf, und unsere sinnlichen Erfahrungen prägen sich intensiv ein, sind noch nach Jahren und Jahrzehnten abrufbar. Der Glanz der Kugeln am Weihnachtsbaum, die Wärme zahlreicher Kerzen und die strahlenden Augen von Kindern sind genauso einprägsam wie der Geruch des Weihnachtsgebäcks, der Geschmack der Weihnachtsgans oder der Klang des Kinderchores während des weihnachtlichen Gottesdienstes. Selbstverständlich sind auch die sinnlichen Eindrücke, die wir mit Weihnachten verbinden, nicht immer positiv: Verbrannte Kekse, Tränen der Enttäuschung und Missklänge jeder Art hinterlassen ganz eigene Erinnerungen, die auf ihre Weise ebenso einprägsam sind. Weihnachten als ein Fest der Sinne zu lesen und zu verstehen, erscheint mir weiterführend, weil der Zusammenhang von sinnlichen Eindrücken und Erinnerungen gerade in diesem Kontext besonders augenfällig ist.

Es geht mir darum, die Vielfalt der verschiedenen Sinneseindrücke darzulegen und ihrem kulturhistorischen Kontext nachzuspüren. Das Ziel ist es nicht, alle erdenklichen Sinneseindrücke aufzulisten, die sich mit der Advents- und Weihnachtszeit verbinden. Am Beispiel einiger weniger – in meinen Augen gleichwohl zentraler – Festsymbole und Brauchelemente soll vielmehr der Blick gelenkt werden auf den kulturhistorischen Wandel und die gesamtgesellschaftlichen Bedeutungszuweisungen, denen Weihnachten als Fest der Sinne seinen besonderen Stellenwert im Jahreslauf verdankt.

1. SEHEN:
Der Weihnachtsbaum als zentrales Symbol für das deutsche Weihnachtsfest

Ob in der Werbung, auf Weihnachtskarten, in Liedern, auf Marktplätzen, in den Entrees öffentlicher Gebäude und nicht zuletzt auch in den Erinnerungen an Weihnachten, die in diesem Buch abgedruckt sind: Am Weihnachts- oder Christbaum, in einigen Teilen Westfalens auch liebevoll „Tannebaum" genannt, geht in der Advents- und Weihnachtszeit kein Weg vorbei. Der Weihnachtsbaum ist ein derart zentrales Festelement, dass er nicht selten als Symbol für das ganze Fest genommen wird: „Reise nicht, bevor du ganz hergestellt bist. Es ist besser den Weihnachtsbaum einige Tage aufzuschieben", schrieb Bismarck an seine kranke Braut. „Weihnachtsbaum" steht hier als Teil für das Ganze (pars pro toto), als Synonym für „Weihnachtsfeierlichkeiten", wobei es kulturhistorisch durchaus interessant ist, dass Bismarck offenbar meinte, diese seien – in gewissem Maße – verschiebbar gewesen.

Kerzengeschmückte Bäume, die neben den Weihnachtsgeschenken für die Kinder aufgestellt wurden, sind erstmals erwähnt bei Liselotte von der Pfalz, die 1708 an ihre Tochter schreibt: „Da richtet man Tische wie Altäre her und stattet sie für jedes Kind mit allerlei Dingen aus, wie neue Kleider, Silberzeug, Puppen, Zuckerwerk und alles Mögliche. Auf diese Tische stellt man Buchsbäume und befestigt an jedem Zweig ein Kerzchen; das sieht allerliebst aus."

Bäume ohne Kerzenschmuck, an denen Äpfel, ungeweihte Hostien oder Naschwerk befestigt wurden, finden bereits im 16. Jahrhundert vereinzelt Erwähnung. Diese Bäume stellten offenbar ein Festrequisit der Handwerkerzünfte dar. Das „Plündern" der Bäume gehörte schon zu dieser frühen Zeit zu dem Brauch dazu. Auch von den frühneuzeitlichen Paradiesspielen und entsprechenden bildlichen Darstellungen kannte man den mit Äpfeln behängten (Nadel-)Baum. Bis zum lichtergeschmückten Christbaum als zentrales Festelement einer familiären Weihnachtsfeier war es von hier aber noch ein weiter Weg.

Seit dem 18. Jahrhundert mehren sich die Belege dafür, dass der Weihnachtsbaumbrauch bei den Adeligen und den wohlhabenden Bürgern in den größeren Städten zunehmend beliebter wurde. In Westfalen gehörte die Familie Haxthausen wohl zu den ersten, die sich des neuen Brauches annahmen. Bei ihrem Onkel Werner von Haxthausen in Bonn hat auch Annette von Droste-Hülshoff erstmals einen Weihnachtsbaum gesehen. Seit Mitte der 1830er Jahre bereicherte der kerzengeschmückte Weihnachtsbaum dann auch das Weihnachtsfest auf der Burg Hülshoff, und 1845 stellte dieses Festrequisit bereits eine Selbstverständlichkeit dar, wie aus einer kurzen Schilderung von Annette von Droste Hülshoff hervorgeht.

Ob es sich bei den Christbäumen um Buchsbäume, um Eiben, Wachholder, Fichten, Tannen oder um blühende Obstbaumzweige handelte, war noch im 19. Jahrhundert nicht ausgemachte Sache. Ebensowenig war kulturell festgelegt, wo die Bäume aufgestellt werden sollten und wie viele es sein sollten. So wurde in adeligen Familien nicht selten für jedes Kind ein eigenes Bäumchen aufgestellt. Auch für die Aufhängung des Christbaumes unter der Zimmerdecke gibt es Belege – allerdings aus Sachsen. Diese Variationsbreite ist ein Beleg dafür, wie neu der Brauch für viele Zeitgenossen noch im 19. Jahrhundert war und wie wenige feststehende Regeln es im Umgang mit dem neuen Festelement anfangs noch gab. Der Bekanntheit des Weihnachtsbaumes zuträglich waren die rasante verkehrstechnische Erschließung gegen Ende des 19. Jahrhunderts (eine Belieferung der größeren Städte mit Weihnachtsbäumen war dadurch möglich geworden) und vor allem der Krieg gegen Frankreich 1870/71 und der Erste Weltkrieg. Auf Wunsch des preußischen Königs waren Weihnachten 1870 Lichterbäume in den Unterständen der Soldaten und in Lazaretten aufgestellt worden. Bilder hiervon wurden durch die Zeitungen verbreitet. Ähnliches wiederholte sich im Ersten Weltkrieg.

Nicht zuletzt waren es die Druckgrafiken und die Ansichtskarten, die dem neuen Festrequisit auf die Sprünge halfen: Hier wurde der Weihnachtsbaum als zentrales Element einer Weihnachtsfeier dargestellt, welches in der kaiserlichen Familie ebenso anzutreffen war wie bei den Soldaten im Felde oder bei einer Kaufmannsfamilie im Innkreis (Gemälde von Franz Streußenberger).

Nach wie vor gab es aber nicht nur in Westfalen weite Bevölkerungskreise, die den Brauch nicht kannten oder ihn ablehnten. Vor allem die katholische Bevölkerung auf dem Land tat sich schwer mit dem Christbaum, der als evangelischer Brauch und als Konkurrenz zur Hauskrippe aufgefasst wurde. So waren es vor allem die von auswärts Zugezogenen, die örtlichen Honoratioren und die Wirte, die sich als Wegbereiter für die lichtergeschmückten Bäume erwiesen, wie ein Bericht aus Epe belegt: „Der Eigentümer des benachbarten Wirtshauses (…) hatte die Sitte des Weihnachtsbaumes aus dem Bergischen mitgenommen – die ganze Jugend von den benachbarten Höfen und Kotten ging nach Büscher: Hier im Gastzimmer war immer ein großer Tannenbaum mit viel Schmuck und Leckereien. Die Kinder umstanden den Lichterbaum und sangen die alten Weihnachtslieder, während die Eltern an Tischen Platz genommen hatten und sich an Kartenspiel vergnügten. War die Zeit vorgerückt, so kam der Wirt mit einer Schürze voll Nüsse und Plätzchen und Äpfeln und Eiserkuchen."

Auch in Atteln waren es der Geistliche und der örtliche Kaufmann, die sich 1889 einen Weihnachtsbaum leisteten. Hier wie dort kamen die benachbarten Kinder, um den Lichterbaum zu bestaunen und zu besingen.

Während für die Kinder bis weit ins 20. Jahrhundert hinein vor allem der essbare Baumbehang eine wesentliche Rolle spielte, trugen dekorative Elemente wie Christbaumkugeln, kunstvolle Glasbläserarbeiten, Perlen-, Tragant- oder Zinnschmuck und filigrane Gespinste aus leonischen Drähten sowie zahlreiche Kerzen dazu bei, dass der Christbaum und sein Schmuck zum Prestigeobjekt avancierten. Kerzen waren seit der Erfindung des Stearin (1818) und Parrafin (1830) nicht mehr unerschwinglich, und so bildeten sie ein unverzichtbares Element des Baumschmucks und trugen in nicht unerheblichem Maße zu seinem teilweise als „überirdisch" empfundenen Glanz bei.

Gerade beim Christbaumschmuck war die Spannbreite zwischen einfachsten Behängen mit kleinen Äpfelchen, Nüssen, selbstgefertigten Strohsternen oder aus Papier gefertigten Ketten und den kunstvollen Glasbläserarbeiten aus dem thüringischen Lauscha enorm. Der Thüringer Wald hatte sich im Laufe des 19. Jahrhunderts zu einem Zentrum der Christbaumschmuckherstellung entwickelt. In arbeitsteiliger Heimarbeit entstanden hier einfache und aufwändige, von innen verspiegelte Christbaumkugeln sowie Glasengel, -tiere, -musikinstrumente und vieles andere. Die über die Grenzen des damaligen deutschen Reiches hinaus beliebten Glaswaren machten indes nur die Verleger, die Aufkäufer der in Heimarbeit gefertigten Produkte, reich. Ein Christbaumschmuckhersteller, der mit seinen Familienangehörigen bis zu 16 Stunden täglich Kugeln blies und verzierte, verdiente um 1900 lediglich 600 bis 900 Mark im Jahr.

Während des Ersten und Zweiten Weltkriegs wurde der Christbaumschmuck auch zur Dokumentation nationaler Gesinnung genutzt: Christbaumschmuck in den nationalen Farben, Kaiser-Wilhelm-Glanzbilder oder Eiserne Kreuze, Zeppeline und Reichsadler aus Zinn waren im Handel erhältlich. Gewehre, Minen, Flugzeuge, Granaten und Bomben ergänzten dieses wenig friedliche Ensemble. In der NS-Zeit kamen außerdem die Abzeichen des Winterhilfswerks hinzu, die die Spender als kleine Gegengabe erhalten hatten.

Die deutschnationale Inanspruchnahme des Christbaums durch entsprechenden Christbaumschmuck gelang jedenfalls weitaus besser als die Umdeutung des Festsymbols zur Weltenesche oder Jultanne, dem Zentrum eines wie auch immer gearteten Mittwinterfestes. Das familiäre Weihnachtsfest nach bürgerlichem Vorbild war gegen Mitte des 20. Jahrhunderts bereits so fest etabliert, dass man in der NS-Zeit der germanischen Mythologie allenfalls mit entsprechendem Christbaumschmuck Genüge tun konnte, wie einer zeitgenössischen Quelle von 1941 zu entnehmen ist: „Der Weihnachtsbaum ist nicht nur glanzvolles Schaustück, er ist der Lebensbaum, aufgerichtet inmitten des Festraumes als Wahrzeichen unseres weihnachtlichen Familienglückes. Er trägt die Lebensfrüchte und Lebkuchen, die zum Abschluß eines richtigen Weihnachtsfestes „geplündert" werden. Auch aller andere Schmuck hat sinnbildliche Bedeutung. Wir behängen also den Baum nicht willkürlich mit irgendwelchem Flitter, sondern vor allem mit Äpfeln, Nüssen (die gerne vergoldet werden), auch mit Kienzapfen, mit Backwerk in sinnbildlichen Formen wie zum Beispiel Sterne, Scheiben (Sonnen), Mondsicheln, Glückssterne, Ringeln, Rodkränze,

Brezeln und anderes. Dazu kommen Juleber, Kindchen, Weihnachtsglocken, Vögel, Blumen und andere schöne Dinge, die alle samt und sonders uralte Sinnbilder des Lebens und guter Wünsche sind. Mit Lametta wollen wir das Gezweig höchstens nur ganz sparsam berieseln, so daß es nur da und dort ein wenig glitzert".

Die Inanspruchnahme des lichtergeschmückten Nadelbaumes für politische Zwecke soll indes nicht darüber hinwegtäuschen, dass der Weihnachtsbaum als kulturelles Zeichen grundsätzlich mehrdeutig ist: Wie die bekannte Volkskundlerin Ingeborg Weber-Kellermann bemerkt, ist der Weihnachtsbaum „an sich weder gut noch schlecht, weder christlich noch heidnisch, weder progressiv noch reaktionär, weder links noch rechts". Zu verschiedenen Zeiten wurde er für verschiedene Zwecke in Anspruch genommen, wobei sicherlich der familiär-bürgerliche Funktionszusammenhang in Deutschland nach wie vor sehr dominierend ist. Jenseits dieser Zuweisungen bleibt er aber ein vielen Menschen auf der ganzen Welt bekanntes Symbol, welches – noch einmal Weber-Kellermann – „ohne Zweifel in seiner Formgebung vollendet, schön im Ästhetischen, beglückend in der Ansprache des Gefühls, vergnüglich zu schmücken, nicht allzu kostspielig, einfach in der Aufstellung und ein immer neues Wunder für die Kinder (ist)."

2. HÖREN:
Weihnachtslieder

Weihnachten ohne Weihnachtslieder ist in der heutigen Zeit kaum vorstellbar: In Kaufhäusern, auf dem Weihnachtsmarkt, in Kindergärten und Grundschulen, auf Weihnachtsfeiern, im Radio, im Fernsehen und sogar im Internet werden spätestens ab dem ersten Adventssonntag Weihnachtslieder zu Gehör gebracht. Hinzu kommen Auftritte von Chören, Weihnachtsoratorien und Weihnachtskonzerte in Kirchen und Konzertsälen. Das Spektrum an Instrumentalstücken, Kirchenliedern, Popsongs und Kinderliedern scheint von Jahr zu Jahr anzuwachsen.

Noch bis weit ins 18. Jahrhundert hinein waren weltliche Weihnachtslieder dagegen nur wenig bekannt und verbreitet. Das Weihnachtsfest war ein rein kirchliches Fest, für das es außerhalb der Kirche kaum irgendwelche Feierformen gab. Umso wichtiger war jedoch die feierliche Ausgestaltung der Mitternachtsmesse (Ucht) und der weiteren Messen am Ersten und Zweiten Weihnachtsfeiertag, zu der selbstverständlich auch ein entsprechender musikalischer Rahmen gehörte. Hierfür gab es bereits im Spätmittelalter und in der frühen Neuzeit lateinische sowie auch erste deutsche Lieder, die das durch die Bibel überlieferte Weihnachtsgeschehen zum Inhalt hatten. Das wohl älteste schriftlich überlieferte Weihnachtslied ist „Sei uns willkommen, Herre Christ". Es soll aus dem 11. Jahrhundert stammen und ist auch fast 1000 Jahre später noch den meisten weihnachtlichen Kirchgängern bekannt.

Viele der älteren Kirchenlieder wie „Es ist ein Ros entsprungen" (15. Jahrhundert), „Zu Betlehem geboren" (1638) oder „In dulci jubilo" – ein lateinisch-deutscher Mischgesang, der wahrscheinlich bereits aus dem 14. Jahrhundert stammt – werden nach wie vor in den Weihnachtsgottesdiensten gesungen. Thema der Kirchenlieder ist in der Regel das biblische Geschehen, das Wunder der Menschwerdung Gottes und die (frohe) Erwartung der Wiederkehr des Heilands.

Eine besondere Kategorie von Weihnachtsliedern stellen sicherlich die Wiegenlieder dar, von denen „Josef, lieber Josef mein", das bereits aus dem 15. Jahrhundert stammt, wohl das bekannteste ist. Diese Wiegenlieder gehörten zu einem bereits im Spätmittelalter bekannten Brauch, der sich vor allem während der Gegenreformation besonderer Beliebtheit erfreute: dem Kindelwiegen. Kern dieses Brauches war eine Figur des Christuskindes, die auf dem Altar in einer Wiege lag und dort von den Gemeindemitgliedern unter Absingen der entsprechenden Lieder gewiegt wurde. Ursprünglich war dieser Brauch wohl in verschiedenen Frauenklöstern gepflegt worden. Weil er dem Bedürfnis nach Veranschaulichung des weihnachtlichen Geschehens entsprach, fand er Eingang in die Gottesdienste, die der Zeit entsprechend sehr sinnlich, bunt, bildgewaltig und lebhaft waren.

Auch die sogenannten „Hirtenstücke" oder „Hirtentänze, -walzer oder -gespräche" entstammen dieser Zeit. Wie in Menden werden sie heute nur noch in einigen wenigen Gemeinden in Westfalen zu Gehör gebracht. Im 16. und 17. Jahrhundert waren sie aber weit verbreitet. Vor allem die Jesuiten haben sich um ihre Popularisierung bemüht. Bei den Hirtenstücken handelt es sich um eine Form halbliturgischen Theaters, welches die Gemeindemitglieder emotional berühren und den christlichen Sinn der Weihnachtsbotschaft in allgemein verständlicher Art vermitteln sollte. Im Zentrum der Darstellungen und Lieder stehen die Hirten, aus deren Warte das Weihnachtsgeschehen erzählt wird. Im Zeitalter der Aufklärung wurden diese Formen szenischer Darstellung aber immer mehr zurückgedrängt.

Ebenso erging es den zahlreichen Hirtenhornbläsern, die mit ihren verschiedenen Blasinstrumenten ehemals die Messe bereichert hatten. Um den Gottesdienstbesuchern ein möglichst eindringliches Erlebnis zu verschaffen, übernahmen die Hirten und Schäfer mit ihren Blasinstrumenten einen aktiven Part in der Liturgie. Im 18. Jahrhundert kam es aber vermehrt zu Klagen über die allzu dominante Rolle der Hornbläser, die teilweise ein derartiges Getöse gemacht haben sollen, dass die Geistlichen nicht mehr in der Lage waren, sich bei der Gemeinde Gehör zu verschaffen. Die besonders von diesen vorgetragenen Klagen gegen die Hornbläser machen vor allem eines deutlich: Im Laufe des 18. Jahrhunderts hatten sich die Einstellungen der Geistlichkeit, aber auch großer Teile des Kirchenvolkes gegenüber derartigen Frömmigkeitsformen grundlegend verändert. Szenische Darstellungen von Erwachsenen, Lärm oder gar lustige Einlagen entsprachen nun nicht mehr dem Zeitgeist, der vor allem Ernsthaftigkeit und Feierlichkeit als angemessen erachtete.

Anders war es mit den Krippenspielen: Sie entsprachen dem protestantisch-bürgerlichen Erziehungs- und Bildungsideal, das die aktive Beteiligung kleiner Kinder am Weihnachtsgottesdienst positiv bewertete.

Im 19. Jahrhundert begann schließlich die große Zeit der weihnachtlichen Hausmusik. Das gesellschaftlich mittlerweile tonangebende Bürgertum machte das Weihnachtsfest zu einer Versinnbildlichung von familiärer Innerlichkeit. Dazu gehörten zunehmend auch gewisse Liedrepertoires, die sowohl christliche als auch profane Weihnachtslieder umfassten und von Familie zu Familie leicht variierten. Das gemeinsame Absingen von Weihnachtsliedern, möglichst mit instrumentaler Begleitung, stellte in den städtisch-bürgerlichen Familien im 19. und 20. Jahrhundert ein wesentliches Festelement dar. „O du fröhliche", ein weihnachtliches Freudenlied aus der Wende zum 19. Jahrhundert, dessen Melodie von Herder aus Sizilien mitgebracht worden war, und natürlich das Lied „O Tannebaum", welches die Ausbreitung des Weihnachtsbaumes als Festsymbol unterstreicht, gehörten zweifellos zu den populärsten Weihnachtsliedern ihrer Zeit. Das wohl berühmteste deutsche Weihnachtslied ist aber nach wie vor „Stille Nacht". Ursprünglich geht dieses Lied wohl auf einen lateinischen Text zurück, den Joseph Mohr (1792-1848) als Vorlage verwendete. Die Musik komponierte Franz Gruber, der spätere Stadtpfarr-Chorregent im österreichischen Hallein. Erstmals zu Gehör gebracht wurde das Lied 1818 in Oberndorf. Vor dort verbreitete es sich vor allem durch die Geschwister Straßer, die als Handschuhmacher ihre Erzeugnisse in der näheren und weiteren Umgebung anboten. 1833 erschien in Dresden ein Druck des Liedes, und schon 1843 fand es erstmals Eingang in eine wissenschaftliche Veröffentlichung. Seit Mitte des 19. Jahrhunderts steht dieses Lied im Mittelpunkt von privaten, öffentlichen und kirchlichen Weihnachtsfeiern und hat im Laufe der Zeit eine derartige Popularität erlangt, dass es weit über die Grenzen von Europa hinaus unabdingbar zum christlichen Weihnachtsfest dazuzugehören scheint.

Gegen derart wirkmächtige und alteingeführte Liedtraditionen hatten es die meist hölzernen und verkrampften Umdichtungen der NS-Zeit naturgemäß schwer. Die textlichen Veränderungen bei den altbekannten Weihnachtsliedern dienten dem Ziel, das nationalsozialistische Gedankengut über bekannte Melodien oder einprägsame Texte in den Köpfen der Zeitgenossen zu verankern. Alle christlichen Zusammenhänge wurden getilgt und durch Themen wie Natur-, Mutter- und Sonnenkult ersetzt. Neben den Umdichtungen bemühte man sich seit 1943 verstärkt auch um die Propagierung völlig neuer Weihnachtslieder im völkischen Sinne. Sie sollten zu einer Entchristlichung des Weihnachtsfestes beitragen. Dass sich weder die Umdichtungen noch die „neuen" Weihnachtslieder der Nationalsozialisten durchsetzen konnten, braucht hier aber wohl nicht weiter hervorgehoben zu werden.

In der Nachkriegszeit griff man einmal mehr auf die althergebrachten Weihnachtslieder zurück. Neue Medien wie das Fernsehen und neue technische Geräte wie der Schallplattenspieler fanden seit den 1950er Jahren Eingang in die deutschen Wohnzimmer. Auch das weihnachtliche Geschehen blieb hiervon nicht unberührt. Schallplattenaufnahmen der Regensburger Domspatzen, des Leipziger Thomanerchores oder des in den 1970er Jahren sehr bekannten Schlagerstars Heintje prägten das akustische Weihnachtserlebnis einer ganzen Generation.

Nach wie vor beweist der reißende Absatz von weihnachtlichen Liedproduktionen, dass Weihnachtslieder ein wesentliches Festelement darstellen. Auch in der Erinnerung vieler Menschen an Weihnachten spielen sie eine ganz wichtige Rolle. Das gemeinsame Singen und Musizieren zu Weihnachten, die kleineren und größeren „Patzer", das familiäre weihnachtliche Liedrepertoire, welches einer Choreografie gleich die einzelnen Etappen im Ablauf des Weihnachtsfestes kennzeichnete, Schallplatten und CDs mit weihnachtlicher Musik, das akustische Erlebnis des weihnachtlichen Gottesdienstbesuches: All diese Eindrücke erweisen sich als ausgesprochen langlebig, so dass die individuelle und gesellschaftliche Bedeutung von Weihnachtsliedern wohl kaum hoch genug veranschlagt werden kann.

3. RIECHEN/SCHMECKEN:
Vom Plätzchen zum Festschmaus

Die Adventszeit ist seitens der christlichen Kirchen als Vorbereitungszeit auf die Ankunft Christi gedacht. Als solche wurde sie bereits im 5. nachchristlichen Jahrhundert begangen. Die ursprünglich sechswöchige Adventszeit wurde erstmals durch Papst Gregor I. († 604), schließlich auch durch das Konzil zu Aachen auf vier Wochen verkürzt. Was man um 1900 unter einer Vorbereitung auf das Weihnachtsfest verstand, schildert eine Quelle aus Bevergern folgendermaßen: „In unserer Gemeinde Bevergern wird die Adventszeit noch in alter Weise als eine Zeit der Einkehr und Buße gehalten. Wie in der Fastenzeit sind hier Tanzbelustigungen ausgeschlossen. Auch werden keine feierlichen Hochzeiten gehalten. Unter Umständen ist eine stille Trauung möglich. Gefastet wird nur am Vigiltag vor Weihnachten und zwar bis Mittags 12 Uhr."

Ursprünglich wurde seitens der katholischen Kirche ähnlich wie in der Zeit vor Ostern auch in der Adventszeit die Einhaltung von Fastenregeln gefordert. Vor allem in der Quatemberwoche (ursprünglich die Woche nach St. Luzia (13.12.), seit 1979 die erste Adventswoche) wurden den Gläubigen bestimmte Fastentage mit besonderen Gottesdiensten ans Herz gelegt. Ein Verzicht auf Fleisch, Alkohol, Tabak oder Süßigkeiten war an diesen Tagen weit verbreitet. Bis zum Ersten Weltkrieg wurden diese Fastengebote vielfach eingehalten. Am längsten gehalten hat sich aber das Vigil-Fasten. Es fußte auf einem Verzicht auf Fleisch, Eier und Milchprodukte am Vorabend des Weihnachtsfestes, also am Heiligen Abend. Selbstverständlich wurde an diesem Tag auch kein Alkohol getrunken. Übrigens avancierte der Karpfen wohl deshalb zu einer weit verbreiteten Festspeise am Heiligen Abend, weil an diesem Tag der Verzehr des Fleisches von warmblütigen Tieren unter das Fastengebot fiel, Fische aber als „kaltblütig" galten und verzehrt werden durften.

Die Adventszeit war jedoch nicht nur durch Fasten, Verzicht, Einkehr und Buße geprägt. Gleich zu Beginn des Advents, am 6. Dezember, liegt das ehemals wichtigste Kinderbescherfest, an dem die katholische Bevölkerung auf dem Land noch bis ins 20. Jahrhundert hinein festhielt. Führt man sich vor Augen, dass Kinder bis zur Mitte des 20. Jahrhunderts nur selten einmal Süßigkeiten oder Backwerk bekamen, so kann man die Vorfreude der Kinder auf den „süßen Teller" erahnen, auf dem sich neben einem Paar Handschuhen und eventuell auch einem Spielzeug wohl auch einige Plätzchen und eines der Hefegebäcke befanden. Die große Palette an regionalen

Gebäcken, die vor allem an diesem Termin angeboten werden, ist ein deutlicher Hinweis auf die ehemals enorme Bedeutung des Nikolausfestes.

Eine der wohl bekanntesten Gebäckformen, die auch heute noch zu St. Martin, zu Nikolaus und in der Adventszeit in den Bäckerein zum Verkauf angeboten wird, ist sicherlich der Stutenkerl. Dieses sogenannte Gebildbrot stammt wohl ursprünglich aus den Niederlanden und war bereits im Mittelalter verbreitet. Landschaftlich gibt es für den Stutenkerl jeweils unterschiedliche Bezeichnungen wie zum Beispiel Kloaskerl, Stuttemänn, Kloasmann, Nikolausmann oder Klogges. Die Stutenkerle bestehen aus Hefeteig in Form eines Mannes mit Rosinenaugen und einer Tonpfeife. Die Größe der Gebäcke variiert zwischen etwa 20 und 50 Zentimetern. Die großen Exemplare konnten selbstverständlich nicht mehr sofort aufgegessen werden und trockneten dann ziemlich schnell aus. Daher kommt wohl der Vergleich „so dröge äs Sünteklos Äs".

Neben den Stutenkerlen gab und gibt es auch andere regionale vorweihnachtliche Backtraditionen in Westfalen, wie zum Beispiel die „Hasen", die im Siegerland erhältlich sind. Aber Vorsicht: Nicht jeder „Hase", der als solcher verkauft wird, ist auch einer! Unter der Bezeichnung „Hase" werden im Siegerland auch Hühner, Reiter und Pferde aus Hefeteig verkauft. Die Gebäcke sind übrigens gezuckert und ungezuckert erhältlich. Andernorts werden die meist süßen Hefegebäcke als „Enten" (Kreis Recklinghausen), „Vüelgelkes" (Kreis Warendorf), „Hähnchen" oder „Pferdchen" (Tecklenburger Land) bezeichnet. Im Märkischen bieten die Bäckerein sogenannte „Rüter" an. Darunter hat man sich Gebildbrote in Form eines reitenden Mannes vorzustellen.

Ein zentrales Gebäck in der Weihnachtsbäckerei ist der Spekulatius, der heute meist schon im September in den Bäckereien und Supermärkten angeboten wird. Ebenso wie der Stutenkerl entspringt auch der Spekulatius einer niederländischen Backtradition. Im Siegerland, wo das Gebäck unter der Bezeichnung „Konfekt" als erstes Verbreitung fand, kannte man die Spekulatiusbäckerei bereits im 16. Jahrhundert. Auch für den Spekulatius gab es unterschiedliche Bezeichnungen: „Sünte-Kloas-Gut" (Bentheim) oder „Tedelittken" (Märkischer Kreis) mögen hier als Beispiele herhalten.

Die Herkunft der Bezeichnung „Spekulatius" ist übrigens strittig. Manche meinen der Name kommt von „speculator" (= Aufseher, Beobachter, Bischof), während andere darauf verweisen, der Name leite sich von „speculum" (= Spiegel) ab. Dies spielt auf die Herstellung an, indem das fertige Gebäck ja das Bild in dem Model spiegelt.

Viele Weihnachtsgebäcke wie Spekulatius und Zuckerkringel wurden übrigens als Baumschmuck verwendet, der von den Kindern nach und nach heimlich vernascht und am Dreikönigstag beim Plündern des Baumes schließlich gänzlich aufgegessen wurde.

Die nationalsozialistische Ideologie machte auch vor den Weihnachtsplätzchen und Gebildbroten nicht Halt. Im Gegenteil: Hier sah man ein geradezu ideales Feld, um eine vermeintliche Verwandtschaft zu Sinnbildern der germanischen Mythologie herzustellen. Ziel der Ideologen war es, die deutschen Hausfrauen zu Bewahrerinnen uralter Traditionen zu stilisieren, die in der heimischen Küche Sonnenräder, Julhirsche, Urbögen, Manrunen und Lebensbäume ausstachen.

In den Hungerjahren nach den beiden Weltkriegen ging es demgegenüber eher darum, trotz der herrschenden Lebensmittelknappheit noch ein wenig weihnachtliches Flair in die Haushalte zu bringen. Da wurden Lebensmittel aufgespart oder Ingredienzien ersetzt, einschlägige Kochbücher und Ratgeberrubriken in Zeitungen und Zeitschriften nahmen sich des Themas an. Gerade die sogenannte „Notküche" zeigt, wie wichtig es den Zeitgenossen war, zu Weihnachten etwas Besonderes auf den Tisch zu bringen und für wie unabdingbar viele Menschen nicht zuletzt auch weihnachtliches Gebäck hielten.

Bei der Weihnachtsbäckerei – ob sie nun in der heimischen Küche, in der Konditorei oder in der Backfabrik stattfindet – spielen natürlich die Gewürze eine ganz entscheidende Rolle: Vanille, Nelken, Zimt, Anis, Muskat, Koriander und Kardamon sprechen einen Teil unseres Gehirns an, der als „Riechhirn" bezeichnet wird. Das Riechhirn ist eng mit dem limbischen System, dem Sitz der Gefühle, verknüpft. Dies erklärt, warum Gerüche so gefühlsbetonte und wirkmächtige Erinnerungen bei uns hinterlassen.

An den beiden Weihnachtsfeiertagen wurde aber nicht nur dem Appetit auf Süßes Genüge getan. Soweit es die wirtschaftlichen Verhältnisse zuließen, gab es an diesen Tagen vor allem reichlich Fleisch. Nicht selten wurde bereits zum Frühstück die Schlachtplatte aufgefahren. Gerade die Kirchgänger, die in den frühen Morgenstunden die Ucht besucht hatten, wussten dies sicher zu schätzen. Würste, Braten, Schweinebacke sowie reichlich Grünkohl und Kartoffeln gehörten in vielen Bauernfamilien zum weihnachtlichen Schmaus dazu. Zum Nachtisch gab es vielfach Grießpudding oder Milchreis mit viel Zimt und Zucker. Nachmittags konnte man sich an Korinthenstuten, Beschüte (gezuckerter Zwieback) oder an den als „Platenkuchen" bezeichneten Blechkuchen gütlich tun. Wer Geflügel hielt, der konnte an einem der beiden Festtage wohl auch eine Gans oder ein bis zwei Hühner auf den Tisch bringen. Gerichte wie Hasenpfeffer, Kapaun oder aufwändige Fischgerichte fanden sich dagegen eher auf der Festtafel der städtisch-(groß-)bügerlichen Familien. Hier gab es zu Weihnachten auch Wein zum Essen und Buttercremetorte als Nachtisch oder zum Kaffee.

Nimmt man die Zeit nach den Wirtschaftswunderjahren in den Blick, so wird deutlich, dass es immer weniger um ein möglichst reichhaltiges Angebot an Speisen und Getränken ging. Die Freude darüber, sich einmal richtig satt zu essen, die noch vor hundert Jahren für viele Zeitgenossen im Mittelpunkt stand, ist dem Überdruss und der teilweise schon verzweifelten Suche nach dem Besonderen und Ausgefallenen gewichen. Essen und Trinken – auch und gerade an Weihnachten – dienen in der heutigen Wohlstandsgesellschaft eher sozialen Zielen als der Befriedigung von Grundbedürfnissen: Gemeinsam zu kochen und an einer festlich geschmückten Tafel zusammen zu kommen, ist nicht wenigen Zeitgenossen enorm wichtig. Auf der anderen Seite mehrt sich auch die Zahl derer, die an dieser Form von gemeinschaftlichem Erleben keinen Anteil haben können oder wollen.

Geht es um das weihnachtliche Festmahl, so ist aber noch ein anderer Aspekt von Bedeutung: die familiären Traditionen. Was und wann am Heiligen Abend und an den beiden Feiertagen gesessen und getrunken wird, steht häufig nicht zur Diskussion. Gerade was die Speisen an Weihnachten betrifft, erweisen sich viele Menschen als erstaunlich konservativ. Die Heißwürstchen mit Kartoffelsalat am Heiligen Abend und der Gänsebraten am ersten Weihnachtsfeiertag stellen wichtige Konstanten der Weihnachtsfeste in der Kindheit dar. Sie in die Jetztzeit hinüberzuretten bedeutet für manch einen, sich ein kleines Stückchen heile Kinderwelt zu bewahren. Auf der anderen Seite entspringt die Kritik an eben diesen Festelementen unter anderem auch dem Bedürfnis nach Loslösung aus den familiären Traditionen und Bindungen, nach eigenständigen Erfahrungen und nach aktiver Selbstgestaltung.

Weihnachten als Thema der Brauchforschung

Weihnachten berührt uns als Individuen, als Gemeinschaftswesen, als Christen, als Geschäftsleute, als Arbeitnehmer, als Kinder, als Eltern und als Großeltern, womit noch längst nicht alle aufgeführt sind. All diese Menschen beschäftigen sich auf die ein oder andere Weise mit dem jährlich wiederkehrenden Fest, dessen Anlass, die Geburt Jesu Christi, erstaunlicherweise kein exakt-historisch verbürgtes Datum ist. Sie alle haben ihre Gründe, sich mit dem Fest aller Feste zu beschäftigen, sich an ihm zu reiben oder es gar abzulehnen. Aber warum beschäftigen sich die Kulturhistoriker eigentlich mit Weihnachten? Was macht dieses Fest für sie interessant?

Das Weihnachtsfest spiegelt die gesellschaftliche Verfasstheit wider, das heißt an der Ausgestaltung des Weihnachtsfestes lässt sich beispielsweise ablesen, welche gesellschaftlichen Schichten tonangebend waren. Im Laufe des 19. Jahrhunderts begannen beispielsweise immer weitere Schichten der Bevölkerung die Art und Weise nachzuahmen, wie das Bürgertum Weihnachten feierte. Die in den Stuben der großstädtischen Bürger gepflegten Bräuche, die von ihnen präferierten Festelemente und -symbole pflanzten sich in andere Gesellschaftsschichten und in andere Räume fort. Dieser Prozess, der in der Forschung als „Verbürgerlichung" bezeichnet wird, lässt sich anhand des Weihnachtsfestes gut nachvollziehen.

Auch die verschiedenen Festelemente und Bräuche bieten uns Kulturhistorikern ein spannendes Forschungsfeld. Hierbei spielt es eine wichtige Rolle, dass Weihnachten keine historische Konstante ist, sondern ein christliches Hochfest, welches enormen Veränderungen unterworfen war und ist. Von dem fast ausschließlich durch christliche Traditionen geprägten Kirchenfest bis hin zum Kinderbescherfest und schließlich zum Konsumhöhepunkt der Jetztzeit war es ein weiter Weg, der keinesfalls immer gradlinig verlief: Standen bis ins 20. Jahrhundert hinein die Gottesdienste deutlich im Vordergrund, so ist spätestens seit dem Zweiten Weltkrieg eine deutliche Profanierung des Festes zu beobachten. Im Zentrum des Weihnachtsfestes stand nun zunehmend die häusliche Feier, der Besuch der Gottesdienste rückte an den Rand der Wahrnehmung. Selbstverständlich gab es in diesem Zusammenhang enorme zeitliche, konfessionelle, soziale und individuelle Unterschiede: Während die einen noch an den althergebrachten Traditionen festhielten, hatten die anderen die neuen Bräuche und Festformen bereits lange Jahre praktiziert.

Diese „Gleichzeitigkeit des Ungleichzeitigen" begegnet uns häufig in der Kulturgeschichte: So spielte das Nikolausfest bis ins 20. Jahrhundert hinein für die katholische Bevölkerung als Kinderbescherfest eine wichtige Rolle. Gerade die katholischen Familien auf dem Lande hielten noch lange an diesem Termin fest. Die Kinder bekamen am 6. Dezember nicht nur „Apfel, Nuss und Mandelkern", sondern auch kleinere Spielzeuge oder etwas Nützliches zum Anziehen und für die Schule. Zeitgleich hatten die städtisch-bürgerlichen Familien bereits die Bescherung am Christtage (25. Dezember) eingeführt. Das Nikolausfest hatte in diesen Kreisen längst an Bedeutung verloren. Wer um 1920 noch in der althergebrachten Form Nikolaus feierte, konnte dementsprechend je nach Wohnort, Konfession und sozialem Umfeld als völlig rückständig oder auch als sozial angepasst gelten.

Nicht selten sitzen wir dem Irrtum auf, dass Weihnachten „schon immer" so gewesen ist, dass die einzelnen Bräuche und Festelemente „uralt" oder „althergebracht" sind. Hier ist es dann sehr erhellend, wenn wir uns klarmachen, dass viele Menschen in Westfalen noch vor 100 Jahren keinen Christbaum kannten, dass manch „altes" Weihnachtslied gar nicht so alt und manch anderes altes gar nicht mehr bekannt ist. Bräuche, Feste und Festsymbole ändern sich, weil die Gesellschaft und die Bedürfnisse der Menschen sich verändern: Was uns an Weihnachten wichtig war und ist, sagt viel aus über uns als Individuen und als Teil gesellschaftlicher Gruppen und Schichten. Deshalb ist es wichtig und erhellend, sich mit Weihnachten zu beschäftigen.

Literaturtipps
für alle, die sich ein wenig eingehender mit Weihnachten
beschäftigen möchten:

Aka, Christine: Jesuskind und Weihnachtsmann. Telgte 1995

Döring, Alois (Hg.): Faszination Nikolaus. Kult, Brauch und Kommerz. Essen 2001

Faber, Richard und Gajek, Esther (Hg.): Politische Weihnacht in Antike und Moderne. Zur ideologischen Durchdringung des Festes der Feste. Würzburg 1997

Loy, Johannes: Weihnachtszeit im Münsterland, Münster 2006

Loy, Johannes: Das Münsterland im Jahreslauf. Feste, Brauchtum, Begegnungen. Münster 2007

Mezger, Werner: Sankt Nikolaus zwischen Kunst und Klamauk. Zur Entstehung, Entwicklung und Veränderung der Brauchformen um einen populären Heiligen. Ostfildern 1993

Metzger, Wolfram und Tremmel-Endres, Jutta: Bäume leuchtend, Bäume blendend. Historischer Christbaumschmuck. Karlsruhe 1996 (Ausstellungskatalog)

Moser, Dietz-Rüdiger: Bräuche und Feste durch das ganze Jahr. Freiburg, Basel, Wien 2002

Sauermann, Dietmar: Von Advent bis Dreikönige. Weihnachten in Westfalen. Münster 1996

Stille, Eva: Christbaumschmuck des 20. Jahrhunderts. Kunst, Kitsch und Kuriositäten. München 1993

Weber-Kellermann, Ingeborg, Das Buch der Weihnachtslieder. Mainz 1988

Weber-Kellermann, Ingeborg: Das Weihnachtsfest. Eine Kultur- und Sozialgeschichte der Weihnachtszeit. Luzern/Frankfurt 1978

Wolf, Helga Maria: Weihnachten. Kultur und Geschichte. Ein Kalendarium vom ersten Advent bis zum Dreikönigstag. Wien/Köln/Weimar 2005